DETLEF LEENEN

Typus und Rechtsfindung

Schriften zur Rechtstheorie

Heft 26

Typus und Rechtsfindung

Die Bedeutung der typologischen Methode für die Rechtsfindung dargestellt am Vertragsrecht des BGB

Von

Dr. Detlef Leenen

DUNCKER & HUMBLOT / BERLIN

Gedruckt 1971 bei Buchdruckerei Richard Schröter, Berlin 61
Printed in Germany

ISBN 3 428 02573 3

Meinen Eltern

Vorwort

Die nachfolgende Arbeit hat im Wintersemester 1970/71 der Juristischen Fakultät der Universität München als Dissertation vorgelegen.

Die Anregung zu einer Beschäftigung mit der Denkform des „Typus“ und den hierdurch aufgeworfenen methodologischen Problemen stammt von meinem hochverehrten Lehrer, Herrn Professor Dr. Karl Larenz, dem ich auch an dieser Stelle für hilfreiche Kritik und das besondere der Arbeit entgegengebrachte Interesse danken möchte.

Herrn Ministerialrat a. D. Dr. J. Broermann danke ich für die bereitwillige Aufnahme der Arbeit in die „Schriften zur Rechtstheorie“.

München, im Juli 1971

Detlef Leenen

Inhaltsübersicht

Abkürzungsverzeichnis

AbzG	=	Abzahlungsgesetz
AcP	=	Archiv für die civilistische Praxis
AGB	=	Allgemeine Geschäftsbedingungen
Anm.	=	Anmerkung
AöR	=	Archiv des öffentlichen Rechts
ArbGG	=	Arbeitsgerichtsgesetz
ARSP	=	Archiv für Rechts- und Sozialphilosophie
Art.	=	Artikel
BAG	=	Bundesarbeitsgericht
BB	=	Betriebsberater
BGB	=	Bürgerliches Gesetzbuch
BGBl	=	Bundesgesetzblatt
BGH	=	Bundesgerichtshof
BGHZ	=	Entscheidungen des Bundesgerichtshofs in Zivilsachen
BVerfG	=	Bundesverfassungsgericht
BVerfGE	=	Entscheidungen des Bundesverfassungsgerichts
BVerwG	=	Bundesverwaltungsgericht
DJZ	=	Deutsche Juristenzeitung
FamRZ	=	Zeitschrift für das gesamte Familienrecht
Gr. S.	=	Großer Senat
h. M.	=	herrschende Meinung
i. e. S.	=	im engeren Sinn
i. V. m.	=	in Verbindung mit
i. w. S.	=	im weiteren Sinn
JhJb	=	Jherings Jahrbücher
JuS	=	Juristische Schulung
JMBl	=	Justizministerialblatt
JZ	=	Juristenzeitung
LM	=	Lindenmaier-Möhring, Nachschlagewerk des Bundesgerichtshofs
MDR	=	Monatsschrift für Deutsches Recht
Mot.	=	Motive zum BGB
MSchG	=	Mieterschutzgesetz
m. w. N.	=	mit weiteren Nachweisen
NF	=	Neue Folge
NJW	=	Neue Juristische Wochenschrift

OLG	= Oberlandesgericht
RGRK	= Reichsgerichtsräte-Komm. z. BGB.
Rspr	= Rechtsprechung
S.	= Seite
StGB	= Strafgesetzbuch
Vorbem.	= Vorbemerkung
VVG	= Versicherungsvertragsgesetz
WG	= Wechselgesetz
WM	= Wertpapiermitteilungen
ZAkDR	= Zeitschrift der Akademie für Deutsches Recht
ZGB	= Zivilgesetzbuch (Schweiz)
ZHR	= Zeitschrift für das gesamte Handelsrecht und Wirtschaftsrecht
ZMR	= Zeitschrift für Mietrecht
ZStW	= Zeitschrift für die gesamte Strafrechtswissenschaft

Einleitung

Problemstellung, Gang und Ziel der Untersuchung

§ 1: Das Unbehagen an der Typologik

Das Denken in Typen erfreut sich heute nicht mehr nur wachsender Beliebtheit, wie *Engisch* 1953 noch feststellen konnte[1], sondern löst in steigendem Maße auch Unbehagen aus.

1. Die *Beliebtheit* der Typologik[2] hat reichen literarischen Ausdruck gefunden. Neben einer Flut von Schriften, die lediglich das Mode*wort* übernehmen, ohne sich mit dem Mode*begriff* auseinanderzusetzen[3], sind eine Reihe von Untersuchungen zur logischen Struktur[4] und rechtstheoretischen Bedeutung[5] des Typus erschienen. Die Ergebnisse dieser und der früheren grundlegenden Arbeiten[6] wurden in Spezialuntersuchungen bereits methodisch ausgewertet[7]. Besonders belebend hat sich die Typologik auf das Gesellschaftsrecht ausgewirkt[8]. Der Schweizerische Juristentag hat sich 1968 mit dem Thema „Strukturprobleme des Gesellschaftsrechts: Zur Bedeutung der Typuslehre für

---

[1] *Engisch*, Konkretisierung S. 237: Der Typus sei „in neuerer Zeit in allen Wissenschaften zum Modebegriff geworden".

[2] Zur Terminologie sei bemerkt: Als *Typologik* wird hier die Lehre von der Denkform des Typus, als *Typologie* eine einen bestimmten Gegenstand typologisch erfassende Lehre bezeichnet.

[3] Nachweise bei *H. J. Wolff*, Typen S. 195 Anm. 1; *Koller*, Grundfragen S. 31 Anm. 3.

[4] *Seiffert*, Kategoriale Stellung; *Strache*, Standards.

[5] Vor allem: *Larenz*, Methodenlehre, 1. Aufl. 1960, S. 333 ff., 2. Aufl. 1969, S. 423 ff.; *Arthur Kaufmann*, Analogie; *Hassemer*, Tatbestand; *Schluep*, Methodologische Bedeutung; *Jørgensen*, Typologie (referierend).

[6] Insbesondere: *Hempel - Oppenheim*, Typusbegriff (dazu *Radbruch*, Klassenbegriffe); *Kafka*, Revision; *Larenz*, Gegenstand S. 43 ff.; *ders.*, Konkreter Begriff; *ders.*, Typologisches Rechtsdenken; *H. J. Wolff*, Typen; *Heyde*, Typus; *Engisch*, Konkretisierung S. 237 ff. (das. und im Nachtrag zur 2. Aufl., S. 308 ff., ausführliche weitere Nachweise).

[7] *Diederichsen*, Besitz (insb. S. 94, 104 f., 159); *ders.*, Warenhersteller (insb. S. 330 ff.); *Raisch*, Geschichtliche Voraussetzungen (insb. S. 34 ff.); *Sandrock*, Rechtsvergleichung (insb. S. 63 ff.); *H.-E. Henke*, Tatfrage (insb. S. 80 ff.); *ders.*, Schmerzensgeldtabelle (insb. S. 76, 85 ff., 124 ff.); *Herschel*, Typologische Methode, pass.; *P. Ulmer*, Vertragshändler (insb. S. 15 ff. S. 15 ff., 138, 183 ff., 211 ff.); *U. Huber*, Typenzwang (insb. S. 24 ff.).

[8] Vgl. *Koller*, Grundfragen; *H. P. Westermann*, Typengesetzlichkeit.

das Recht der Personengesellschaften und juristischen Personen" befaßt[9].

Auch in die höchstrichterliche Rechtsprechung hat typologische Argumentation Eingang gefunden: Der *BGH* sieht in § 452 BGB eine „für typische Kaufverträge getroffene" Vorschrift, die nicht anzuwenden sei auf einen Vertrag, der „zwar in den Grundzügen Kaufvertrag ist, seiner ganzen Ausgestaltung nach aber nicht zu den typischen Kaufverträgen gerechnet werden kann, die dem Gesetzgeber vorgeschwebt haben"[10]. Das *BAG* hat zu § 5 ArbGG[11] erkannt, daß „das Vorliegen einer wirtschaftlichen Abhängigkeit, wie sie für die weitaus überwiegende Zahl von Dienstverhältnissen charakteristisch ist, nicht das alleinige Kriterium für die Beantwortung der Frage bilden" könne, ob eine Person als „arbeitnehmerähnlich" anzusehen sei; es müsse hinzukommen, „daß diese Person dem Typ nach wegen ihrer wirtschaftlichen Unselbständigkeit einem Arbeitnehmer ähnelt und deshalb sozial schutzbedürftig ist"[12]. Der VI. Senat des *BVerwG* hat typisierend die Voraussetzungen bestimmt, unter denen ausnahmsweise der Dienstherr Rückzahlung von Bezügen verlangen kann, die einem entlassenen Beamten mit Rücksicht auf die gegen seine Entlassung erhobene und später abgewiesene Anfechtungsklage aufgrund gerichtlichen Vollziehungsaussetzungsbeschlusses weiter zugeflossen waren: „Vorausgesetzt wird zwar eine Ausnahmesituation, dabei aber in Betracht gezogen, daß dieser Ausnahmecharakter einer typisierend zu definierenden Fallgruppe eigen und innerhalb dieser folglich nach generellen Regeln zu beurteilen" ist. „Leitgedanke hierfür"[13] sei, daß die Weitergewährung der Beamtenbezüge Alimentierung, gewissermaßen „das tägliche Brot" sei — eine Situation, auf die sich „die für den Bereich einer rein vermögensrechtlich orientierten Restitution entwickelten" Bereicherungsregeln des BGB nicht unmodifiziert übertragen ließen. Zum Umfang der notwendigen Modifizierung sagt das BVerwG abstufend, daß die „typische Besonderheit von Geldleistungen mit Alimentierungscharak-

---

[9] Vgl. das gleichnamige Referat von *Mengiardi* sowie das Korreferat von *Pierre Jolidon*, „Problèmes de structure dans le droit des sociétés. Portée et limites de la théorie des types", in Zeitschrift für Schweizerisches Recht, NF Bd. 87 (1968), S. 1 ff. bzw. S. 427 ff.

[10] BGHZ 26, 7. Näher unten § 15 bei Anm. 11.

[11] Die Bestimmung lautet: „Arbeitnehmer im Sinne dieses Gesetzes sind Arbeiter und Angestellte sowie die zu ihrer Berufsausbildung Beschäftigten. Als Arbeitnehmer gelten auch die in Heimarbeit Beschäftigten und die ihnen Gleichgestellten (§ 1 des Heimarbeitergesetzes vom 14. März 1951 — Bundesgesetzbl. I S. 191) sowie sonstige Personen, die wegen ihrer wirtschaftlichen Unselbständigkeit als arbeitnehmerähnliche Personen anzusehen sind ...".

[12] BAG 12, 158 (163).

[13] Zur Bedeutung des leitenden Wertgesichtspunkts für die Typenbildung unten § 4, 2.

ter sich um so mehr verflüchtigt, je mehr die dem Beamten nach der (zunächst umstrittenen) Entlassung noch zufließenden Beträge das übersteigen, was als Lebensnotdurft im engen Sinne, als das ‚tägliche Brot' zu gelten hätte"[14].

2. Das *Unbehagen* an der Typologik ist literarisch zwar noch seltener geäußert[15], als Gegenströmung aber nicht weniger wirksam. Versuchen wir, das latente Unbehagen zu artikulieren, so wird es auf drei Ursachen zurückzuführen sein. Es betrifft — auf eine möglichst kurze Formel gebracht und nach steigender Bedeutsamkeit geordnet — die Verwendung des *Wortes* „Typus", den *Begriff* des Typus, sowie vor allem die *Methode* typologischen Denkens im Recht.

a) Typologische Argumentation krankt häufig daran, daß nicht klargestellt wird, was unter den Bezeichnungen „Typus", „typisch", „typisieren" etc. zu verstehen ist, bzw. vorsichtiger: was in der betreffenden Arbeit darunter verstanden wird. Solange sich über den Bedeutungsgehalt des Wortes Typus kein Konsensus gebildet hat — und dieser Zustand scheint in weiter Ferne — müssen Arbeiten ohne derartige Klarstellung auf Sand gebaut sein. Die „schillernde Vieldeutigkeit"[16] des Wortes Typus, die von in Großserie produzierten Automobil„typen" bis zum „ausgeprägten Typ" als Synonym für einen seine besondere Eigenart betonenden Individualisten reicht, steht ernsthafter juristischer Verwendbarkeit im Wege.

b) Aber auch das hinter das *Wort* zurückgehende, den *Begriff* des Typus entwickelnde und präzisierende Schrifttum löst Zweifel aus. Ohne hier bereits auf die verschiedenen Bestimmungen des Typus eingehen zu müssen, läßt sich sagen, daß die bewußte Absetzung vom (abstrakt-allgemeinen) „Begriff" das Kernstück der Lehre vom Typus bildet[17]. Gerade in jüngster Zeit aber ist geleugnet worden, daß die zur Unterscheidung von „Typus" und „Begriff" verwendeten Kriterien sich jeweils nur bei der Denkform finden, der sie zugesprochen werden, der Denkform fehlen, der sie abgesprochen werden[18]. Zweifel an der Möglichkeit einer klaren Unterscheidung werden zu Zweifeln an

[14] BVerwGE 30, 296. Zum abstufenden Denken unten § 4, 1 a und § 13.

[15] Frühzeitig *Burckhardt*, Methode S. 61: „Unmethodisch ist ... die Hervorhebung eigenartiger Typen von Rechtsakten, die zwar ihrer Häufigkeit oder Bedeutung wegen besonderes Interesse beanspruchen, aber nicht das Interesse des Dogmatikers, sondern das des Sozialpolitikers oder des Nationalökonomen, und eben, weil sie nicht einer logischen Einteilung des Rechts entsprechen, nicht begrifflicher Umschreibung, sondern bloß zusammenfassender Beschreibung zugänglich sind." Die jüngste Kritik stammt von *Esser* (in der Rezension der Arbeit von *Strache*, AöR Bd. 96, 1971, S. 140 ff.): „Der Typus ‚als Denkform des Allgemeinen' ist für eine durchschaubare und kontrollierbare juristische Methode nicht brauchbar" (a.a.O. S. 141).

[16] *Koller*, Grundfragen S. 32.

[17] Näher unten § 4.

[18] Näher unten § 5.

der Denkform selbst: Kann die Bestimmung einer Denkform anerkannt werden, die in keinem Merkmal eine eindeutige Unterscheidung von ihrem Gegensatz erlaubt? Sind also nicht bereits die Prämissen der Typologik verfehlt?

c) Letzte und wichtigste Quelle des Unbehagens ist die *Methode* typologischen Denkens im Recht. Hier sind allgemeinere und speziellere Aspekte zu unterscheiden:

aa) Typologische Argumentation tritt zumeist als ein Verfahren in Erscheinung, das Rechts*begriffe* „aufweicht", d. h. meist einschränkt, seltener auch ausweitet, jedenfalls nicht „beim Worte nimmt". Was zunächst — oft zu Recht! — als ein sich gerade wegen der „schillernden Vieldeutigkeit" des Wortes Typus billig anbietender Ausweg aus begrifflichen Konstruktionsschwierigkeiten abgetan werden konnte, stellte sich bald als der in den Rang einer Methode erhobene Ausdruck einer „Zersetzung im Rechtsdenken" dar: „Die Aufweichung der Gesetzesbegriffe führte dazu, daß sie zu einem bewußten Stil gemacht wurde. An die Stelle fester Begriffe wurden Typenbegriffe und ein typisches Denken gesetzt[19]." In der Tat ist der Wandel erstaunlich, der sich in wenigen Jahrzehnten in der Rechtswissenschaft vollzogen hat: War es noch um die Jahrhundertwende Allgemeingut, daß sich die Jurisprudenz durch besondere Schärfe ihres begrifflichen Instrumentariums auszeichne, können neuere Schriften selbst strafrechtliche Tatbestände als Typen deuten[20], juristisches Denken schlechthin als „seinem Wesen nach ... typologisches Denken" bezeichnen[21]. Angesichts dieser raschen Entwicklung zum Totalitätsanspruch typologischen Denkens ist das Unbehagen Ausdruck der Sorge, die Typologik wolle allgemein „Begriffen" im Recht die Existenzberechtigung absprechen und damit die Geistesarbeit von Jahrhunderten, ja teilweise von Jahrtausenden zunichte machen, die sich in den überlieferten Rechtsbegriffen niedergeschlagen hat.

Die wissenschaftsgeschichtlichen Gründe des Ansturms typologischen gegen das begriffliche Denken liegen auf der Hand: Da der Typus bewußt in Auseinandersetzung mit und als Abkehr von dem als zu eng[22] empfundenen Klassenbegriff entwickelt worden ist[23], erscheint begriffliches Denken als *archaisches* Denken im doppelten Sinne des Wortes: als die *ursprüngliche* wie die *veraltete* Denkform, die es im

---

[19] *Franz Jerusalem*, Zersetzung S. 79.

[20] *Hassemer*, Tatbestand, insb. S. 96 ff. Dazu unten § 3, 4 a.

[21] *Arthur Kaufmann*, Analogie S. 43. Vgl. auch *Jørgensen*, Typologie S. 66.

[22] Anschaulich *Heyde*, Typus S. 244, wonach „das Erscheinen des neueren Typusbegriffs im Bereiche von Wissenschaft und Bildung vielfach geradezu als eine Befreiung von den spanischen Stiefeln der scholastisch befangenen Klassenbegriffslogik empfunden worden ist."

[23] Vgl. *Hempel - Oppenheim*, Typusbegriff S. 1 ff.

Zuge der nunmehr erschlossenen Möglichkeiten einer „Verfeinerung" rechtlicher Argumentation zu überwinden gilt. Wo aber diese in der Typologik gewiß liegende *Möglichkeit* einer Verfeinerung absolut gesetzt wird, typologische Argumentation als durch sich selbst gerechtfertigt auftritt, läuft sie Gefahr, in die Fußstapfen der Begriffsjurisprudenz zu treten, die sie gerade überholt zu haben glaubte: eine typologische Methode, die selbständigen Begründungswert für sich beansprucht, ist in die Wertungsjurisprudenz nur dem Scheine nach eingebettet.

bb) Damit sind die spezifisch methodologischen Ursachen des Unbehagens angesprochen: Selbst wer das Ungenügen einer nur begrifflichen Methode im Recht empfindet und die von der Typologik her eröffneten Möglichkeiten grundsätzlich bejaht, vermißt eine Einarbeitung dieses neu erforschten gedanklichen Instrumentariums in die engere Rechtsfindungs- oder Methodenlehre[24], die von der Dualität der Denkformen in nur unzureichendem Maße berührt worden ist[25]. Soweit in den einschlägigen Arbeiten überhaupt Schlüsse für die Rechtsanwendung gezogen werden, handelt es sich um wenige und sehr pauschale Hinweise[26]. Am häufigsten liest man, daß bei der Auslegung des Gesetzes auf den „zugrunde liegenden Typus" zurückzugehen sei[27], ein Gedanke, der neuerdings im schweizerischen Schrifttum zu einem „Postulat der typgerechten Auslegung" verallgemeinert worden ist[28]. Auch wenn wir zunächst von der Problematik absehen, ob jeder Rechtsnorm ein Typus zugrunde liegt und gegebenenfalls: um welche Art von Typus es sich handelt, welche Bedeutung dem nur „zugrunde liegenden" Typus bei einem begrifflich gefaßten Gesetz zukommen kann, muß es den methodologisch interessierten Leser unbefriedigt lassen, daß das Verfahren einer Auslegung gemäß dem zugrunde liegenden Typus unter den anerkannten Auslegungsmethoden i. e. S. nicht zu finden ist. Hier werden nur die auf dem *Savigny*'schen Kanon aufbauenden Methoden in ihrer heutigen Verfeinerung dargelegt. Wir finden grammatische, historische, logisch-systematische und teleologische Auslegungsverfahren erörtert, nicht jedoch ein Verfahren typgerechter Aus-

---

[24] *Radbruch* hat schon 1938 die Frage „Klassenbegriffe oder Typusbegriffe" als „das vielleicht wichtigste Problem unserer Methodenlehre" bezeichnet (Klassenbegriffe S. 54); *Arthur Kaufmann* spricht noch heute von einem „der aktuellsten Probleme der gegenwärtigen Rechtstheorie" (Analogie S. 37).

[25] Dies kommt schon in Äußerlichkeiten zum Ausdruck: Die Methodenlehre von *Larenz* behandelt den gesamten Rechtsfindungsprozeß, bevor im Schlußkapitel die Unterscheidung von Typus und Begriff erläutert wird.

[26] Vgl. etwa *Zippelius*, Verwendung S. 233 f.

[27] Vgl. vorläufig *Larenz*, Methodenlehre S. 444 f.; *ders.*, Schuldrecht 2. Bd., S. 2; *Engisch*, Konkretisierung S. 277.

[28] Hierzu *Koller*, Grundfragen S. 147 ff. m. w. N.

legung[29]. Das Problem kommt damit auf uns zurück: Suchen wir überhaupt zu Recht unter den *Auslegungs*methoden? Bleibt typologische Rechtsfindung innerhalb der Grenzen des „möglichen Wortsinns"[30]? Oder verwischt eine typologische Methode der Rechtsfindung auch die Grenze von Auslegung und Rechtsfortbildung?

3. Brechen wir den kurzen Aufriß des Unbehagens an der Typologik hier ab. Es dürfte deutlich geworden sein, daß derzeit eine Fülle von Fragen offen bleibt, die einerseits die Gefahr eines „Schwelgens in Typen"[31], anderseits einer unbegründet ablehnenden Haltung auch da heraufbeschwören, wo die Typologik eine Bereicherung des methodischen Rüstzeugs der Rechtswissenschaft darzustellen vermag. Möglichkeit, Voraussetzungen und Grenzen, sowie die Methode typologischer Rechtsfindung bedürfen kritischer Überprüfung. Einen Beitrag hierzu versucht die vorliegende Arbeit zu liefern.

Daß es sich um nicht mehr als einen *Beitrag* zur Anregung der weiteren Diskussion handelt, sei nachdrücklich betont. Die Fülle der offenen Fragen schließt jeden Versuch einer annähernd umfassenden Darstellung aus. Es können nur einige Probleme aufgegriffen werden, denen nach Meinung des Verfassers im augenblicklichen Stand der Diskussion besondere Bedeutung zukommt. Den Leitfaden bilden die geschilderten Gründe des Unbehagens an einer typologischen Methode der Rechtsanwendung. Unter diesem Auswahlgesichtspunkt ergibt sich folgende *Aufgabenstellung* und folgender *Gang der Untersuchung:*

Wir haben nicht der verwirrenden Vielzahl von Begriffsbestimmungen, oder besser: Kennzeichnungen[32] des Typus eine weitere Variante hinzuzufügen, sondern die im rechtswissenschaftlichen Schrifttum derzeit gebräuchlichste als Ausgangspunkt zu übernehmen. Es ist dies die insbesondere von *Larenz*[33], *Engisch*[34] und *H. J. Wolff*[35] in die juristische Methodenlehre eingeführte, in den eingangs genannten[36] Monographien übernommene Kennzeichnung des Typus als vom „Begriff" in bestimmter Weise zu unterscheidender Denkform. Dieser Ausgangspunkt ist nicht nur näher darzustellen, sondern im Lichte der neuestens geäußerten Kritik zu überprüfen (unten §§ 3 bis 5). Die verbreitete Auf-

---

[29] Vgl. *Larenz*, Methodenlehre S. 301 ff.

[30] Zur Grenzziehung s. *Larenz*, Methodenlehre S. 304, 342; *Canaris*, Lückenfestellung S. 21 m. w. N.; unten § 16, 2.

[31] *Engisch*, Konkretisierung S. 266.

[32] Da vorläufig offen bleiben muß, ob es sich wirklich jeweils um „Begriffs"bestimmungen der Denkform des Typus handelt; hierzu unten § 5.

[33] In allmählicher Ablösung vom „konkret-allgemeinen Begriff". Vgl. aus den frühen Schriften: Gegenstand S. 43 ff.; Konkreter Begriff S. 279 ff.; Typologisches Rechtsdenken S. 20 ff.; jetzt Methodenlehre S. 423 ff.

[34] *Engisch*, Konkretisierung S. 237 ff.

[35] *H. J. Wolff*, Typen S. 195 ff.

[36] Oben Anm. 7.

fassung, daß typologisches Denken eine Phase verfeinerter Rechtsentwicklung kennzeichne und daher eo ipso die „Korrektur" von Begriffen rechtfertige, gibt Anlaß, den Stellenwert typologischen Denkens im Prozeß wertenden Denkens zu untersuchen (§ 6), und damit den Grund zu legen für eine Erörterung der Bedeutung des Typus für die Gesetzgebung (Teil II). Nur scheinbar entfernen wir uns damit vom Thema „Typus und Rechtsfindung"[37]: Der Rückgriff auf den „dem Gesetz zugrunde liegenden Typus" stellt den wichtigsten Topos typologischer Rechtsfindung dar, ohne daß hinreichend geklärt wäre, ob dem Gesetz Typen im technischen Sinn zugrunde liegen, gegebenenfalls: ob es sich um empirische oder normative Typen handelt (§ 7). Weiter ist zu fragen, was es bedeutet, daß Typen dem Gesetz nur „zugrunde liegen": Soll damit ausgedrückt werden, daß die gesetzlichen Wertungen zwar auf Typen als „Leitbilder" bezogen, aber in begrifflicher Form in das Gesetz eingegangen sind, so interessieren die Gründe eines solchen Umformungsprozesses. Eignen sich Typen nicht für eine Aufnahme in das Gesetz (§ 8), oder steckt in der begrifflichen Vertatbestandlichung eines zunächst typologisch erfaßten Sachverhalts eine weitere, zu den am Typus orientierten Wertungen hinzukommende Wertung? Als solche wird, wo überhaupt, nur das Streben nach „Sicherheit und Leichtigkeit der Rechtsanwendung" genannt. Ob sich die eine Verbegrifflichung von Typen tragenden Wertungen darin erschöpfen, bedarf ebenso näherer Untersuchung (§ 9) wie das Verhältnis von typusorientierten und begriffsorientierten Wertungen zueinander (§ 10).

Als engeres Rechtsgebiet, das beispielhaft auf typologische oder begriffliche Struktur untersucht zu werden lohnt, bietet sich das besondere Vertragsrecht des BGB an (Teil III). Hier stehen besonders augenfällig typologische und begriffliche Argumente unverbunden nebeneinander. So rechnet *Larenz* die die gesetzliche Regelung eines besonderen Schuldvertrages jeweils einleitenden Bestimmungen (wie die §§ 433, 535, 611, 631 BGB etc.) einerseits zu den „definitorischen Rechtssätzen"[38], die eine „*Begriffs*bestimmung"[39] geben, „um dadurch das Anwendungsgebiet der folgenden Vorschriften abzugrenzen"[40]; anderseits soll sich „genauer" aus den genannten Vorschriften nur „eine vorläufige und rohe Umschreibung der betreffenden Vertrags*typen*" ergeben, deren „genauere Reichweite und Abwandlungsfähigkeit ... erst die Rechtswissenschaft unter Berücksichtigung auch der übrigen gesetzlichen Bestimmungen, der typischen Geschäftszwecke und der Bildun-

---

[37] *Mengiardi* versteht „Rechtsfindung" ausdrücklich als Problem von Rechtsetzung *und* Rechtsanwendung: vgl. Strukturprobleme S. 36 f.

[38] *Larenz,* Methodenlehre S. 194.

[39] *Larenz,* Methodenlehre S. 196.

[40] *Larenz,* Methodenlehre S. 195.

gen des Rechtsverkehrs, zu ermitteln" habe[41]. Die Unsicherheit über die begriffliche Qualität überträgt sich auf das Anwendungsverfahren. *Enneccerus - Lehmann* stellen meist Erläuterungen zum „Begriff" des jeweiligen Vertragsverhältnisses an den Anfang der Darstellung[42], warnen anderseits vor dem Schluß, „daß die für den bestimmten Typus aufgestellten Regeln schlechterdings, auch wo sie ganz unpassend sind, auf alle unter den Typus fallenden Verträge ausnahmslos angewandt werden müßten". Vielmehr könne „ein Vertrag, der im allgemeinen einem solchen Typus entspricht, ... nach seinem besonderen in dem Vertrage ausgeprägten Zwecke gleichwohl eine abweichende Behandlung verlangen." Dann müsse „eine solche nach richterlichem Ermessen eintreten"[43]. Die Stichworte „Begriff" und „Ermessen" kennzeichnen das Spannungsfeld, in dem sich Rechtsfindung im Bereich des Vertragsrechts bewegt. Es wird zu fragen sein, ob nicht ein zwischen diesen Extremen die Mitte haltendes typologisches Verfahren der besonderen Struktur des Vertragsrechts sachlich angemessen ist (§§ 11 u. 12) und sich in den wichtigsten Zügen auch in der Praxis nachweisen läßt (§§ 13 u. 14).

Die typologische Methode könnte den Vorzug gegenüber begrifflicher Rechtsanwendung — die größere „Offenheit" — mit dem Vorzug gegenüber einer Rechtsfindung nach richterlichem „Ermessen" — der größeren Sicherheit — verbinden, wenn es gelingt, das Verfahren selbst in Voraussetzungen und Inhalt hinreichend zu präzisieren. Als Versuch in diese Richtung sind unsere gewonnenen Erkenntnisse abschließend in den größeren Zusammenhang der Frage zu stellen, welcher Ort einem typologischen Verfahren der Rechtsfindung in der juristischen Methodenlehre zukommt (§ 16), welche Besonderheiten eine typologische Methode der Rechtsfindung aufweist (§ 17) sowie schließlich: welche Bedeutung typologischem Denken auch im Rahmen begrifflicher Rechtsanwendung zukommt (§ 18).

---

[41] *Larenz*, Methodenlehre S. 196.

[42] Vgl. *Enn. - Leh.*, §§ 101, 120, 127, 145, 150 etc. Die jeweilige Überschrift „Begriff und Abschluß" erklärt sich daraus, daß nach überlieferter Anschauung (hierzu unten § 11, 2 b) mit dem Vorliegen der begrifflichen Merkmale („essentialia") der betreffende gesetzlich geregelte Vertrag geschlossen ist; vgl. aber unten §§ 14 und 15.

[43] *Enn.-Leh.*, S. 393. Vgl. auch *Radbruch*, Klassenbegriffe S. 50; *Larenz*, Methodenlehre S. 268 ff.; *Jørgensen*, Typologie S. 66.

Erster Teil

Typus und Begriff im juristischen Denken

§ 2: Zur Wortverwendung von „Typus“ und „typisieren“

1. Die Worte „Typus“, „typisch“, „typisieren“, „typologisch“ werden, wie oben als erste Ursache des Unbehagens an der Typologik erwähnt, im Schrifttum nicht in einem einheitlichen Sinn gebraucht. Wenn *Wolff* auch zuzugeben ist, daß es „kaum lohnenden wissenschaftlichen Ertrag“ verspreche, „den Wortbedeutungen bei den zahlreichen Autoren nachzugehen“[1], mag es doch von praktischem Nutzen für das Verständnis der Literatur sein, sich folgenden Hauptunterschied in der Verwendung klar zu machen, der sich je nach der Blickrichtung des „typisierend“ genannten Verfahrens ergibt:

a) Teilweise bildet die konkret-individuelle Erscheinung den Ausgangspunkt, von dem das typisierende Denken wegführt; „typisieren“ steht hier für jedwedes von individuellen Besonderheiten absehende, schlechthin generalisierende Verfahren. Bei dieser Blickrichtung wird nicht geschieden zwischen typisierender und generalisierender Abstraktion. „Typus“ wird gleichbedeutend verwendet mit „Begriff“ und der dadurch bezeichneten „Gattung“ oder „Art“. „In der Praxis der geistes- und naturwissenschaftlichen Forschung wird der Typusbegriff auch heute noch meistens unbesehen mit dem Klassenbegriff gleichgesetzt und vermengt[2].“ So sieht *Betti* das Wesen des rechtlichen „Typisierungsprozesses“ darin, „daß an fest umrissene Arten von Tatbeständen ... entsprechende Arten von Rechtsfolgen anzuknüpfen sind“[3]. Bei *Henkel*[4] ist zu lesen: „Das Recht, das die Sozialbezüge der Menschen zu ordnen hat, erfaßt diese Sozialbeziehungen nicht in ihrer unübersehbaren Einzigkeit, sondern in ihrer Lebenstypizität, d. h. in ihren art- oder gruppenmäßig übereinstimmenden und darin immer wiederkehrenden Merkmalen.“ „Vorwiegendes Mittel“ dieser „generalisierenden Behandlung der Rechtsfälle“ sei „die rechtliche Typen-

---

[1] *H. J. Wolff*, Typen S. 195.

[2] *Seiffert*, Kategoriale Stellung S. 6.

[3] *Betti*, Begriffsbildung S. 87; ähnlich *ders.*, Typenzwang S. 249 f.

[4] *Henkel*, Rechtsphilosophie S. 353 f.

bildung"[5]. Im selben Sinn spricht das Bundesverfassungsgericht davon, der Gesetzgeber müsse „typisieren und damit in weitem Umfange die Besonderheiten nicht nur des einzelnen Falles, sondern auch ganzer Gruppen vernachlässigen"[6].

Noch ein Stück weiter in dieser Richtung liegt der zu „typisieren" synonyme Gebrauch der Worte „schematisieren"[7], ja: „schablonisieren"[8]. Verstehen wir unter letzterem ein Verfahren, das die Dinge nach einer Vorlage, einem Muster formt[9], so erscheint typisierendes Denken als letzte Konsequenz einer generalisierenden Methode, die den Erscheinungen die Schablone des Begriffs[10] überstülpt und sie „unter dem Begriff" gleich achtet.

In dieser Zuspitzung kommen wir der ursprünglichen Bedeutung des Wortes τύπος = „Prägestock"[11] zwar am nächsten — und doch rügt ein moderner Autor[12], „daß hier der Begriff des Typus in sein Gegenteil verkehrt" sei. Dieses Urteil weist auf einen ganz anderen Ansatzpunkt hin, den wir als bestimmend für die zweite Hauptrichtung im Gebrauch des Wortes „typisieren" festzuhalten haben:

b) Ein Teil der Literatur geht vom abstrakt-allgemeinen Begriff aus und stellt diesem den Typus als diejenige zwar allgemeine Denkform gegenüber, die sich dennoch der Sinnfülle und Anschaulichkeit der individuellen Gestaltung nähert. Bei diesem Gebrauch dient „Typus" also gerade umgekehrt wie unter a) zur Kennzeichnung einer von der

---

[5] *Henkels* Gleichsetzung von „Typus" und abstrakter „Art" ist in diesem Zusammenhang deshalb besonders kennzeichnend, weil sein Interesse sich am Problemkreis „Recht und Individualität" entzündet (vgl. seine gleichnamige Schrift, Berlin 1958), sein vom Individuellen ausgehender Blick die verschiedenen Möglichkeiten generalisierenden Denkens zusammensieht.

[6] BVerfGE 21, 12 (27); ähnlich 13, 331 (341): 16, 147 (187); 22, 100 (103); 23, 135 (144); 24, 174 (183).

[7] Vgl. *Wellek*, Typus S. 473, 475 ff.; *Ernst Wolff*, Anpassung S. 16; *H. J. Wolff*, Typen S. 203 § 7; *Sandrock*, Ergänzende Vertragsauslegung S. 46 f. Nur in dieser Hinsicht ist auch die Redeweise von „Sachenrechts-", „Güterstands-", „Klagetypen" und ähnlichem verständlich und zu rechtfertigen.

[8] Vgl. *Engisch*, Konkretisierung S. 218.

[9] In Technik und Massenproduktion ist es üblich, etwa von „Automobiltypen" zu sprechen, deren Kennzeichen es ist, nach einem einheitlichen Bauplan in großer Serie unter sich völlig gleich (oder nach „Sondertypen", d. h. Unter*arten* differenziert) hergestellt zu sein. Wir haben daher keine „Typen" in dem unter b) zu kennzeichnenden wissenschaftlichen Sinn vor uns. Richtig: *Bergfeld*, Typus S. 12; schief *Strache*, Standards S. 24; *Koller*, Grundfragen S. 14.

[10] Vgl. die Warnung *Müller - Erzbachs* (Relativität S. 30), „auch die Begriffe zu festen Typen abzuschleifen". Ähnlich *Schwinge*, Begriffsbildung S. 69.

[11] Zur Bedeutungsgeschichte vgl. *Heyde*, Bedeutungsgeschichte; *ders.* Typus S. 236, 242 f.; *Seiterich*, Logische Struktur S. 14 ff.; *Bergfeld*, Typus S. 25 ff.; *Koller*, Grundfragen S. 11 ff.

[12] *Kafka*, Revision S. 116.

begrifflichen Abstraktion zur individuellen Gestaltung hinführenden[13] Denkrichtung. Diesen Bedeutungsarm hat *Engisch* näher untersucht: „Allen modernen Auffassungen vom Typus, allen Gegenüberstellungen von Typus und Allgemeinbegriff liegt zugrunde die Idee, daß der Typus auf die eine oder andere Weise ... ‚konkreter' ist als der Begriff[14]."

2. Der entgegengesetzte Denkansatz, der sich je hinter dem Gebrauch der Worte „Typus", „typisieren" verbergen kann[15], dürfte an manchem Mißverständnis schuld sein, das die Typologik belastet. Macht man sich die verschiedenen Blickrichtungen bewußt, vermag hingegen gerade der unterschiedliche Gebrauch einen ersten Hinweis auf die zu empfehlende Wortverwendung zu geben: Allen Verwendungen ist gemeinsam, daß der Typus eine Denkform des Allgemeinen darstellt[16]; der Mangel des unter a) geschilderten Sprachgebrauchs liegt lediglich darin, daß er dem Typus keine eigene Bedeutung gegenüber Begriff und Art zuerkennt. Es ist ohne weiteres einzusehen, daß diese Verwendung methodologisch nicht weiterführt: von „Typen" statt von „Begriffen" zu sprechen, kann hier nur dazu dienen, sich den Gesetzen der Begriffslogik zu entziehen, ohne ein gesichertes anderes Verfahren an dessen Stelle zu setzen. Gewinn kann nur von einem Ansatz erwartet werden, der dem von „Begriff" verschiedenen *Wort* auch einen verschiedenen *Inhalt* beimißt und diese Verschiedenheit näher bestimmt.

Die Notwendigkeit und weitgehend übereinstimmend auch die Art und Weise der Unterscheidung von Typus und Begriff gehörten dank der grundlegenden Untersuchungen von *Hempel* und *Oppenheim, Larenz, Engisch, H. J. Wolff, J. Heyde* u. a.[17] zu den ersten sich abklärenden Problemen der „technischen"[18] Typologik. Nicht die Fragen der logischen Struktur und die Kriterien der Unterscheidung von Typus und Begriff erneut aufzurollen, sondern diesen ersten festen Bestand der Typologik auf dessen Konsequenzen für die Methodenlehre der

---

[13] Wenn auch: sie „asymptotisch" (vgl. *Stern*, Differentielle Psychologie S. 4) nie erreichenden.

[14] *Engisch*, Konkretisierung S. 262; vgl. auch *Seiterich*, Logische Struktur S. 32; *Mengiardi*, Strukturprobleme S. 87 ff.

[15] Beide Möglichkeiten erkennt *H. J. Wolff*, Typen S. 203: Die Typenlehre habe im Steuerrecht die Funktion „schematisierender Verallgemeinerung, nicht, wie im Strafrecht, individualisierender Verbesonderung."

[16] Fast allg. Meinung; vgl. *Engisch*, Konkretisierung S. 238, 258; *Strache*, Standards S. 21 zu Fn. 13 m. w. N. Lediglich ein Teil des älteren psychologischen Schrifttums sieht den Typus als typischen Vertreter („Repräsentanten") der *Art* — so etwa *Kafka*, Revision S. 131 f. („ein Typus kann also niemals ein abstrakter Begriff sein wie die Art, sondern immer nur ein konkretes Individuum ..."). Weitere Nachweise bei *Seiterich*, Logische Struktur S. 58 ff.

[17] Nachweise vgl. oben § 1, Anm. 5 u. 6.

[18] d. h. der logisch und methodologisch bewußten Lehre vom Typus.

Rechtswissenschaft zu untersuchen, ist das Anliegen dieser Arbeit. Dennoch ist es uns verwehrt, die Ergebnisse der genannten Autoren als Ausgangspunkt lediglich zu referieren oder insoweit auf die zusammenfassenden Darstellungen in den einleitenden Kapiteln neuerer, darauf aufbauender Einzeluntersuchungen[19] zu verweisen, da in jüngster Zeit gerade diese Grundlagen wieder in Frage gestellt worden sind. Die Kritik denkt teilweise[20] die der Typologik gegenübergestellte Begriffslogik konsequent zu Ende und gelangt zu einer so radikalen Neuverteilung der Rollen, die Begriff und Typus im Recht spielen, daß der methodologische Gewinn der Unterscheidung aufgehoben erscheint; der andere Teil der Kritik[21] leugnet die logische Möglichkeit, anhand der „klassischen"[22] Kriterien zwischen Typus und Begriff zu unterscheiden, und setzt entweder andere Abgrenzungsmerkmale an deren Stelle[23] oder gibt die Unterscheidung ganz auf[24]. Daher kann diese Arbeit nicht umhin, trotz ihrer spezifisch methodologischen Zielsetzung zunächst den Ausgangspunkt im Lichte der Kritik neu zu überdenken.

§ 3: Der eindeutige Allgemeinbegriff

1. Die Rechtstheorie nimmt heute zur logischen Qualität der Allgemeinbegriffe durchaus zwiespältig Stellung. Überall dort, wo die Unterschiede zum Typus herausgearbeitet werden sollen, wird dem Begriff Eindeutigkeit, Exaktheit, Sicherheit in der Anwendung nachgesagt, während die auf die Rechtsanwendung bezogenen Darstellungen das juristische Begriffsmaterial als notwendig unscharf, niemals eindeutig bestimmbar und darum auch keineswegs mit logischer Gewißheit anwendbar kennzeichnen.

Charakteristisch für die aus typologischer Sicht gegebenen Bestimmungen des Begriffs sind *Radbruchs* Äußerungen in der Rezension der Arbeit von *Hempel* und *Oppenheim:* Die Hauptleistung des Begriffs sei das „Begrenzen, die Wehrmauer, mit der sich der Begriff nach außen gegen andere Denkgehalte abschließt"[1]. „Klassenbegriffe sind

---

[19] Vgl. *Koller*, Grundfragen S. 14 ff.; *Schluep*, Methodologische Bedeutung S. 9 ff.; *Herschel*, Typologische Methode S. 229 ff.; *H. P. Westermann*, Typengesetzlichkeit S. 95 ff.

[20] So *Hassemer*, Tatbestand pass.

[21] *Strache*, Standards S. 19 ff.; *Zippelius*,Verwendung S. 224 ff.

[22] Hier und in Zukunft gebraucht als schlagwortartige Verweisung auf die Auffassung vom Typus, die von den oben bei Anm. 17 genannten Autoren entwickelt worden ist.

[23] So *Strache;* näher unten § 5, 1 bei Anm. 25 ff.

[24] So *Zippelius;* näher unten § 5, 2 bei Anm. 44 ff.

[1] *Radbruch*, Klassenbegriffe S. 46; daselbst die folgenden Zitate.

durch scharfe Grenzen voneinander geschieden" (S. 47); wie die Rechtswissenschaft „grundsätzlich klassifikatorischen Charakter" habe (S. 51), so arbeite auch die Gesetzgebung ganz bewußt „mit Begriffen, die durch die fließenden Übergänge des Lebens scharfe Schnitte legen" (S. 49). *Larenz* nennt im Unterschied zum Typus die „allgemein gefaßte Regel"[2] „in sich vollkommen bestimmt", daher „auf einen ‚Fall' nur entweder anwendbar oder nicht"[3]; der Begriff sei „scharf definiert", „fest begrenzt"[4], bei *Koller* (etwas vorsichtiger) „auf die scharfe Scheidung der Dinge ausgerichtet", „auf zweifelsfreie Subsumtion zugeschnitten"[5].

Wir müssen offensichtlich unterscheiden: die logischen *Anforderungen* an den Begriff sind in den Zitaten zwar zutreffend wiedergegeben[6], die Frage aber, ob *Rechtsbegriffe* diesen Anforderungen *genügen*, ist damit nicht schon beantwortet, sondern erst gestellt. Dieser — in der Rechtswissenschaft keineswegs neuen — Fragestellung ist *Hassemer* mit dem Rüstzeug moderner Wissenschaftstheorie nachgegangen (unten 2.); seine sehr gewissenhaften Untersuchungen bestätigen dabei weithin nur, was im rechtswissenschaftlichen Schrifttum *außerhalb* der Literatur zur Abgrenzung von Typus und Begriff seit dem Abklingen der Begriffsjurisprudenz längst anerkannt ist (unten 3.); in den Schlußfolgerungen ergeben sich jedoch wesentliche Unterschiede (unten 4.).

2. *Hassemer*[7] präzisiert zunächst das Exaktheits- (Eindeutigkeits-)erfordernis zu dem Postulat, daß der Begriff „gleichgültig, wo, wie und wann er verwendet wird, dasselbe bedeutet, daß er m. a. W. vor seiner Anwendung die Menge seiner richtigen Anwendungen vollständig impliziert" (S. 85).

Diesen Anforderungen stehe einerseits die *Sprachlichkeit* juristischer Begriffe entgegen: Wie die Worte der Sprechsprache „in verschiedenen Sprechsituationen ... Verschiedenes bedeuten" können (S. 68), so sei auch die Bedeutung der (von *Hassemer* beispielhaft untersuchten straf-

---

[2] Gemeint ist, wie sich aus dem Kontext der Zitatstelle ohne weiteres ergibt, die in abstrakt-allgemeine Begriffe gefaßte Regel.

[3] *Larenz*, Fall S. 158.

[4] *Larenz*, Methodenlehre S. 442 bzw. 440. Ebenso *Jørgensen*, Typologie S. 58.

[5] *Koller*, Grundfragen S. 27 bzw. 25 f.; vgl. auch *Arthur Kaufmann*, Analogie S. 37 f.

[6] Vgl. *v. Freytag - Löringhoff*, Logik S. 22 ff., 50 f. — Die moderne Wissenschaftstheorie unterscheidet weiter zwischen der auf den Begriffs*inhalt* abstellenden Begriffs- oder Prädikatenlogik und der auf dem Begriffs*umfang* basierenden Klassenlogik; beide Verfahren können aber für unsere Zwecke gleichbedeutend als Begriffs- oder Klassenlogik dargestellt werden. Zur Umformulierbarkeit der Aussagen vgl. *Hempel - Oppenheim*, Typusbegriff S. 14; *Leinfellner*, Erkenntnistheorie S. 53 f.

[7] Alle Zitate: Tatbestand und Typus.

rechtlichen) Tatbestandsbegriffe[8] abhängig von der Situation des Gesetzgebers (S. 86 f.), vom Tatbestand als Ganzem und dessen Systemzusammenhang (S. 87 ff.) sowie von der „Konzeption", unter der sie stehen (S. 92 ff.). Den anderen Einwand bilde der (in der Sprachlichkeit vermittelte) *Wirklichkeitsbezug*[9]: da die Tatbestandsbegriffe in aller Regel[10] „eine Wirklichkeit außerhalb des Strafgesetzsystems als Kodifikation meinen, nennen, beurteilen", folge, daß sie „erst im Prozeß der Entfaltung an dieser Wirklichkeit voll verstehbar werden" (S. 116). An diesem ursprünglichen Wirklichkeitsbezug scheitere eine Kalkülisierung des Tatbestands und damit ein formal deduktives Verfahren der Rechtsgewinnung, denn „nur das, was immer schon klar war, (kann) kalkülisiert werden; die juristischen Probleme (bleiben) ungelöst" (S. 42). „Muß aber jeder formalen Formulierung und jedem formalen Schluß eine inhaltliche Diskussion und Lösung des anstehenden Problems vorangehen, dann erscheint die Formalisierung als unnötige und überflüssige Komplizierung" (S. 42 Fn. 75). Das aber heißt: Da die Möglichkeit eines rein formal-deduktiven Operierens mit Rechtsbegriffen ausgeschlossen ist[11], können diese dem strengen Exaktheitspostulat nicht genügen.

3. Die Rechtswissenschaft vom Aberglauben der logischen Stringenz juristischer Begriffe zu befreien, ist bereits eines der zentralen Anliegen der Interessenjurisprudenz gewesen. Was die Sprachtheorie heute näher begründet, hat *Müller - Erzbach* schon 1913 in der These zusammengefaßt, „daß auch die allerfestesten Rechtsbegriffe jedesmal durch den Zusammenhang, in dem sie gebraucht wurden, in ihren Grenzen, in ihrer Bedeutung ein wenig nach dieser oder jener Richtung hin verschoben werden", weshalb man „einen Begriff nicht als eine bestimmte, ein für allemal gegebene Größe ansehen" dürfe[12]. Die nähere Begrenzung könne nur durch den Zweck des Gesetzes erfolgen, der seit *Jhering* als das entscheidende Moment juristischer Begriffsbildung erkannt wird. Wenn aber juristische Begriffe „zweckhaft" (oder, wie wir heute umfassender sagen möchten: „wertbezogen") gebildet werden, wenn Zweck- oder Wertgesichtspunkte dementsprechend auch die Auslegung leiten, dann kann die Exaktheit der Begriffe notwendig nicht

---

[8] Für die rechts*wissenschaftlichen* Begriffe gilt hinsichtlich Sprachlichkeit und Wirklichkeitsbezug ersichtlich ähnliches.

[9] Hierzu auch *Arthur Kaufmann*, Geschichtlichkeit S. 270.

[10] Eine Ausnahme bilden diejenigen Begriffe, „welche nur innerhalb des Systems verweisen", wie etwa § 1 StGB; zu der auch bei diesen verbleibenden Unbestimmtheit *Hassemer*, a.a.O. S. 116.

[11] Genauer erfordert die sich anschließende Aussage auch eine Auseinandersetzung mit den Verfahren der induktiven Logik, die *Hassemer* a.a.O. S. 47 ff. vornimmt.

[12] *Müller - Erzbach*, Relativität S. 31; s. a. *Schwinge*, Begriffsbildung pass., insb. S. 48 m. w. N.

größer sein als unsere Sicherheit in der Bestimmung dieser Werte. Nehmen wir hinzu, daß Werte und Wertungen nicht statisch feststehen, sondern stets von neuem aufgegeben sind, so ist deutlich, daß Rechtsbegriffe niemals logisch exakt definiert und gehandhabt werden können[13].

In der rechtswissenschaftlichen Literatur hat sich diese Einsicht vor allem in der Aufteilung des Bedeutungsgehaltes eines Begriffs in „Kern" und „Hof" niedergeschlagen[14]. Wenn damit auch Unbestimmtheiten sehr verschiedener Art und Ursache angesprochen sind[15], genügt im gegenwärtigen Zusammenhang doch die Gemeinsamkeit, daß es „im Begriffshof ex definitione keine Sicherheit"[16], das heißt keine Eindeutigkeit gibt, und daß diese nach „Kern" und „Hof" differenzierte Struktur *allen* Rechtsbegriffen zugesprochen wird. So sagt *Jesch*[17] pauschal von „den" Gesetzesbegriffen, daß sie „aus einem Begriffskern und einem Begriffshof" zusammengesetzt seien, wodurch „selbst Zeitangaben oder Zahlen ihren scheinbar klaren Sinn verlieren" könnten[18], und *Heck* nennt den scheinbar so klaren § 94 Abs. 2 BGB als Beleg für seine These, daß auch „Ausdrücke, bei denen Bestimmtheit erwünscht" wäre, von „einem allmählich verschwindenden Bedeutungshof umgeben" seien, so daß jene Bestimmtheit „nicht erreicht wird"[19].

4. Aus der Erkenntnis, daß Begriffe im Sinne der Logik im Recht kaum eine Rolle spielen, lassen sich zwei Konsequenzen für die juristische Methodenlehre ziehen:

a) Entweder man spricht den Rechtsbegriffen i. w. S.[20] die „Begriffs"qualität ab und sucht nach anderen Denkformen, die das Wesen der durch Sprachlichkeit, Wirklichkeitsbezug und Werthaftigkeit stets „unscharfen" juristischen Begriffe treffender zu erfassen vermögen. Diesen Weg ist *Hassemer* gegangen: Er verneint, daß es strafrechtlicher Hermeneutik und Argumentation je gelingen könne und dürfe, „den abstrakten, univoken Begriff herzustellen"[21], den exakte Wissenschaft

---

[13] Vgl. *Wieacker*, Präzisierung S. 14 f.; *Arthur Kaufmann*, Gesetz S. 366, Analogie S. 4 f., Geschichtlichkeit S. 265 m. w. N.; *Bucher*, Traditionale und analytische Betrachtungsweise S. 42; *Podlech*, Wertungen und Werte im Recht, AöR Bd. 95 (1970), S. 185 ff.

[14] *Heck*, Gesetzesauslegung S. 173; *ders.*, Begriffsbildung S. 52, 60; *Jesch*, Unbestimmter Rechtsbegriff S. 172 ff.; *Engisch*, Einführung S. 108. Vgl. auch schon *Gnaeus Flavius (Hermann Kantorowicz)*, Kampf S. 15 (Unterscheidung zwischen „fest bestimmten Begriffskernen" und „schwimmenden Konturen"), sowie *Müller - Erzbach*, Relativität S. 13.

[15] Hierzu sogleich unten § 4, 1 b, aa.

[16] *Jesch*, Unbestimmter Rechtsbegriff S. 177.

[17] *Jesch*, Unbestimmter Rechtsbegriff S. 171 f.

[18] *Jesch*, Unbestimmter Rechtsbegriff S. 177.

[19] *Heck*, Gesetzesauslegung S. 173 bei und in Anm. 165.

[20] Unter Rechtsbegriffen *im weiteren Sinn* werden im folgenden alle Arten irgendwie fixierter (rechtlicher) Gedankeninhalte verstanden (in dem Sinne, in dem von „wertausfüllungsbedürftigen Begriffen", „Typenbegriffen" gesprochen wird); mit Begriff *im engeren Sinne* ist der Begriff im Sinne der Unterscheidung von Typus und Begriff gemeint.

[21] *Hassemer*, Tatbestand S. 98.

allein zulassen dürfe[22], und bestimmt den Tatbestand und seine Merkmale in der Folge als Typen[23]. Zweierlei verdient an dieser Ansicht vorläufig hervorgehoben zu werden: *Hassemers* Qualifizierung der von ihm beispielhaft untersuchten strafrechtlichen Tatbestandsbegriffe als Typen ist nicht ohne erhebliche Erweiterung der bisher von der Rechtstheorie gegebenen Bestimmung des Typus möglich; die Anknüpfung an das bisherige Schrifttum zum Typus[24] darf nicht darüber hinwegtäuschen, daß *Hassemer* in Wirklichkeit einen neuen Begriff des Typus einführt. Nicht die (sogleich zu besprechenden) Merkmale der „Offenheit", „Abstufbarkeit", „Sinnhaftigkeit", „Ganzheitlichkeit", „Anschaulichkeit" sind ihm konstitutive Kriterien der Unterscheidung; der Typus ist nach seiner Definition vielmehr „begriffslogisch abgesetzt gegenüber dem Allgemeinbegriff durch seinen notwendigen Wirklichkeitsbezug"[25]. Unter diesem Kriterium werden aber, wie *Hassemer* zuvor nachgewiesen hat, *alle*[26] Gesetzesbegriffe i. w. S. — von der wertausfüllungsbedürftigen Generalklausel bis zum einzelnen durch die Rechtswissenschaft weitgehend abgeklärten und durch eine ständige Praxis gesicherten „deskriptiven" Tatbestandsmerkmal — zu *einer* Klasse zusammengefaßt. *Hassemer* macht das Begrifflichkeit im logischen Sinne ausschließende Merkmal rechtlicher Begriffe i. w. S. zum Definiens des Typus, was zwar logisch der einzig sichere Weg ist, keinen Rechtsbegriff i. w. S. unerfaßt zu lassen, methodologisch aber zur Folge hat, daß für das ganze Spektrum rechtlicher Begriffe i. w. S. nur ein einziges Anwendungsverfahren, das der typologischen Zuordnung, zugelassen wird. Damit aber geht der methodische Gewinn, den die „klassische" Typustheorie mit sich brachte, nämlich die Möglichkeit einer Differenzierung *innerhalb* des im Grade der begrifflichen Verfestigung so wenig homogenen juristischen Begriffsmaterials, wieder verloren. Die logisch exakte Fassung des Begriffs i. e. S. bedingt eine Egalisierung des juristischen Begriffsmaterials i. w. S. und dessen Anwendungsverfahrens unter einem neuen, bis zur Verflüchtigung seines besonderen Gehalts weit gefaßten Begriff des Typus. Hierauf ist zurückzukommen[27].

b) Die andere Alternative besteht darin, mit Rücksicht auf die sich aus Sprachlichkeit, Wirklichkeitsbezug und Werthaftigkeit ergebenden Unschärfen das Exaktheitserfordernis für die juristischen Begriffe einzuschränken und neben „eindeutigen" Begriffen im Sinne der Logik eine eigene Kategorie „deutungsbedürftiger" juristischer Begriffe i. e. S. an-

---

[22] *Hassemer,* a.a.O. S. 85.
[23] *Hassemer,* a.a.O. S. 111.
[24] Vgl. *Hassemer,* a.a.O. S. 113.
[25] *Hassemer,* a.a.O., S. 112.
[26] Wegen der erforderlichen Einschränkung s. o. Anm. 10.
[27] Unten § 5, 3 bei Anm. 67 ff.

zuerkennen. Wir können dann sagen: Alle Rechtsbegriffe i. w. S. sind infolge von Sprachlichkeit, Wirklichkeitsbezug und Werthaftigkeit „deutungsbedürftig"; innerhalb der deutungsbedürftigen Rechtsbegriffe kann jedoch nach „offenen", (wertausfüllungsbedürftigen und Typusbegriffen) und „geschlossenen" (Rechtsbegriffen i. e. S.) unterschieden werden. Die Unterscheidung von Begriff i. e. S. und Typus betrifft dann nicht den Gegensatz von „Eindeutigkeit" und „Deutungsbedürftigkeit", sondern von „Geschlossenheit" und (einer bestimmten Form von)[28] „Offenheit" deutungsbedürftiger Begriffe i. w. S. Dies kann *der Sache nach* als die im rechtswissenschaftlichen Schrifttum heute herrschende Meinung bezeichnet werden[29]. Insbesondere ist auch die klassische Typustheorie hierher zu rechnen: Sieht man bei ihr weniger auf die theoretischen Ausführungen zur Abgrenzung von Typus und Begriff als auf die Praxis der Grenzziehung, so ist evident, daß auch sie das Exaktheitserfordernis des Begriffs nicht im strengen logischen Sinn der „Eindeutigkeit" versteht — wie könnte sie sonst rechtliche Begriffe i. w. S. nach „Begriff" und „Typus" ordnen, Rechts„begriffe" i. e. S. anerkennen!

Indes: Ist vom Ansatz deutungsbedürftiger, und das heißt: nicht eindeutiger, juristischer Begriffe her die logische Unterscheidung zum Typus überhaupt oder jedenfalls mit den herkömmlichen Kriterien aufrechtzuerhalten? Beides ist, wie wir gesehen haben[30], in jüngster Zeit verneint worden. Die Gefahr besteht, daß die innere Widersprüchlichkeit der klassischen Typustheorie, in Theorie und Praxis der Abgrenzung das Exaktheitserfordernis des Begriffs mit zweierlei Maß zu messen, zu dieser Kritik beigetragen hat. Die nachfolgende Gegenüberstellung von Typus und Begriff verfolgt daher neben dem Anliegen, die herkömmlichen Kriterien der Unterscheidung einzuführen, vor allem den Zweck, deren Brauchbarkeit gerade für eine *auf deutungsbedürftige Begriffe als Gegenstück zum Typus* abstellende Betrachtung zu untersuchen. Daran hat sich die Frage nach der logischen Qualität dieser Unterscheidung anzuschließen[31]. Erst dann ist auf die Frage zu-

[28] Näher sogleich § 4.

[29] *G. Rümelin* stellt zwar (Begriffsbildung S. 11 f.) an die Jurisprudenz die Forderung, „daß von den im Lauf des natürlichen Denkens entstandenen Begriffen zu Begriffen im logischen Sinn fortgeschritten wird, das heißt zu solchen Begriffen, denen feste Begrenzung und sichere Unterscheidung gegenüber von allen übrigen zukommt", hält diese Aufgabe aber mit den herkömmlichen Mitteln sprachlicher Präzisierung für lösbar und zeigt damit, daß auch er das Exaktheitserfordernis keineswegs im logischen Sinne versteht. Das gleiche gilt für *Schwinge*, Teleologische Begriffsbildung S. 4. „Daß der mathematische Exaktheitsgesichtspunkt, auf den die Sprachfeindlichkeit allein aufbauen kann, für den Juristen nicht in Betracht gezogen werden kann", betont ausdrücklich *Hatz*, Rechtssprache S. 66; ebenso *Arthur Kaufmann*, Geschichtlichkeit S. 265 m. w. N.

[30] Vgl. oben § 2 a. E.

[31] Unten § 5, 1.

rückzukommen, welcher der hier aufgezeigten Alternativen der Abgrenzung von Typus und Begriff, sollten sich beide als logisch möglich erweisen, unter methodologischen Gesichtspunkten der Vorzug zu geben ist[32].

§ 4: Typus und deutungsbedürftiger Begriff

1. Unser erstes Anliegen muß sein, den Unterschied zwischen der *Offenheit* des Typus und der *Deutungsbedürftigkeit* des geschlossenen Begriffs herauszuarbeiten: Der Offenheit des Typus ist nicht die Eindeutigkeit des Begriffs im logischen Sinn, sondern das Phänomen von Begriffskern und -hof gegenüberzustellen.

a) „Offenheit" des Typus bedeutet[1]:

aa) Vom Typus als Merkmalskombination her gesehen: *Abstufbarkeit*[2] der typischen Züge, als Folge davon die Möglichkeit variabler Ausprägungskombinationen bis hin zum gänzlichen Fehlen eines typischen Zuges, wodurch dennoch die Zugehörigkeit zum Typus nicht ausgeschlossen sein muß[3]; der Typus stellt ein „elastisches Merkmalsgefüge" dar[4].

bb) Vom Objektsbereich her gesehen: die dem Typus zugehörigen Objekte sind sowohl untereinander[5] wie mit „atypischen" Erscheinungen durch „fließende Übergänge" verbunden, das sind — wie *Benno Erdmann* schon 1894 formulierte[6] — „Zusammenhänge von Gegenständen, die deswegen keine festen Grenzen für die Einteilung darbieten, weil die Gegenstände bei jeder möglichen Betrachtung durch zahlreiche, unter Umständen unübersehbar viele Zwischenstufen[7], gelegentlich sogar durch continuierlich verlaufende Übergänge ineinander übergehen, ohne daß Unterschiede aufzufinden wären, die mit einzel-

---

[32] Unten § 5, 3.

[1] Hierzu *Zippelius*, Verwendung S. 229 ff. m. w. N.

[2] Grundlegend *Hempel - Oppenheim*, Typusbegriff pass., insb. S. 21 ff.; daran anschließend *Radbruch*, Klassenbegriffe S. 46 ff.; *v. Kempski*, Ordnungsbegriffe S. 212 f.; *Engisch*, Konkretisierung S. 242 ff.; *Koller*, Grundfragen S. 22 f.; *Strache*, Standards S. 21 ff.

[3] Zur Frage, welche Kriterien stattdessen letztlich über die Zugehörigkeit zum Typus entscheiden, sogleich unten unter 2.

[4] Die Elastizität betonen *Hempel - Oppenheim*, a.a.O., von Gefüge spricht *Larenz*, Typologisches Rechtsdenken S. 20.

[5] a. A. *Heyde*, Typus S. 244 f., der unter dem Typus nur die jeweils höchste Ausprägungsmöglichkeit, die sog. „Vollform", versteht. Ähnlich *Schluep*, Methodologische Bedeutung S. 13.

[6] *Erdmann*, Typeneinteilungen S. 18.

[7] Völlig verkannt von *Seiffert*, Kategoriale Stellung S. 19: „Nichts ist dem Typenwissenschaftler im Grunde unsympathischer als das Erscheinen von Zwischenformen. Sie stören sein Konzept..." Die Behauptung trifft gerade umgekehrt für die Begriffslogik zu, die Zwischenformen nicht erfassen kann.

nen unter den Verschiedenheiten dieser Stufen ausschließlich verknüpft sind." Die Objekte sind also reihenförmig[8] geordnet.

cc) Vom Zuordnungsverfahren her gesehen: es kann an sich nur die Stellung eines Objektes in der fraglichen Abstufungsreihe angegeben werden. Sprachlich kommt dies in der Verwendung des Komparativs[9] oder gleichsinniger Formeln (wie „in höherem Maße" etc.) zum Ausdruck: Typenbegriffe werden „ordnend" gebraucht, daher auch als „Ordnungsbegriffe" bezeichnet[10]. Da der Typus in aller Regel eine Merkmals*kombination* enthält, also mehrdimensional abstufbar ist, muß theoretisch die jeweilige Stellung in den einzelnen Abstufungsreihen zum Zwecke der präzisen Einordnung angegeben werden; praktisch interessiert jedoch meist nur ein zusammenfassendes Urteil aufgrund einer „Gesamtbetrachtung"[11], das sprachlich in der Form „noch dem Typus zuzurechnen", „nicht mehr ..." etc. ausgedrückt wird.

Die verschiedenen eben dargelegten Betrachtungsweisen werden im Schrifttum gedanklich wie terminologisch nicht immer klar genug auseinandergehalten[12], was auf einen gerade im vorliegenden Zusammenhang nicht uninteressanten Mangel der Typologik aufmerksam macht. Während in der Begriffslogik deutlich geschieden wird zwischen dem Begriff als *Denkform*, dem einzelnen Begriff und der dadurch bestimmten *Gattung* bzw. *Art* als *Merkmalsinbegriff*, der Klasse als dem vom Begriff erfaßten, die Merkmale der Gattung/Art aufweisenden *Objektsbereich*, sowie schließlich dem einzelnen (individuellen) klassenzugehörigen Objekt, fehlen in der Typologik weitgehend Parallelbezeichnungen, so daß das Wort „Typus" in allen Bedeutungen verwendet wird. Dies kann nicht allein wissenschaftsgeschichtlich mit dem „Rückstand" der Typologik erklärt werden, sondern liegt in der Sache selbst, und zwar gerade in der „Offenheit" des Typus begründet. Da

[8] *Hempel - Oppenheim*, Typusbegriff S. 30 f.; *Larenz*, Typologisches Rechtsdenken S. 21; *ders.*, Methodenlehre S. 447 ff.; *Strache*, Standards S. 22.

[9] *Hempel - Oppenheim*, a.a.O., S. 38 ff.; die Schrift wird von *Radbruch*, (Klassenbegriffe S. 46) als „die Entdeckung des Komparativs für die wissenschaftliche Methodenlehre" bezeichnet.

[10] *Hempel - Oppenheim*, a.a.O., S. 30 f.; *v. Kempski*, Ordnungsbegriffe pass. — In einem ganz anderen Sinn findet sich der Ausdruck bei *Heck*, Begriffsbildung S. 63 u. ö.: *Heck* versteht darunter die von der Rechtswissenschaft zur besseren Übersicht und leichteren Auffassung gebildeten „Formeln" oder „Integrale" der vorhandenen Gebote und Gebotselemente. Innerhalb dieser Ordnungsbegriffe unterscheidet *Heck* sodann zwischen „determinativer" und „typischer" Bedeutung. „Im ersten Fall werden Beobachtungen zusammengefaßt, die sich in allen Einzeldingen machen lassen, die in den Umfang des Begriffs einbezogen werden. Im zweiten Falle genügt es zur Zusammenfassung, daß das fragliche Merkmal sich als Regel vorfindet, vorbehaltlich mehr oder weniger zahlreicher Ausnahmen infolge der Einwirkung besonderer Umstände." *Heck* unterscheidet also innerhalb der von ihm so genannten „Ordnungsbegriffe" zwischen begriffslogischer und typologischer Bedeutung. Siehe hierzu auch *Engisch*, Konkretisierung S. 287.

[11] Methodisch exakte Verfahren zur Reduzierung mehrerer durch Gesetzmäßigkeiten miteinander verknüpfter Reihen entwickeln *Hempel - Oppenheim*, a.a.O., S. 65 ff.

[12] Ausnahmen: *Engisch*, Konkretisierung S. 264; *Heyde*, Typus S. 235 f.

der einzelne Typus (auch Typusbegriff genannt[13]) durch keinen festen Merkmalsinbegriff, sondern durch ein „elastisches Merkmalsgefüge" gebildet wird, dessen einzelne Züge nicht konstitutiv erforderlich sind, fehlt es offenbar für unser Denken an einem genügend bestimmten Gegenstand, der durch einen (zu „Gattung" bzw. „Art" parallelen, von „Typus" verschiedenen) Begriff gesondert erfaßt würde. Dasselbe gilt vom Objektsbereich: da die typenzugehörigen Fälle in fließendem Zusammenhang mit dem Typus nicht mehr zuzuordnenden Fällen stehen, fehlt es uns an einer zusammenfassenden Bezeichnung für die „Gesamtheit" der durch keine genaue Grenze bestimmten, dem Typus als Merkmalskombination zuzuordnenden Fälle. Schließlich kann „Typus" sogar für die individuelle, für den Typus als Merkmalskomplex *repräsentative* Erscheinung stehen[14].

b) Wollen wir dieser auf die Abstufbarkeit der Merkmale beruhenden Offenheit des Typus nunmehr die durch die Unterscheidung von Bedeutungs-„kern" und „-hof" gekennzeichnete *Unschärfe* des juristischen Begriffs gegenüberstellen, so müssen wir zunächst dieses Phänomen selbst präzisieren.

aa) Eine Musterung der Lehre vom Begriffskern und -hof zeigt, daß keine einheitliche Problematik zugrunde liegt; die Lehre dient vielmehr

aaa) zur Kennzeichnung der relativen Unbestimmtheit „wertausfüllungsbedürftiger Begriffe" wie Treu und Glauben, gute Sitten, Unzucht, öffentliche Sicherheit und Ordnung etc.[15] Kritik: Hier kann — ohne daß es auf den oben (S. 31 ff.) dargelegten Meinungsstreit ankäme — überhaupt nicht von „Begriffen" gesprochen werden, die auf Subsumtion hin angelegt sind[16]. Es handelt sich vielmehr um formelhafte Verweisungen[17] auf grundlegende Wertmaßstäbe[18], die die der Rechtswissenschaft und Praxis erst jeweils aufgegebene, im weitesten Sinne begriffliche Konkretisierung leiten[19].

bbb) zur Kennzeichnung der relativen Unbestimmtheit von abstufbaren Typenbegriffen[20] wie „Dunkelheit"[21], „Nachtzeit"[22], „Lärm"[23], „Wal-

[13] Vgl. *Engisch*, Konkretisierung S. 264. Im folgenden wird zwischen Begriff des Typus und Typusbegriff zu scheiden sein: Die Frage nach einem *Begriff* des Typus ist die nach den logischen Bedingungen, denen die Kennzeichnung des Typus als Denkform genügt (hierzu unten § 5, 1); der Typusbegriff ist ein Begriff i. w. S., der die logische Struktur des Typus aufweist.

[14] Hierzu unten bei und in Anm. 92.

[15] Vgl. *Jesch*, Unbestimmter Rechtsbegriff S. 165 f.; *Heck*, Gesetzesauslegung S. 173 Fn. 265 („wichtiger Grund").

[16] *Larenz*, Methodenlehre S. 263 m. w. N.

[17] Vgl. *Henkel*, Individualität S. 35.

[18] *Larenz*, Methodenlehre S. 213 u. ö. spricht von „Wertprädikaten".

[19] Näheres unten § 6, 3 a bb.

[20] So ausdrücklich *Mengiardi*, Strukturprobleme S. 148.

[21] *Engisch*, Einführung S. 108.

[22] *Engisch*, Logische Studien S. 32 ff.

[23] *Engisch*, Einführung S. 108.

dung"[24] etc. *Kritik:* Die Abstufbarkeit der Merkmale haben wir gerade als die wichtigste Eigenschaft von Typusbegriffen kennengelernt; diese Fallgruppe gehört daher der Sache nach zum Problemkreis Typus, was auch terminologisch zum Ausdruck gebracht werden sollte. Das Bild vom „Begriffs"kern und „Begriffs"hof trägt weder zur Erhellung der strukturellen Eigenheiten noch der methodologischen Probleme bei, sondern leitet eher in die Irre.

Die Gefahren einer Erfassung dieses „Unschärfe"-Problems vom „Begriff" her zeigen sich vor allem bei den Autoren, die als den „Begriffskern" die „zweifellos gemeinten Fälle"[25], „das Tatbestandsbild, das dem Gesetzgeber vorgeschwebt hat"[26], das heißt letztlich: den dem Gesetz zugrunde liegenden Typus[27] ansehen. Als „Begriffshof" erscheint dann der „Zwischenraum"[28] zwischen diesem Typus und dem begrifflich möglichen Wortsinn der Gesetzesfassung; bei diesem Zwischenraum sei es „zweifelhaft", ob er wertungsmäßig von der Regelung mitumfaßt ist oder nicht. Hier führt die Theorie vom Begriffskern und -hof dazu, zunächst „Begriffe" zu postulieren, sie aber nicht „beim Wort" zu nehmen. Entweder stellt das Gesetz nur eine grobe Beschreibung eines Typus dar, dann ist es nicht „begrifflich" zu verstehen, oder aber es ist „begrifflich" gemeint, dann ist der „Hof" mitumfaßt[29].

ccc) zur Kennzeichnung der mangelnden „Ein"deutigkeit juristischer Begriffe, denen Sprachlichkeit, Wirklichkeitsbezug und Werthaftigkeit immer, wie wir gesehen haben, eine mehr oder weniger große unscharfe „Randzone" verleihen.

bb) In dieser engeren Bedeutung, die nach Aussonderung der beiden erstgenannten Fallgruppen verbleibt, besagt die Unterscheidung von Begriffskern und -hof:

---

[24] *Larenz*, Methodenlehre S. 216 f., mit der zutreffenden Feststellung (a.a.O., S. 217 Fn. 1), daß es sich bei der kommentarmäßigen Präzisierung „nicht eigentlich um eine Definition, sondern vielmehr um die Beschreibung eines Typus" handle.

[25] So *Jesch*, Unbestimmter Rechtsbegriff S. 176 unter Verweisung auf *Engisch*, Logische Studien S. 26. Vgl. auch *G. Rümelin*, Begriffsbildung S. 15.

[26] So *Stoll*, Begriff S. 92, auf den *Engisch*, Logische Studien S. 26, verweist.

[27] Vgl. *Engisch*, Logische Studien S. 37 (Die Gleichsetzung mit den zweifellos gemeinten Fällen sei eine „Gleichsetzung mit typischen unter diesen Tatbestand gehörigen Fällen", genauer: eine Vergleichung „mit den vom Gesetzgeber abstrahierend hervorgekehrten wesentlichen Seiten der ihm vorschwebenden typischen Fälle"); ganz deutlich auch *ders.*, Konkretisierung S. 285: „Der ‚Begriffskern' deckt ... gerade die vom Gesetzgeber in erster Linie ‚angeschauten' typischen und das heißt hier teils: besonders häufigen, teils: irgendwie repräsentativen Fälle der betreffenden Art."

[28] *Jesch*, Unbestimmter Rechtsbegriff S. 177.

[29] Das meint wohl auch *Engischs* durch die Verbindung von Begriffskern und Typus nicht sehr klare Formel (Konkretisierung S. 285 Anm. 190 a. E.) „Der Begriff als solcher erstreckt sich auch auf den Begriffshof, der Typus dagegen nur auf den ‚Kern'."

aaa) vom Begriff als Merkmalskomplex her gesehen: die den Begriff bildenden Merkmalsbegriffe betreffen entweder von Natur aus in sich gleichförmige (oder doch annähernd gleichförmige) Erscheinungen, oder aber sie vernachlässigen bewußt deren abgestufte Qualität, indem sie eine Abstufungsreihe durch „Schnitte" zerteilen und nur den dadurch markierten Merkmalsabschnitt als solchen, nicht jedoch dessen innere Abstufung, erfassen[30]. In der Sprache der Logistik handelt es sich bei diesen Merkmalsbegriffen wie bei den durch sie definierten Begriffen um „einstellige Prädikate"[31]. Nach dem oben[32] zum juristischen Begriff Gesagten ist deutlich, daß die Merkmalsbegriffe selbst nicht „exakt" sind, daher weder gleichförmige Erscheinungen *genau* umgrenzen noch abgestufte durch wirklich *scharfe* Schnitte festlegen können. Hieraus resultiert die Notwendigkeit der *Auslegung,* d. i. die weitere begriffliche Präzisierung durch Bestimmung von Unterarten, die als in den Begriffsmerkmalen[33] „in gleicher Weise" enthalten gesetzt werden — die Subordination von derartigen Mittelbegriffen[34] macht den Gesetzesbegriff häufig erst „anwendbar". Dabei ist Einhelligkeit der Meinungen nicht zu erreichen; die verschiedenen Versuche der Präzisierung durch Bestimmung der im Begriff enthaltenen Unterarten machen den „Begriffshof" aus[35].

bbb) vom Objektsbereich her gesehen: alle dem Begriff unterfallenden Objekte werden gleichstufig zur Klasse zusammengefaßt. Zweifelsfälle sind also nicht die Folge eines auch in der Klasse charakteristischen und rechtlich erheblichen Abstufungsgefälles, sondern resultieren aus den erörterten Schwierigkeiten bei der Bestimmung der Unterarten. Der Umfang der Klasse ist je nach der Stellungnahme zu den Mittelbegriffen verschieden.

ccc) vom Zuordnungsverfahren her gesehen: Ein Sachverhalt als begrifflich erfaßter „Lebensverhalt"[36] wird zu dem gemäß aaa) näher präzisierten Allgemeinbegriff in Beziehung gesetzt; je nachdem, ob er mit dessen sämtlichen Merkmalen übereinstimmt, ist zu subsumieren oder nicht. In der Frage der Zuordnung lautet also auch bei „unscharfen" juristischen Begriffen die Entscheidung auf „aut-aut", nicht auf „mehr oder minder". Subsumtion ist auch im Begriffshof „ein rein

---

[30] Vgl. schon *G. Rümelin,* Begriffsbildung S. 18; *Hempel - Oppenheim,* Typusbegriff S. 82 f.

[31] *Hempel - Oppenheim,* Typusbegriff S. 12; *Hatz,* Rechtssprache S. 60.

[32] In § 3, 3.

[33] Die insoweit zugleich Gattungsbegriffe sind.

[34] *Engisch,* Logische Studien S. 16 f.; *ders.,* Weltbild S. 11; *ders.,* Einführung S. 69 f.; *Lüderitz,* Auslegung S. 21 ff.; *Henke,* Tatfrage S. 95.

[35] Vgl. auch *Strache,* Standards S. 74; *Th. Vogel,* Richterliche Bindung S. 32.

[36] Hierzu *Hruschka,* Konstitution S. 12; vgl. auch *Engisch,* Logische Studien S. 22 f., *Larenz,* Fall S. 152 ff. jeweils m. w. N.

formallogisches Urteils- und Schlußverfahren, d. h. ein Operieren mit bereits gegebenen Vorstellungen und Begriffen"[37]. Das Problem der Bereitstellung eines „gegebenen" Obersatzes gerade im Hinblick auf die „zweifelhafte Randzone" ist der Auslegung zuzurechnen. Nur auf dieser Ebene, genauer: in der Notwendigkeit der Auslegung überhaupt, wirkt sich die Unschärfe juristischer Begriffe aus. Von der Prämisse des durch Auslegung „gegebenen" Obersatzes aus unterscheidet sich die Subsumtion unter juristische Begriffe auch im Bereich des „Begriffshofs" nicht von der unter „exakte" Begriffe.

Engischs in den „Logischen Studien" entwickelte, auf den ersten Blick gerade angesichts des Phänomens von Begriffskern und -hof so einleuchtende Auffassung von der Subsumtion als einer „Gleichsetzung des konkreten zu beurteilenden Falles mit den durch den gesetzlichen Tatbestand zweifellos gemeinten Fällen"[38] muß daher gerade für diesen Bereich zurückgewiesen werden. Die präzisierende Gleichstellung einer ganzen Fallgruppe, der der zu entscheidende Fall angehört, mit den vom Begriff sicher erfaßten Unterarten ist Auslegung, nicht Subsumtion; die Unterstellung des Einzelfalls unter eine derartige Fallgruppe, die Subsumtion, ist keine bewertende Gleichsetzung.

Der Widerspruch zu *Engisch* beruht allerdings zum Teil auf der hier für notwendig erachteten Bedeutungsverengung der Lehre vom Begriffskern- und -hof; die von *Engisch* verwendeten Beispiele zeigen, daß seine Ausführungen nicht auf juristische Begriffe i. e. S. beschränkt sind, sondern gerade Probleme typologischer Zuordnung umfassen sollen: Für Typusbegriffe wie „Nachtzeit"[39] ist es in der Tat charakteristisch, daß sie einer den vollen Bedeutungs- und Sinngehalt ausschöpfenden begrifflichen Präzisierung im Wege der „Mittelbegriffe" bildenden Auslegung nicht zugänglich sind, weshalb sich die spezifisch juristischen Wertungsfragen in die das „Gesamtbild" berücksichtigende Zuordnung verlagern[40]. Typologische Zuordnung ist Vergleich eines Einzelfalls mit dem Typus unter bestimmten Wertgesichtspunkten mit dem Ergebnis der — wie *Engisch* die Subsumtion erläutert[41] — „Ein-

[37] *Larenz*, Methodenlehre S. 255 Fn. 1, über die Subsumtion allgemein. Im „Randbereich" hält allerdings auch *Larenz* nicht Auslegung und Subsumtion, sondern nur Konkretisierung (zur Unterscheidung von „Auslegung" und „Konkretisierung" siehe daselbst S. 266 Fn. 1) und typologische Zuordnung für möglich (Entwicklungstendenzen S. 105; Fall S. 160). Die Erläuterung an Hand von *Engischs* Beispiel der „Nachtzeit" zeigt jedoch, daß auch hier eine weitere Fassung der Lehre von Begriffskern und -hof zugrunde liegt; vgl. sogleich den Text. — Eine nicht ganz deutliche, zwischen *Larenz* und *Engisch* vermittelnde Haltung nimmt *Canaris* (System S. 23) ein; einerseits vollziehe sich, „wenn ‚Obersatz' und ‚Untersatz' genügend konkretisiert und aufeinander abgestimmt sind", die Schlußfolgerung „sozusagen automatisch", andererseits sei aber die Subsumtion „keineswegs allein formallogischer Art", sondern bestehe „in einem wesentlichen Teil ... in einer wertungsmäßigen Zuordnung."

[38] *Engisch*, Logische Studien S. 26; ähnlich *Arthur Kaufmann*, Analogie S. 29: „Die sogenannte ‚Subsumtion' ist nichts anderes als ein ‚innertatbestandlicher Analogieschluß'".

[39] *Engisch*, Logische Studien S. 32 f.

[40] Näheres unten bei Anm. 65 ff.

[41] *Engisch*, Logische Studien S. 37.

ordnung eines konkreten Falles in den Kreis der durch den gesetzlichen Tatbestand gemeinten Fälle aufgrund einer Gleichsetzung mit typischen unter diesen Tatbestand gehörigen Fällen." Da *Engisch* in den „Logischen Studien" die Zweiteilung von abstrakten Allgemein- und Typenbegriffen noch nicht explizit darlegt, die Besonderheiten aber offensichtlich erkennt, versucht er ihnen im Rahmen einer „Subsumtionslehre" gerecht zu werden, die gleichzeitig die Probleme typologischer Zuordnung lösen soll. Diese Ineinssetzung der Anwendungsverfahren konnte nach der Anerkennung der Unterscheidung von Typus und Begriff in der „Idee der Konkretisierung" nicht beibehalten werden. Klarer daher die jetzt in der „Einführung in das juristische Denken" gegebene Deutung der Subsumtion als „Einordnung ... des ‚Falles' in die *Klasse*[42] der durch den Rechtsbegriff bzw. durch den abstrakten Tatbestand des Rechtssatzes bezeichneten Fälle"[43]. „Die Frage, welche Fälle denn vom Gesetz betroffen sind", d. h. die „Bestimmung der Klasse" wird „durch *Auslegung* ... entschieden"[44], deren Aufgabe es ist, „Inhalt und Umfang der Rechtsbegriffe zu vergegenwärtigen", wobei die Angabe des Inhalts durch Definition geschehe, „die Angabe des Umfangs ... durch Vorführung von Fallgruppen und einzelnen Fällen, die dem Rechtsbegriff zu subordinieren bzw. zu subsumieren sind"[45]. Diese Darstellung der Subsumtion ist zutreffend am *Begriff* orientiert; es bleiben nunmehr aber die Probleme typologischer Zuordnung offen, da *Engisch* ein weiteres Anwendungsverfahren nicht erörtert.

c) Die Gegenüberstellung von „Offenheit" des Typus und nach „Bedeutungskern und -hof" gegliederter Struktur des Begriffs sollte gezeigt haben, daß die *Abstufbarkeit* des Typus nicht als bloßes Negativum wie „mangelnde Eindeutigkeit", „Unschärfe" erfaßt werden kann[46], sondern nur positiv als „beliebige Ausprägungsmöglichkeit". Machen wir uns diesen Unterschied noch an einigen *Beispielen* klar:

Abstufbarkeit kennzeichnet Typusbegriffe wie „warm", „dunkel", „belesen", „reich" etc. Hier sind jeweils beliebig viele Zwischenstufen denkbar, so daß man ohne besondere Festsetzung (Einführung klassenlogischer Schnitte) eigentlich nur im Komparativ sprechen, d. h. vergleichen kann[47]: A hat *mehr* Geld als B, im Zimmer ist es *wärmer* als im Freien, Sonnenflecken sind *dunkler* als ihre Umgebung. Das letzte Beispiel zeigt, daß der umgangssprachlich bevorzugte Positiv („Sonnenflecken sind dunkel" — obwohl heller als jede irdische Lichtquelle) keinen Widerspruch zum ordnenden Charakter dieser Adjektive darstellt, denn der Bezugspunkt ist meist stillschweigend mitgedacht: was *dunkler* ist als die Umgebung, wird „dunkel" genannt, wer *mehr* Geld hat als der Durchschnitt, gilt als „reich" etc. Festzuhalten ist, daß vor

---

[42] Alle Hervorhebungen im Original.
[43] *Engisch*, Einführung S. 56.
[44] *Engisch*, Einführung S. 57, 68 f.
[45] *Engisch*, Einführung S. 70.
[46] So aber *Schluep*, Methodologische Bedeutung S. 10; richtig *Hempel - Oppenheim*, Typusbegriff S. 16; *Engisch*, Konkretisierung S. 285 ff., insbes. S. 287.
[47] *Hempel - Oppenheim*, Typusbegriff S. 37 ff.

einer solchen Festsetzung (wie sie die Umgangssprache häufig mit dem Gewöhnlichen, Normalen oder dgl. als Einteilungskriterien vornimmt, oder wie sie in Fachwissenschaften oft auf Grund einer metrisierten Skala getroffen wird) an sich nur Aussagen ordnenden Charakters möglich sind, es sei denn, die abstufbaren Eigenschaften weisen fixe Endpunkte (Pole) auf, auf die das Adjektiv im Positiv zutrifft. Ein instruktives Beispiel hierfür bietet die *Entgeltlichkeit* eines Rechtsgeschäfts: zwischen den Polen der „rein unentgeltlichen" Zuwendung (z. B. Schenkung) und des „rein entgeltlichen" Geschäfts mit vollem Austauschcharakter (z. B. Kauf zum Marktpreis) liegen unzählige Zwischenstufen abgestufter Entgeltlichkeit. Bei eindimensionaler Betrachtung (die nur auf das Austauschverhältnis, nicht auf die sonstigen Züge abstellt) läßt sich daher zwischen den genannten Polen eine *Reihe* zunehmender Entgeltlichkeit (= abnehmender Unentgeltlichkeit) bilden, innerhalb derer jedes Rechtsgeschäft einen Ort hat. Die methodologischen Folgerungen aus dieser scheinbar trivialen Feststellung werden uns später[48] noch beschäftigen.

Beispiele für juristische „Begriffe" im oben dargelegten Sinn bieten: „Mann" und „Frau"[49], „Beamter im staatsrechtlichen Sinn"[50], „Grundstück", „Wechsel" etc. Hier ist ordnender Gebrauch ausgeschlossen, man kann nicht sagen: „A ist mehr Mann als B"[51], „dies ist in höherem Maße ein Wechsel". Das letzte Beispiel vermag besonders anschaulich zu machen, daß die Gründe für die Unmöglichkeit ordnenden Gebrauchs bereits in der Struktur des anzuwendenden Begriffs liegen. Die in Art. 1 WG genannten „begrifflichen" Erfordernisse des Wechsels[52] können nur entweder vorliegen oder nicht, die Merkmalsbegriffe sind also selbst einstellige Prädikate: das Wort „Wechsel" kann nicht „bis zu einem gewissen Grade" im Text enthalten sein, die Unterschrift nicht „mehr oder weniger" vorliegen etc. Wohl aber haben auch diese

[48] Unten § 13, 1.

[49] Trotz biologischer „Zwischenformen"! Hierbei handelt es sich nicht um die Fortsetzung einer Abstufungsreihe, die kontinuierlich von „Frau" zu „Mann" führt.

[50] für den die Aushändigung der Urkunde konstitutiv erforderlich ist; für den strafrechtlichen Beamtenbegriff, der auf die Funktion abstellt („Dienstverrichtungen, die aus der Staatsgewalt abgeleitet sind und staatlichen Zwecken dienen" — vgl. die Nachweise bei *Schönke - Schröder*, StGB § 359 Anm. 6), dürfte anderes gelten, da hier eine Abstufungsreihe denkbar ist („*überwiegend* staatlichen Zwecken dienend").

[51] Wo dies geschieht („A ist männlicher als B"), ist der (sprachlich gleichlautende — hierzu unten § 5, bei Anm. 48) *Typus* „Mann" gemeint: ordnender Gebrauch von „männlich" im Gegensatz zum klassifizierenden Eintrag „männlich" im Personalausweis, da im ersten Fall auf Typus, im zweiten auf Begriff bezogen.

[52] Wegen der Besonderheiten der Nummern 4, 5 und 7 vgl. *Hueck*, Recht der Wertpapiere S. 36 f.; *Baumbach - Hefermehl*, Wechselgesetz, Anm. 9, 10 und 12 zu Art. 1.

Merkmalsbegriffe einen „Hof" — so ist durch Auslegung geklärt, daß etwa Handzeichen, Faksimile, Stempel als „Unterschrift" nicht genügen[53]. Hierbei handelt es sich deutlich um die Aussonderung zweifelhafter *Unterarten,* nicht um einen Schnitt durch an sich kontinuierlich abgestufte Erscheinungen: Firmenstempel, Handzeichen, Faksimile, eigenhändige Namensunterschrift bilden keine Reihe.

2. Als nächstes haben wir uns der Frage zuzuwenden, welche Bedeutung dem Kennzeichen der *Sinnhaftigkeit*[54] des Typus im Unterschied zu den auch im juristischen Begriff enthaltenen Wertbezügen[55] zukommt. Wir wollen zur Klärung dieser Frage bei einem durch die „Offenheit" des Typus aufgeworfenen Problem einsetzen. Bislang blieb unerörtert, wodurch der Typus „konstituiert" wird, d. h. in den verschiedenen Betrachtungsweisen: Was ist das den Typus als Merkmalsinbegriff „zusammenhaltende" Moment, wenn er doch keine festen, unabdingbaren Merkmale aufweist, sondern elastischer Komplex verschiedener „Züge" ist, von denen jeder bis zu gänzlichem Fehlen abgestuft ausgeprägt sein kann? Was begrenzt den Objektsbereich, wenn zwischen typischen und atypischen Erscheinungen „fließende Übergänge" bestehen? Welches Kriterium entscheidet letztlich über die Zuordnung zum Typus, wenn Subsumtion auf Grund von Merkmalsidentität ausscheidet? Nur soviel ist sicher: die häufig gegebene Antwort, das „Gesamtbild"[56] sei maßgeblich, kann nur eine vorläufige Auskunft sein, denn da wir ebensowenig wissen, was dieses „Gesamtbild" konstituiert, sind wir sogleich auf unsere Ausgangsfrage zurückverwiesen[57].

Wir müssen offenbar weiter ausholen und uns der Vorfrage zuwenden, wie Typen gebildet werden, ja: *ob* sie überhaupt *gebildet*[58] oder nicht vielmehr nur *aufgefunden*[59] werden. Ohne auf die erkenntnistheoretischen Probleme hier näher eingehen zu können, möchte ich unterscheiden[60]: die abgestuften Erscheinungen selbst und häufig die Verbundenheit mehrerer derartiger „Züge" sind im Sein vorgegeben[61];

---

[53] *Hueck,* a.a.O., S. 36; *Baumbach - Hefermehl,* a.a.O., Anm. 13.

[54] Vgl. *Larenz,* Methodenlehre S. 427 ff.; *Koller,* Grundfragen S. 19, 27; *Kafka,* Revision S. 123 ff.

[55] Vgl. oben § 3, 3 vor Anm. 13.

[56] Vgl. *Koller,* Grundfragen S. 22, 25, 27.

[57] Das Problem wird in der Literatur meist übergangen; siehe etwa *Schluep,* Methodologische Bedeutung S. 11.

[58] So *Strache,* Standards S. 39 u. ö.; auch (allerdings für einen abweichenden Begriff des Typus) *Hassemer,* Tatbestand S. 113 Fn. 134 und S. 152 ff.

[59] So vor allem *Heyde,* Typus S. 239; *Herschel,* Typologische Methode S. 232.

[60] Mit dem folgenden weitgehend übereinstimmend: *Strache,* Standards S. 37 ff.

[61] *Seiffert* (Kategoriale Stellung S. 18) spricht von einer „aufs Typische angelegten Welt" und folgert daraus entgegen der Darstellung im Text eine

die gedankliche Zusammenfassung einiger solcher Züge zur Begriffsform des Typus und die Absetzung von anderen, „atypischen" Erscheinungen geschieht durch Betrachtung dieser Wirklichkeit unter einem bestimmten Blickwinkel, Aspekt[62]. Dieser kann sehr verschiedener Art sein: interessiert mich etwa, in der Vielfalt der Erscheinungen die durchschnittliche oder häufigste Gestaltung zu erkennen, werden Durchschnitts- bzw. Häufigkeitstypen gebildet[63]. Bei dieser Aussage haben wir vorausgesetzt, daß aus „dem Sein" schon eine Auswahl „ähnlicher" Erscheinungen getroffen worden ist, die nun unter dem Gesichtspunkt der häufigsten Gestaltung etc. näher erfaßt werden. Da Erkennen von Ähnlichkeiten einen Vergleichsmaßstab, einen Bezugspunkt voraussetzt, müssen die ausgesonderten Erscheinungen zunächst unter irgendeinem Aspekt als bedeutsam empfunden worden sein. Das aber heißt, daß letztlich Bedeutungsgesichtspunkte typenkonstitutiv sind: Typen „können ohne ihren Bedeutungs- oder Wertgesichtspunkt nicht gedacht werden"[64].

Straches Gleichsetzung von Bedeutungs- oder *Wert*gesichtspunkten weist auf das konstitutive Moment *rechtlicher* Typenbildung hin: hier werden empirische Erscheinungen „zusammengesehen" unter dem Blickwinkel normativer Maßstäbe; die Wirklichkeit wird als möglicher Objektsbereich von Sollensanforderungen, also unter Wertgesichtspunkten erfaßt. Der rechtliche Typus wird gebildet als Zusammenfassung rechtlich „gleichsinniger" Erscheinungen. Von hier aus wird verständlich, was „Sinnhaftigkeit" des Typus bedeutet[65]: Sinnhaftigkeit ist das Korrelat zur Gleichsinnigkeit im Hinblick auf den konstitutiven Bedeutungs- oder Wertgesichtspunkt. Als Folgerung ergibt sich: Die verschiedenen „Züge" des Typus fügen sich zu einem sinnvollen Bezugspunkt der Wertung zusammen[66] — oder sie bilden keinen Typus. Im „elastischen" Merkmalsgefüge kompensieren sich die verschiedenen Ausprägungsgrade der einzelnen Züge, solange wertungsmäßige Gleich-

---

„Selbständigkeit (der Typen) gegenüber dem vom-Menschen-Gedachtwerden" (S. 23), erkennt aber an, daß es „selbstverständlich" auch Typen gibt, „die vom Menschen geschaffen sind."

[62] So erklärt sich, daß dieselben Erscheinungen in verschiedener Hinsicht typisierend erfaßt werden können: Umsatzgeschäfte etwa können unter soziologischen, wirtschaftswissenschaftlichen, rechtlichen Aspekten zu jeweils verschiedenen Typen des „Kaufs" zusammengefaßt werden. Vgl. auch *Strache*, Standards S. 39.

[63] Hierzu *Engisch*, Konkretisierung S. 240 f., *Larenz*, Methodenlehre S. 424.

[64] *Strache*, Standards S. 46; *Bergfeld*, Typus S. 3; *Schluep*, Typus S. 11; *H. P. Westermann*, Typengesetzlichkeit S. 107 („übergeordnete Leitidee").

[65] Die Darstellung bezieht sich auf die für die Zwecke dieser Arbeit bedeutsamen *rechtlichen* Typen, läßt sich aber entsprechend auf andere Typenbildungen übertragen, die statt unter Wert- allgemein unter Bedeutungsgesichtspunkten erfolgen.

[66] Zur „Ganzheitlichkeit" des Typus sogleich unter 3.

sinnigkeit gewahrt ist[67]. Eine die Züge des Typus mehr oder minder aufweisende Erscheinung ist dem Typus zuzuordnen, wenn sie sich unter dem konstitutiven Wertgesichtspunkt als gleichgelagert erweist[68]. Wir können nunmehr unsere eingangs gestellte Frage dahin beantworten: „Gleichsinnigkeit" unter einem Wertaspekt ist das den rechtlichen Typus zusammenhaltende Moment, „Sinnhaftigkeit" dessen notwendiges Korrelat, Voraussetzung und Folge der Gleichsinnigkeit in einem.

Indes: Gilt nicht dasselbe von „teleologisch"[69] gebildeten Begriffen i. e. S., die auf „Sinnfixierung"[70] angelegte Wertungsträger sind[71]? Wenn Rechtsbegriffe als Anknüpfungspunkt für Rechtsfolgen gebildet werden[72], letztere aber unter dem Gerechtigkeitsgebot der „Gleichbehandlung des Gleichsinnigen" stehen, müssen dann nicht auch juristische Begriffe in gleicher Weise wie Typen durch die Relation von Gleichsinnigkeit und Sinnhaftigkeit gekennzeichnet sein? Schließlich: Könnte die „teleologische Methode" heute das wichtigste[73] Auslegungsverfahren sein, wenn sie auf „sinnentleerte" Begriffe zielen würde? Schafft also die Typologik einen ungerechtfertigten Gegensatz, wenn sie den abstrakt-allgemeinen Rechtsbegriff durch die „Tendenz zur Sinnentleerung" kennzeichnet[74], dem „sinnhaften" Typus den „sinnentleerten" Begriff gegenüberstellt?

Der entscheidende Unterschied liegt im konstitutiven Moment. War dies beim Typus der Wertungsgesichtspunkt, so ist es beim Begriff der mögliche Bedeutungsspielraum der zur Kennzeichnung der ihn bil-

---

[67] *Strache* spricht (Standards S. 46) von einer „logisch zwingenden Verbindung zwischen Merkmalskomplex und Wertgesichtspunkt."

[68] „Die Entscheidung der Frage, ob ein Gegenstand dem Typus zuzurechnen ist oder aus dem Typenbereich ausgeschlossen werden muß, bedarf jeweils einer an dem für die Typenbildung relevanten Bedeutungsgesichtspunkt orientierten verstehenden Beurteilung" (*Strache*, Standards S. 57). Da die Zuordnung also ein wertendes, kein rein logisches Verfahren ist, wirkt ihre Bejahung oder Verneinung auf die Konstituierung des Typus zurück: der als gleichsinnig gewertete Objektsbereich wird abgeklärt, das Vergleichsmaterial für zukünftige Beurteilungen wächst. Hierzu *Strache*, a.a.O., S. 53 ff.

[69] Vgl. vor allem *Rickert*, Grenzen S. 343, für die historischen (den naturwissenschaftlichen gegenübergestellten) Begriffsbildungen; „teleologisch" steht hier für „jede Betrachtung, in der Werte eine entscheidende Rolle spielen" (*Rickert*, a.a.O.). Literaturhinweise (insbesondere auf *Jhering*, *Lask*, *Radbruch*) in der auf *Rickert* aufbauenden, insgesamt jedoch unbefriedigenden Schrift von *E. Schwinge*, Teleologische Begriffsbildung im Strafrecht, Bonn 1930, S. 1—19; es fehlt die gesamte Interessenjurisprudenz, was Heck, Begriffsbildung S. 7, zu Recht bemängelt hat. Siehe insoweit *Heck*, Gesetzesauslegung S. 18, Begriffsbildung pass.; *Stoll*, Begriff S. 78 f., *Müller - Erzbach*, Relativität S. 32. Außerdem: *Hatz*, Rechtssprache S. 62.

[70] *Zippelius*, Verwendung S. 231.

[71] Näher siehe *Esser*, Vorverständnis S. 99 ff.

[72] *Engisch*, logische Studien S. 34; *Coing*, Rechtsphilosophie S. 275, 332.

[73] *Larenz*, Methodenlehre S. 321; *Canaris*, Systemdenken S. 91 bei u. in Fn. 23; weitere Nachweise bei *Th. Vogel*, Richterliche Bindung S. 35.

[74] *Larenz*, Methodenlehre S. 419 ff.

denden Merkmale verwendeten Sprachzeichen. Die Merkmalsbegriffe sind zwar unter Wertungsgesichtspunkten ausgesucht[75] — die Begriffsbildung knüpft regelmäßig an für die Wertung besonders wichtige, charakteristische[76] Merkmale an, die den sachlich gewerteten Objektsbereich möglichst genau erfassen sollen. Die Begriffsanwendung kann aber grundsätzlich ohne Rückgriff auf die Wertung erfolgen; die Frage nach dem Vorliegen der Begriffsmerkmale vertritt die Wertungsfrage.

Ein *Beispiel* mag den Unterschied verdeutlichen. Fragen wir nach dem Personenkreis, der einer voll selbstverantwortlichen Teilhabe am rechtsgeschäftlichen Verkehr nicht fähig ist und deshalb des Schutzes bedarf, so zeichnet sich unter diesem sachlichen Wertgesichtspunkt ein Typus ab, dessen wichtigste Gruppe geschäftlich noch unerfahrene, zu unüberlegten Entschlüssen neigende Jugendliche bilden; es können aber auch Erwachsene aufgrund retardierter Entwicklung, geistiger Debilität etc. im Einzelfall schutzbedürftig sein, wie umgekehrt Jugendliche aufgrund besonderer Intelligenz, geschäftlicher Gewandtheit etc. im Einzelfall des Schutzes entbehren können. Ein einziges, die sachliche Wertung schlechthin vertretendes Tatbestandsmerkmal läßt sich nicht finden; nicht ein bestimmtes begriffliches Merkmal, sondern der Wertungsgesichtspunkt der Schutzbedürftigkeit entscheidet über die Zugehörigkeit zum Typus und vermittelt trotz unterschiedlicher tatsächlicher Merkmale die Einheitlichkeit des betroffenen Personenkreises. Der Typus ist sinnhaft, da sich die Zugehörigkeit aller seiner Objekte unter *einem* Sinnbezug verstehen läßt. — Das *Gesetz* hat vor allem[77] das typische Merkmal der Jugendlichkeit herausgegriffen, durch Festlegung von Altersgrenzen genau bestimmt und zum klassenlogischen Tatbestandsmerkmal beschränkter Geschäftsfähigkeit gemacht. Der *Begriff* des Minderjährigen, der das 7. Lebensjahr vollendet hat, ist zunächst insofern teleologisch gebildet, als näherungsweise ein Personenkreis bestimmt wird, auf den der sachliche Schutzzweck zutrifft: Der typische 7 bis 21jährige ist schutzbedürftig[78]. In einem weiteren Sinne ist die Auswahl der Begriffsmerkmale auch in-

---

[75] Zum Ganzen: *Strache*, Standards S. 45 f., 72 f. — *H. J. Wolff* meint (Typen S. 200), die Klassifizierung sei dann am besten gelungen, wenn das begriffsbildende Merkmal „auch die Richtung der Interessenwertlagerung des sozialen Typus erfaßt". Das werde „selbstverständlich am besten, wenn schon unmethodisch, dann erreicht, wenn das Merkmal von der Rechtsfolge her ausgewählt wird". In dieser Form ist die Aussage m. E. nicht haltbar: Wenn die Rechtsfolge offen den Objektsbereich bestimmt, liegt (noch) keine Klassenbildung vor. „Unmethodisch" ist ein solches Verfahren allenfalls, wenn man es als begriffslogisches zu erfassen sucht.

[76] Vgl. *G. Rümelin*, Begriffsbildung S. 24.

[77] Zu § 114 BGB unten § 9, 2 b aa.

[78] Ob die obere Altersgrenze von 21 Jahren heute noch sachgerecht ist, kann hier dahinstehen; die methodologischen Probleme sind auch bei einer Herabsetzung dieselben.

sofern wertbestimmt, als die festen Altersgrenzen exakte Schnitte durch abstufbare Erscheinungen legen und dadurch dem Rechtsverkehr zuverlässige Anhaltspunkte für das Vorliegen oder Nichtvorliegen der Geschäftsfähigkeit bieten[79]. Die durch den derart gebildeten Begriff bestimmte Klasse enthält (logisch in gleicher Weise, statistisch in unterschiedlicher Verteilung) Personen, auf die der sachliche Schutzzweck zutrifft, wie solche, die ihrem Alter voraus sind und keines Schutzes mehr bedürfen; anderseits sind nicht alle schutzbedürftigen Personen erfaßt. Über die Zugehörigkeit entscheidet nicht die sachliche Angemessenheit der Rechtsfolge (Schutzbedürftigkeit), sondern das Vorliegen der (unter mehreren Wertaspekten ausgewählten) Begriffsmerkmale. Da diese Merkmale nicht ausschließlich Gleichsinniges zusammenfassen, läßt sich der Begriffsinhalt nicht unter *einem* Sinnbezug verstehen: der Begriff der Personen zwischen 7 und 21 Jahren ist, obwohl wertbezogen, nicht „sinnhaft".

Es wurde bisher bewußt versucht, bei der Darstellung der „Sinnhaftigkeit" des Typus ohne die Merkmale der „Ganzheitlichkeit" und „Anschaulichkeit" auszukommen — dies deshalb, weil es sich hierbei weniger um Voraussetzungen der Sinnhaftigkeit handelt, als vielmehr um ergänzende Momente, deren Verständnis sich am besten von der oben gegebenen Deutung der Sinnhaftigkeit her, d. h. als Folge der auf eine Zusammenfassung von Gleichsinnigem gerichteten Typenbildung, erschließt. Im Hinblick auf die Unterscheidung von Typus und Begriff ist hierzu zu sagen:

3. Die Ganzheitlichkeit[80] (treffender: Strukturiertheit[81]) des Typus hat *Larenz* mit den Worten beschrieben: „Ein Typus ... ist ein ‚Gefüge', ein sinnvoll strukturiertes Ganzes, in dem jedes ‚Moment' auf ein

---

[79] Hierzu unten § 9, 2 b aa.

[80] Allgemein zum ganzheitlichen Denken: *Engisch*, Konkretisierung S. 36 ff., 128 ff.; *Leinfellner*, Erkenntnistheorie S. 65 ff.; speziell im Hinblick auf den Typus: *Engisch*, Konkretisierung S. 248 ff.; *Bergfeld*, Typus S. 16 („im Prinzip kann man Ganzheit gleich Typus setzen") und S. 22; *Kafka*, Revision S. 130; *Heyde*, Typus S. 237 ff.; *Dahm*, Deutsches Recht, S. 65 f.; *Koller*, Grundfragen S. 19 f.; *Larenz*, Methodenlehre S. 424; *Zippelius*, Verwendung S. 226 ff. Unklar *Mengiardi*, der (Strukturprobleme S. 79 ff., 97 f.) „Sinnbegriffe" und „Strukturbegriffe" von Typusbegriffen unterscheiden möchte, zur Umschreibung eines Typus aber auf alle Bestimmungen abstellen will, „welche geeignet sind, das Rechtsinstitut in seiner Ganzheit, in seinem Sinnzusammenhang darzustellen" (a.a.O., S. 106).

[81] Der Begriff der Struktur und insbesondere der Zusammenhang von Sinnhaftigkeit und Strukturiertheit steht im Zentrum der Arbeiten *Ed. Sprangers:* Struktur ist ihm Voraussetzung der Wertbeurteilung, der Typus das Mittel zur Erkenntnis der Struktur. Hierzu *Seiterich*, Logische Struktur S. 68 ff. m. ausf. Zitaten. — Vgl. zum Begriff der Struktur außerdem *Wellek*, Typus pass., insb. S. 475 ff., bei dem aber die Gleichsetzung von Typus und Schema (vgl. oben § 2 bei Anm. 7) die Erfassung der Struktur erschwert. Außerdem *Zippelius*, Verwendung S. 228; *H. P. Westermann*, Typengesetzlichkeit S. 110 f.

‚Sinnzentrum', einen ‚geistigen Kern' bezogen und dadurch in seiner Funktion, in seiner Bedeutung vom Ganzen her bestimmt ist[82]." Der konstitutive Wertgesichtspunkt (der Sinnbezug) beherrscht also den Typus als Merkmalskomplex auch insofern, als die möglichen Werte der einzelnen, an sich beliebig ausprägbaren Züge sich nie isoliert[83] bestimmen lassen, sondern nur in ihrer gegenseitigen Verbundenheit und Abhängigkeit Bedeutung haben. Der Typus stellt nicht nur ein elastisches, sondern vor allem ein *interdependentes* Merkmalsgefüge dar, wobei gerade die Art und Weise der Verknüpfung, der gegenseitigen Ergänzung und Beschränkung zur Erkenntnis des Ganzen beiträgt. „Jeder neue ‚Zug', der ins Blickfeld tritt, wird daher nicht einfach zu den anderen ‚Zügen' summiert, sondern läßt den Typus in völlig neuem Licht und von anderer Seite sehen[84]." Die Merkmale des „teleologisch" gebildeten *Begriffs* stehen demgegenüber zwar auch nicht willkürlich nebeneinander; das Wort von der additiven Verbindung der Merkmale zur „Merkmalssumme"[85] trifft dennoch das Richtige, insofern der Bedeutungsspielraum der Merkmalsbegriffe grundsätzlich nicht vom Zusammenspiel der einzelnen Merkmale untereinander abhängt[86].

4. Die Interdependenz der typologischen Züge ist wiederum einer der wichtigsten Gründe für die „Anschaulichkeit"[87] oder „Bildhaftigkeit" des Typus: da jeder Zug durch die übrigen Züge wie durch den konstitutiven Wertaspekt in seiner Bedeutung begrenzt wird (und daher je nach der Ausprägung der übrigen Züge auch ganz fehlen kann), kann typologische Beschreibung eine wesentlich größere Merkmalsfülle zur Verdeutlichung des Typus verwenden[88] als das auf Abgrenzung

---

[82] *Larenz*, Typologisches Rechtsdenken S. 20; vgl. auch *ders.*, Gegenstand S. 45, Fall S. 159 Anm. 12, Methodenlehre S. 431.

[83] W. *Stern*, Differentielle Psychologie S. 25, nennt die Züge des Typus „zusammengehörige, aufeinander bezogene und jeder Isolation widerstrebende Strukturelemente."

[84] *Bergfeld*, Typus S. 17.

[85] Vgl. *Larenz*, Typologisches Rechtsdenken S. 20; *Koller*, Grundfragen S. 17, *Mengiardi*, Strukturprobleme S. 96.

[86] Wenn *Zippelius* (Verwendung S. 228) dies „eine sehr eigenwillige Auffassung des Begriffs" nennt, „die an der seit Platon überkommenen Vorstellung der Idee ebenso vorbeigeht wie an der Husserlschen Deutung der Begriffsbildung als Wesensschau", so ist dem entgegenzuhalten, daß *Zippelius* offenbar mit einer Äquivokation von Begriff i. w. S. (der *Platon* und *Husserl* nur zugrunde liegen kann), und Begriff i. e. S. (der der Unterscheidung von Typus und Begriff zugrunde liegt) arbeitet und damit seinerseits an den Untersuchungen vorbeigeht, die — auf der Basis der „technischen" Bedeutung von Typus und Begriff — sich gerade darum bemühen, den typologischen Charakter der platonischen Ideen- und Begriffslehre aufzuzeigen (siehe hierzu *v. Aster*, Naturphilosophie S. 14 f.; *Bergfeld*, Typus S. 24—42).

[87] Hierzu *H. Maier*, Wirklichkeit Bd. II S. 564 ff.; *Engisch*, Konkretisierung S. 4 f., 82 ff. und insb. S. 247 f. m. w. N.; *Strache*, Standards S. 28; *Zippelius*, Verwendung S. 224 ff.

[88] Vgl. *Haller*, Typus S. 25.

angelegte Verfahren der Begriffsbildung, das nur wenige[89] und „abstrakte", d. h. aus ihrer Verbindung gelöste[90], Merkmale, diese aber in ihrem begrifflichen Bedeutungsumfang heranzieht. Die für die Vorstellbarkeit entscheidenden sonstigen, mit den angeführten Merkmalen verbundenen Züge können im letzteren Fall, da vom Begriff nicht erfaßt, theoretisch beliebig sein; jede Auffüllung in der Vorstellung mit bestimmten Daten verkürzt, und das heißt: verfehlt den Begriff. Daher kann der Begriff auch grundsätzlich[91] nicht durch ein klassenzugehöriges Objekt „repräsentiert" werden[92], während die Vorstellung „typischer Fälle" durchaus zur Veranschaulichung des Typus beiträgt. Schließlich ist es gerade der die Typenbildung leitende Sinnbezug, der die Fülle der Einzelzüge zu einem sinnvollen Ganzen verknüpft, die einzelnen Merkmale also zu einem einheitlichen „Bild" zusammenfügt[93].

„Anschaulichkeit" des Typus setzt also keineswegs „Anschauung"[94] als typenbildendes Verfahren voraus[95], vielmehr dürfte die sich auf dem dargelegten Wege der Typenbildung ergebende Anschaulichkeit des Merkmalgefüges umgekehrt für die irrige Vorstellung verantwortlich sein, der Typus werde unmittelbar durch Anschauung gewonnen. Die Unterscheidung von Typus und juristischem Begriff anhand des Merkmals der Anschaulichkeit bedingt daher keinen Gegensatz von „anschaulicher Basis der Typenbildung" zu auf Abstraktion beruhender Begriffsbildung[96].

Die vorstehende Gegenüberstellung hat den Typus anhand der Merkmale der „Offenheit", „Abstufbarkeit", „Sinnhaftigkeit", „Ganzheitlichkeit" und „Anschaulichkeit" zu *kennzeichnen* und vom deutungsbedürftigen Begriff *abzuheben* versucht, die Frage nach der logischen

---

[89] Selbst der merkmalsreichste Begriff der untersten Abstraktionsstufe enthält stets weniger Merkmale als die Beschreibung eines Typus derselben Abstraktionshöhe.

[90] Vgl. *v. Freytag - Löringhoff*, Logik S. 24.

[91] Ausgenommen sind die seltenen Fälle *völliger*, d. h. auch die zur Definition nicht verwendeten Merkmale umfassender, Merkmalsidentität der klassenzugehörigen Objekte, wie sie näherungsweise bei nach gleichem Baumuster gefertigten technischen Produkten gegeben ist.

[92] Zur repräsentativen Bedeutung typischer Individuen *Seiterich*, Logische Struktur S. 49, 58 f., 141 f., 144 f.; *Heyde*, Typus S. 237; *Strache*, Standards S. 39; abweichend *Kafka*, Revision S. 111 ff., dem der Begriff des Typischen „ein Relationsbegriff (ist), der in logischer Hinsicht immer auf eine Art hinweist, ‚für die' das betreffende Merkmal typisch ist", so daß „der Träger der typischen Merkmale zugleich als Vertreter oder Repräsentant der Art erscheint" (S. 113).

[93] Vgl. *Larenz*, Fall S. 159 Fn. 12; *ders.*, Methodenlehre S. 424.

[94] Zum „Begriff der Anschauung", die gleichnamige masch. Diss. von *Bruno Barthlen*, Tübingen 1954. — Die „Anschauung" spielt in der Rechtstheorie insb. bei *Savigny* als Mittel der Erkenntnis der Rechtsinstitute eine bedeutende Rolle. Kritisch hierzu *Larenz*, Methodenlehre S. 13, 418.

[95] So aber insb. *H. Maier*, a.a.O. (Anm. 87).

[96] Schief daher die Einwände von *Zippelius*, Verwendung S. 224 ff.

Qualität dieser Unterscheidung aber ausdrücklich offen gelassen. Der methodisch gesicherte Umgang mit beiden Denkformen verlangt nach Klärung auch dieser Frage.

§ 5: Zur logischen Qualität der Unterscheidung von Typus und deutungsbedürftigem Begriff

1. Die Frage nach der logischen Qualität der Unterscheidung von Typus und deutungsbedürftigem Begriff hebt unsere bisherigen Überlegungen auf eine neue Stufe: Haben wir zuvor zwei Denkformen einander beschreibend gegenübergestellt, so fragen wir nunmehr gerade im Lichte dieser Unterscheidung nach der Art und Weise, in der diese Denkformen gedanklich erfaßt sind. Wir fragen nach der logischen Struktur der Kennzeichnung dieser Denkformen, das heißt: nach der *begrifflichen* Qualität des „Begriffs" des Typus und des „Begriffs" des juristischen Begriffs.

So sehr in der älteren Literatur der „bewußte Gegensatz"[1], „die grundsätzliche Verschiedenheit"[2], die Notwendigkeit der „Unterscheidung"[3] und „Gegenüberstellung"[4] der „gegensätzlichen Denkformen"[5] betont und zum Ausgangspunkt der Darstellungen gemacht wird, so sehr fehlt eine von den darin entwickelten Kriterien ausgehende Rückbesinnung auf den logischen Charakter der „Begriffsbestimmungen" von Typus und Begriff. Die Unterscheidung wurde offenbar meist ungefragt als eine begriffslogische verstanden. Wissenschaftsgeschichtlich nicht weniger interessant ist, daß die Zweifel an der Typologik gerade bei der Möglichkeit einer *begriffslogischen* Unterscheidung einsetzten, und in der Folge entweder nach anderen Kriterien gesucht wurde, die einen „logischen" Gegensatz zu tragen, ja: herzustellen vermögen — oder die Möglichkeit und der Wert der Unterscheidung beider Begriffsformen ganz geleugnet wurde. Man wird vermuten dürfen, daß auch das die Denkform des Typus klärende und verwendende Schrifttum noch so sehr an die Begriffslogik gebunden war, daß die Denkformen selbst nicht anders als in einem begrifflichen Gegensatz zueinander stehend gedacht werden konnten.

Doch wir greifen vor. Ausdrücklich einen *Begriff* des Begriffs und einen *Begriff* des Typus entwickelt, wie wir gesehen haben[6], *Hassemer:*

---

[1] *Koller,* Grundfragen S. 15.
[2] *Kafka,* Revision S. 122.
[3] *Strache,* Standards S. 21; *Schluep,* Methodologische Bedeutung S. 9.
[4] *Koller,* Grundfragen S. 16: „Was indes alle Typentheorien schon heute zusammenhält, ist die Gegenüberstellung von Typus und Allgemeinbegriff."
[5] *Koller,* Grundfragen S. 15.
[6] Oben § 3, 2.

da seine Begriffsbestimmungen sich jedoch nicht mit den entsprechenden Kennzeichnungen der „klassischen“[7] Typustheorie decken, klärt *Hassemers* Arbeit unser Problem nicht. Auf die hier zugrunde gelegte Auffassung des Typus bezogen ist die Arbeit von *Bergfeld*, die jedoch, anders als der Titel „Der Begriff des Typus“ vermuten läßt, keine Untersuchungen gerade zur Frage der begrifflich-logischen Qualität der gedanklichen Bestimmung des Typus enthält[8]. Auch in neuerer Zeit ist der Nachweis eines durch die oben dargestellten Kriterien begründeten begriffslogischen Gegensatzes nicht erbracht, sondern nur der Beweis des Gegenteils versucht worden.

Der methodische Weg, Begrifflichkeit eines Denkinhalts darzutun oder auszuschließen, besteht in der Frage danach, ob die zur Bestimmung verwendeten Kennzeichen notwendige und hinreichende Merkmale sind, um den betreffenden Denkinhalt von anderen abzugrenzen. Die Kritik an der Unterscheidung bemüht sich daher aufzuzeigen, daß die klassischen Kriterien des Typus einerseits auch der Denkform des Begriffs zukommen (können), anderseits beim Typus nicht in jedem Falle vorliegen müssen. So setzt *Strache* beim Merkmal der Offenheit/Abstufbarkeit ein und führt den sog. *Gattungstypus* zum Beweis dafür an, daß es auch Typen gebe, die in ihren Grenzen durch einige unverzichtbare Merkmale festgelegt seien[9]. Da der „Gattungstypus“ von *Strache* gleichzeitig als die logische Form der gesetzlichen Vertragstypen bezeichnet wird, die uns im dritten Teil dieser Arbeit noch eingehend beschäftigen werden, lohnt es sich, diesen Einwand exemplarisch zu analysieren.

Straches eigene Darstellung vom Wesen des Gattungstypus ist als Ausgangspunkt unserer Kritik allerdings nicht geeignet, da die innere Widersprüchlichkeit der Aussagen ins Auge springt. Es ist schwer einzusehen, wie der Gattungstypus einerseits „in seinen Grenzen eindeutig (!) festgelegt“ (*Strache*, a.a.O., S. 24), anderseits „undeutlich, unscharf“ (S. 48) sein kann; wie sich „die Zugehörigkeit von Individuen zum Gattungstypus“ soll „eindeutig (!) feststellen“ lassen (S. 24), wenn dieser sich doch nicht wie ein Allgemeinbegriff „durch Angabe der für die Unterscheidung von allen anderen Gegenständen notwendigen und ausreichenden Merkmale definieren, sondern nur bildartig beschreiben“ läßt. Wir müssen daher auf die insoweit konsequentere Bestimmung bei *Straches* Gewährsmann *Haller*[10] zurückgreifen.

Haller unterscheidet innerhalb des Gattungstypus zwei Formen:

a) den von ihm so genannten *totalen Gattungstypus*, der auf eine Klasse ziele, in der „alle Einzelexemplare ... in jeder Beziehung gleich-

---

[7] Vgl. oben § 2 Anm. 22.
[8] Vgl. *Bergfeld*, Typus S. 22.
[9] *Strache*, Standards S. 24 f., 48.
[10] *Haller*, Typus S. 24 ff.

geartet, also völlig merkmalsgleich sind"[11]; im Unterschied aber zum Gattungs*begriff*, der nur *ein* zur Bestimmung notwendiges und ausreichendes Merkmal enthalte, umfasse die Beschreibung des Gattungs*typus* „alle wesentlich erscheinenden Merkmale", wobei man „praktisch beliebig weit gehen" könne[12]. Wir haben daher einen Gattungsbegriff vor uns, angereichert um die Beschreibung der mit den definierenden Merkmalen notwendig verbundenen weiteren Eigenschaften. In der Sprache der Logik ist dies eine *abundante Definition*[13]: sie dient lediglich der erhöhten Anschaulichkeit[14], begründet aber keinen logischen Unterschied zu dem durch Definition gebildeten Begriff und der dadurch festgelegten Klasse.

b) Vom totalen unterscheidet sich der von *Haller* so genannte *relative Gattungstypus* dadurch, „daß man innerhalb einer Gattung außer den in der Definition enthaltenen keine weiteren Merkmale feststellen kann, die bei allen Gegenständen vorkommen, daß jedoch eine bestimmte Merkmalkombination häufig innerhalb der betreffenden Gattung und nur in ihr in dieser Häufigkeit festzustellen ist"[15]. Logisch haben wir in diesem Fall eine Kombination von einem durch Definition gebildeten Gattungsbegriff, der eine Klasse festlegt, und einem innerhalb dieser Klasse nach weiteren Merkmalen gebildeten Häufigkeitstypus vor uns[16]. Die über die in der Definition enthaltenen Merkmale hinausgehenden, mit diesen nicht notwendig verbundenen weiteren Kennzeichen heben einen Typus innerhalb einer Art heraus — das aber ist ein ganz normales Phänomen der Typenbildung. So läßt sich etwa aus der durch den staatsrechtlichen Beamtenbegriff bestimmten *Klasse* der Beamten ein *Typus* des Beamten[17] herausheben, der durch keineswegs bei allen Beamten im Begriffssinne, aber beim *typischen* Beamten feststellbare Züge wie „Pflichtbewußtsein", „Loyalität", „Gewissenhaftig-

---

[11] *Haller* erläutert a.a.O., S. 25, daß „der Fall näherungsweise gegeben (ist) bei einheitlichen industriellen Produkten eines bestimmten ‚Typs', etwa den Autos einer Serie." Hierzu schon oben § 2 Anm. 9.

[12] *Haller*, a.a.O., S. 25.

[13] Vgl. *v. Freytag - Löringhoff*, Logik S. 52 f.

[14] So *Haller* selbst, a.a.O., S. 27: „Der Unterschied zwischen dem Gattungstypus und dem Gattungsbegriff besteht in der erhöhten Anschaulichkeit."

[15] *Haller*, a.a.O., S. 26 f.

[16] Die Notwendigkeit einer derartigen Aufgliederung der Figur des Gattungstypus läßt sich besonders anschaulich anhand der bei *Strache* soeben bemängelten Widersprüche zeigen: „In seinen Grenzen eindeutig festgelegt" ist der Gattungs*begriff*, vergleichsweise „unscharf" der in der durch den Gattungsbegriff bestimmten Klasse gebildete *Typus*; „eindeutig feststellen" läßt sich daher nur die Zugehörigkeit von Individuen zum Gattungs*begriff*, die Zuordnung zu den *typischen* Vertretern der Gattung ist dagegen nicht mit derselben logischen Stringenz möglich, da sich der aus der Klasse hervorgehobene Typus nicht wie der Klassenbegriff „durch Angabe der für die Unterscheidung von allen anderen Gegenständen notwendigen und ausreichenden Merkmale definieren, sondern nur bildartig umschreiben läßt."

[17] Zur Identität der sprachlichen Bezeichnung vgl. unten bei Anm. 48.

keit", „geringere Risikobereitschaft" etc. beschrieben werden kann[18]. Bei diesem Verfahren der Typenbildung innerhalb einer Klasse ist offensichtlich, daß alle typischen Fälle notwendig auch das klassenbestimmende Merkmal aufweisen; gerade deshalb leistet dieses aber nichts zur *Heraushebung* des Typus aus der Klasse und gehört deshalb nicht zu den kennzeichnenden „Zügen" des Typus. Aus der Unverzichtbarkeit dieser artspezifischen, nicht aber typenkennzeichnenden Merkmale läßt sich daher für die Denkform des Typus nichts herleiten.

Bleibt unser Interesse aber nicht bei der Heraushebung einer besonders signifikanten Merkmalskombination aus der Klasse stehen, sondern betrachten wir den so gebildeten Typus in einem nächsten gedanklichen Schritt für sich, als eigenen Denkinhalt, so ist deutlich, daß er nicht auf die Klasse, aus der heraus er zunächst gebildet wurde, beschränkt ist: es gibt dem beschriebenen Typus des Beamten ganz entsprechende Personen, die keineswegs Beamte im Begriffssinne sind. Der typische Beamte ist lediglich innerhalb der Klasse der Beamten besonders häufig anzutreffen; eben deshalb kommt dieser Typenbildung ein Erkenntniswert für die Art zu, die der Typus zwar nicht erschöpft, aber in einem besonders wichtigen Ausschnitt durch eine reichere Merkmalskombination aufzufüllen und zu veranschaulichen vermag. Ist die typische Merkmalskombination aber lediglich „*häufig* innerhalb der betreffenden Gattung und nur in ihr in dieser *Häufigkeit* festzustellen"[19], so müssen wir bei der eigenständigen Erfassung des Typus die artspezifischen Merkmale ersichtlich unter die charakteristischen, aber verzichtbaren „Züge" des Typus einreihen: der typische Beamte ist *meist*, aber nicht notwendig Beamter im Begriffssinne.

Um die Herausarbeitung dieser Zusammenhänge hat sich besonders *Kafka* bemüht, dessen entscheidende Sätze wörtlich angeführt zu werden verdienen[20]: „Das artbildende Merkmal ist ... dadurch ausgezeichnet, daß (es) bei jedem Artangehörigen vorkommen muß und jedem Artfremden mangelt. Ganz im Gegensatz dazu kann von einem Merkmal, das für die Angehörigen einer bestimmten Art typisch sein soll, weder behauptet werden, daß es allen Artangehörigen zukommen müsse, noch daß es nur den Artangehörigen zukommen könne. Denn einerseits kommen neben den typischen immer auch atypische Vertreter einer Art vor, die zwar alle arteigenen, aber doch nicht die für die Art typischen Eigenschaften besitzen und daher gewissermaßen die Folie bilden, von der sich erst die typischen Artvertreter abheben, anderseits kann die Eigenschaft, die für eine bestimmte Art typisch ist, auch bei dem Vertreter einer anderen Art vorkommen, bei dem sie dann aller-

[18] Um eine geläufige Typenvorstellung vom Beamten zu referieren — auf die sachliche Richtigkeit dieses Bildes kommt es im vorliegenden Zusammenhang nicht an.

[19] *Haller*, Typus S. 26 f.; Hervorhebungen von mir.

[20] *Kafka*, Revision S. 111.

dings ein atypisches Merkmal darstellen wird. Die Zugehörigkeit zur Art setzt daher ebensowenig den Besitz der typischen Eigenschaften voraus, wie der Mangel dieser Eigenschaften die Zugehörigkeit zur Art ausschließt."

Daraus folgt zusammenfassend für die Figur des Gattungstypus: Werden unverzichtbare Merkmale festgelegt, die den Objektsbereich bestimmen, so haben wir keinen Typus, sondern einen Gattungs*begriff* vor uns; wird aus dem so festgelegten Objektsbereich eine besonders häufige Merkmalskombination herausgestellt, so liegt eine Typenbildung innerhalb einer Art vor, für die die artspezifischen Merkmale nicht typenbildend sind. Werden die typenbildenden Merkmale als selbständiger Denkinhalt betrachtet, so wird das artspezifische Merkmal ein verzichtbarer typologischer Zug. In keinem Falle wird der *Typus* durch unverzichtbare Merkmale gebildet. Der aus der Figur des Gattungstypus abgeleitete Einwand gegen den begriffslogischen Charakter der Unterscheidung von Typus und Begriff geht also fehl.

Dennoch zeigt unsere Untersuchung, daß die Unterscheidung von Typus und deutungsbedürftigem Begriff aus *anderen* Gründen keine begriffslogische sein kann. Wir haben bei der Bestimmung des selbständigen Typus „Beamter" soeben ein Merkmal als typologischen Zug zugelassen, das zwar nicht immer vorliegen muß, aber doch nur vorliegen oder nicht vorliegen kann, also *nicht abstufbar* ist: die Beamteneigenschaft im Begriffssinne. Mithin können zu den Zügen des Typus Merkmale gehören, die zwar verzichtbar, nicht aber abstufbar sind. Die Abstufbarkeit ist nicht notwendiges Kriterium *aller* typenbildenden Züge und damit nicht notwendige Bedingung des „Begriffs" des Typus. Diese Feststellung kann nicht überraschen, wenn wir die logische Struktur des Begriffs der Abstufbarkeit selbst ins Auge fassen: Schon *Erdmanns* oben[21] wiedergegebene Bestimmung stellt im strengen Sinne keine *Definition* der Abstufbarkeit, sondern eine Kennzeichnung von deren verschiedenen Ausprägungsmöglichkeiten dar — weist eine Abstufungsreihe danach doch nur „gelegentlich" die reine Form *kontinuierlich* verlaufender Übergänge, häufiger „Stufen", und zwar wiederum öfter lediglich „zahlreiche" als „unübersehbar viele" auf. Wir können in ordnender Form sagen: Je geringer die Zahl der Abstufungen wird, desto weniger sind wir geneigt, von „Abstufbarkeit" zu sprechen, desto mehr bietet sich eine begriffslogische Aufteilung an. Eine im Positiv zu formulierende Grenze zwischen abstufbaren und nicht abstufbaren Merkmalsbegriffen ist dadurch nicht bestimmt; das zur Kennzeichnung des Typus verwendete Merkmal der Abstufbarkeit ist selbst ein abstufbarer Begriff, deutet auf einen typologischen Gegensatz der Denkformen hin.

---

[21] § 4 bei Anm. 6.

Ist ein derartiges, die Kennzeichen des Typus nicht als starre begriffliche Merkmale auffassendes Verständnis erst einmal angebahnt, werden wir bei einem Blick zurück auf Einzelheiten der obigen Darstellung in dieser Meinung mehr und mehr bestärkt werden; kurze Hinweise müssen genügen:

Zur „Offenheit" des Typus ist nachzutragen, daß die Kennzeichnungskraft der einzelnen Züge für den Typus unterschiedlich stark sein kann: Je bedeutsamer und daher unverzichtbarer ein Merkmal erscheint, desto mehr nähert sich die gedankliche Erfassung der begrifflichen Form; je unterschiedlicher das Gewichtsverhältnis der Züge untereinander, je dominierender ein einzelner Zug ist, desto eher ist begriffliche Fixierung möglich. Dies weist darauf hin, daß auch zwischen Aufeinanderbezogenheit der einzelnen Züge des Typus und isolierter Bedeutung der Begriffsmerkmale kein starrer Gegensatz bestehen kann[22]. Ebenso sind in unserer Gegenüberstellung von konstitutivem Wertbezug beim Typus und konstitutivem Bedeutungsgehalt der wertbezogen ausgewählten Merkmale des Begriffs Zwischenstufen dadurch möglich, daß innerhalb der im Begriff gebundenen Wertungen der die klare Abgrenzbarkeit tragende Gedanke in seiner relativen Bedeutung gegenüber dem die sachliche Entscheidung enthaltenden Wertgesichtspunkt zurücktritt. Es besteht hier dasselbe Mischungs- und Spannungsverhältnis wie zwischen den Komponenten der Rechtsidee, Gerechtigkeit, Zweckmäßigkeit und Rechtssicherheit[23], auf die sich die genannten Wertungen letztlich zurückführen lassen[24].

Auf diesen Unterschied in den Wegen und Zielen der Bildung eines Typus einerseits, des Begriffs anderseits will *Strache* den begriffslogischen Unterschied zwischen beiden gründen: Während der Typus allein auf inhaltliche Beschreibung gerichtet sei, komme beim Begriff die auf exakte Abgrenzung gerichtete Zwecksetzung hinzu[25]. So wichtig dieses Moment für die Unterscheidung von Typus und Begriff ist — wir haben es bereits herausgestellt[26] und werden später[27] ausführlich darauf zurückkommen —, ein *begriffslogischer* Unterschied wird hierdurch ebensowenig wie durch die von *Strache* abgelehnten herkömmlichen Kriterien begründet. Auch die Typenbildung soll Unterscheidbarkeit von anderen Typen ermöglichen, ein Streben nach Absetzung von anderen Denkinhalten ist also auch hier immer beteiligt[28]. Umgekehrt muß das Wesen des Begriffs bis zur Verkennung ver-

[22] Vgl. *Leinfellner,* Erkenntnistheorie S. 65: „Die Kollektionen und die Ganzheiten schließen sich nicht konträr aus; sie unterscheiden sich nämlich nur durch die verschieden starke Abhängigkeit ihrer Teile untereinander."

[23] Hierzu *Radbruch,* Rechtsphilosophie S. 168 ff.; *ders.,* Vorschule S. 24 ff.; *Henkel,* Rechtsphilosophie S. 339 ff.; *Germann,* Probleme S. 22 ff.

[24] Vgl. unten § 10, 1 b.

[25] *Strache,* Standards S. 42 f.

[26] Oben § 4 bei Anm. 75 ff.

[27] Unten § 10.

[28] Zu weitgehend aber *Wellek,* Typus S. 467: „Zum Typ gehört der Gegentyp; alles, was sich ‚Typ' nennt, ohne einen Gegentyp zu haben, kann ebensogut Klasse, Gattung ... heißen."

engt werden, damit man mit *Strache* „die Inhaltsangabe, das Umfassen von Denkinhalten" dem Begriff absprechen und „dem Typendenken vorbehalten" kann[29]. *Radbruch*, auf den *Strache* sich beruft, nennt[30] das Umgrenzen zutreffend die *Haupt-*, nicht die *einzige* Leistung des Begriffs; *Radbruch* hätte nie geleugnet, daß der Begriff Denkgehalte auch inhaltlich zu erfassen und wiederzugeben vermag. Damit aber haben wir auch in diesem Punkt kein „entweder—oder", sondern ein „mehr oder minder" vor uns, und damit ein weiteres Indiz für einen *typologischen*, nicht begriffslogischen Unterschied der Denkformen. So kann es auch kaum verwundern, daß *Strache*, in sich widersprüchlich, aber sachlich richtig, im gleichen Zusammenhang die Unterschiede zwischen Typus und Begriff *komparativisch* herausarbeitet: Er relativiert, daß der Typus „zum Bedeutungsgesichtspunkt in engerer (!) Beziehung" stehe[31] als der Begriff, und bezeichnet zusammenfassend „das typologische Denken gegenüber dem begrifflichen als eine einerseits mehr (!) realitätsgebundene, anderseits ... stärker (!) wertbezogene Methode"[32].

Daß es sich bei dem Kennzeichen der *Anschaulichkeit* des Typus um einen abstufbaren Steigerungsbegriff handelt, leuchtet ohne weiteres ein. „Es gibt jeweils mehr oder minder anschauliche Gedankengebilde, so daß eine exakte Trennung von Anschaulichem und Unanschaulichem nicht möglich" und die „Anschaulichkeit des Typus kein zur Unterscheidung der logischen Strukturen von Typus und Begriff geeignetes Kriterium" ist[33]. Dem ist zuzustimmen, wenn man „logisch" gleich *begriffslogisch* versteht; ein *typologischer* Unterschied wird durch den Steigerungsbegriff dagegen durchaus begründet. Versucht man nicht die Unterschiede dadurch zu verwischen, daß man einem möglichst weit gefaßten Typus einen Begriff sehr geringen Umfangs, also großen Merkmalreichtums gegenüberstellt[34], sondern vergleicht man Typen und Begriffe etwa derselben Abstraktionshöhe, so zeichnet sich der Typus durchweg durch einen *höheren* Grad der Anschaulichkeit vor dem Begriff aus.

Schließlich: Wollen wir die Kennzeichnung des Typus selbst typologisch auffassen, so dürfen die einzelnen Kennzeichen nicht isoliert verstehbar sein, sondern müssen in sich ein interdependentes Merkmalgefüge bilden. Dies aber sollte die obige Darstellung ergeben haben, in der die „Offenheit" aus der „Abstufbarkeit" entwickelt, „Ganzheitlichkeit" und „Anschaulichkeit" aus der „Sinnhaftigkeit" abgeleitet wurden. Doch auch diese beiden Merkmalskomplexe stehen untereinander in engstem Zusammenhang. Der Typus ist „offen" nicht nur aufgrund der Abstufbarkeit seiner Züge, sondern auch und gerade deshalb, weil der als konstitutives Moment an die Stelle des begriff-

---

[29] Ablehnend auch *Zippelius*, Verwendung S. 226.
[30] *Radbruch*, Klassenbegriffe S. 46.
[31] *Strache*, Standards S. 45.
[32] *Strache*, Standards S. 46.
[33] *Strache*, Standards S. 28.
[34] So aber *Strache*, a.a.O.

lichen Bedeutungsspielraumes der Merkmale tretende *Sinnbezug* nie „zur Ruhe kommt“[35], nie eine abgeschlossene Größe darstellt[36].

Die Rückbesinnung läßt sich fortsetzen[37], die Hinweise sollten jedoch genügen, um als Ergebnis festzuhalten: Die „klassischen“ Kriterien bestimmen keinen *Begriff* des Typus, vielmehr ist diese Kennzeichnung der Denkform des Typus selbst nur als Typus zu erfassen. Damit entfällt die Möglichkeit einer begriffslogischen Unterscheidung zwischen Typus und juristischem Begriff; der Unterschied ist selbst ein abgestuft-typologischer.

Eine *theoretische* Bestätigung dieser These liefert die in fast allen Arbeiten hervorgehobene „Mittelstellung“[38] des Typus zwischen Individuum und Begriff. Die ordnende Einstufung kommt bei *Engisch* in der Formel zum Ausdruck, „daß der Typus auf die eine oder andere Weise, aber auch: auf die eine und die andere Weise ‚konkreter‘ ist als der Begriff“[39], bei *H. Maier* sogar in der ausdrücklich reihenförmigen Anordnung der Denkformen: „Von dem normalen Individuum führt der Weg zum natürlichen Typus, von diesem zum konstruktiven und vom konstruktiven Typus endlich zum Allgemeinbegriff. Dieser Übergang (!) ist die beste Illustration und Bestätigung für die Art, in der der Typus sich in die Mitte zwischen Individuum und Allgemeinbegriff stellt[40].“ Als *empirische* Bestätigung unserer Auffassung kann die immer wieder feststellbare Erfahrung dienen, daß auch der bewußte Typologe oftmals nicht sicher zu entscheiden weiß, ob ein bestimmter Begriff i. w. S. als „Begriff“ oder als „Typus“ zu qualifizieren ist. Würde es sich wirklich um begrifflich geschiedene Denkformen handeln, wäre kaum verständlich, warum die Sicherheit in der Anwendung von „Begriffen“, die sich auf die bloße Überprüfung der Merkmalsübereinstimmung gründet, sich nicht auch auf die Entscheidung darüber auswirkt, ob ein bestimmter Begriff i. w. S. dem „Begriff“ der einen oder anderen Denkform unterfällt.

Als Konsequenz ergibt sich: Da auch ein „nur“ typologischer Gegensatz gedanklich erfaßt und methodisch gesichert werden kann, muß jede Ansicht zurückgewiesen werden, die aus der Unmöglichkeit einer begriffslogischen Unterscheidung auf die Unmöglichkeit einer Scheidbarkeit der Denkformen von Typus und Begriff überhaupt schließt. So wie trotz kontinuierlicher Übergänge fraglos ein Unterschied zwischen hell und dunkel, heiß und kalt erfaßt werden kann, wie trotz abgestufter Übergänge in einer Typenreihe deren Endpunkte deutlich als

---

[35] Siehe hierzu *Bergfeld*, der (Typus S. 11, 21, 23 u. ö.) das dem Typus inhärente Moment der Unruhe, des Beunruhigens besonders hervorhebt.

[36] Auch hierin besteht freilich nur ein quantitativer Unterschied zu juristischen Begriffen i. e. S., deren Inhalt sich im Laufe der historischen Entwicklung häufig gerade deshalb wandelt, weil die in ihnen „verfestigten“ Wertungen sich ändern.

[37] Vgl. auch unten § 10.

[38] Nachweise bei *Hassemer*, Tatbestand S. 113 Fn. 131.

[39] *Engisch*, Konkretisierung S. 262: auch *Engischs* zweifelnde Frage, ob man statt von „Arten“ nicht besser von „Typen des Typus überhaupt“ sprechen sollte (a.a.O., S. 239), ist in diesem Zusammenhang zu nennen.

[40] *H. Maier*, Wirklichkeit, II, S. 574.

entgegengesetzt bestimmt werden können, so lassen sich trotz fließender Übergänge die Denkformen Typus und Begriff schwerpunktmäßig trennen. Der Versuch, die an den *Polen* bestehenden Gegensätze aufzuzeigen, wurde oben unternommen; erkennt man den typologischen Charakter dieser Gegensatzbildung[41] an, so erledigen sich die von *Strache*[42] und *Zippelius*[43] gegen die Tauglichkeit der „klassischen" Kriterien zur Gegensatzbildung vorgetragenen Bedenken.

2. Die Kritik von *Zippelius* geht und führt allerdings noch einen Schritt weiter. Für *Zippelius* „erscheint als das eigentlich interessante Feld" überhaupt nicht das Problem „einer grundsätzlichen Gegenüberstellung von Begriff und Typus"[44], sondern lediglich die Frage, ob eine Regel „nach der Methode strenger Identifikation oder aber nach der Methode abwägend vergleichender Zuordnung der Anwendungsfälle *gehandhabt* wird"[45]. Der „wesentliche Unterscheidungsgrund" liegt für *Zippelius* nicht „in einem Gegensatz zwischen Typus und Begriff"[46], vielmehr erkennt *Zippelius* nur einen „Unterschied zwischen typisierendem und begrifflich subsumierendem Denken", also „in der Anwendungsweise" an[47].

Zum besseren Verständnis dieser These ist auf ein weiteres die Unterscheidbarkeit von Typus und Begriff in Frage stellendes Moment hinzuweisen, die Tatsache nämlich, „daß Klassen- und Typusbegriff oft", wie ich lieber sagen möchte: fast durchweg, „auch den sprachlichen Ausdruck gemein haben"[48]. Wie wir oben gesehen haben, kann das Wort „Beamter" den *Begriff* (richtiger: jeden der verschiedenen möglichen Begriffe) wie den *Typus* (auch hier: jeden der je nach dem bei der Bildung leitenden Aspekt verschiedenen Typen) meinen. Die Doppeldeutigkeit kann sogar in ein- und demselben Satz auftreten; sagen wir von jemandem, er habe „das, was den Menschen zum Menschen macht", so verweist das Wort „Mensch" zunächst auf den *Begriff*, sodann auf einen (werthaften) *Typus*. Die Übereinstimmung in der

---

[41] Was auch verständlich macht, wieso *H. J. Wolff* von „einigermaßen (!) zu Klassenbegriffen erstarrten ... Typen" (Typen S. 20) sprechen kann.

[42] *Strache*, Standards S. 19 ff.

[43] *Zippelius*, Verwendung S. 224—232.

[44] *Zippelius*, a.a.O., S. 232.

[45] *Zippelius*, a.a.O., S. 231; Hervorhebung von mir.

[46] *Zippelius*, a.a.O., S. 231.

[47] *Zippelius*, a.a.O., S. 226; Hervorhebung von mir. „Daß der Unterschied von Gattungsbegriff und Typus nicht in ihrer logischen Struktur als solcher liegt, sondern in ihrer verschiedenen Verwendung", hat schon *Seiterich*, Logische Struktur S. 62, behauptet; mit „Verwendung" meint *Seiterich* aber die erkenntnismäßige (nämlich heuristische) Funktion des Typus (vgl. *Seiterich*, a.a.O., S. 61), nicht die Anwendungsweise im Sinne des „Zuordnungsverfahrens".

[48] *Koller*, Grundfragen S. 24; s. a. *H. J. Wolff*, Typen S. 200.

sprachlichen Bezeichnung läßt das Typus/Begriff-Problem auf den ersten Blick nur als ein solches der verschiedenen Anwendungsverfahren erscheinen: Unter das Wort „Mensch“ ist im ersten Falle jedes menschliche Wesen zu *subsumieren*, während im zweiten Fall nur bestimmte Personen wertend *zugeordnet* werden können, und zwar so, daß von einem „mehr“ oder „weniger“ gesprochen werden kann. Dennoch darf die sprachliche Identität uns nicht zu dem Schluß auf eine Identität der dahinter stehenden Denkformen führen; vielmehr ist gerade zu fragen, *warum* wir ein und denselben sprachlichen Ausdruck einmal im Verfahren der „streng logischen Identifikation“, ein andermal nach der Methode „zuordnend-vergleichenden Denkens“[49] anwenden. Die Antwort kann nur lauten: weil hinter dem gleichen Wort jeweils verschiedene Denkinhalte stehen, die wir mit der Unterscheidung der Denkformen von Typus und Begriff zu erfassen gesucht haben.

Zippelius leugnet jedoch auch diese Koppelung von Denkform und Anwendungsverfahren, also von Begriff und Subsumtion, Typus und Zuordnung[50]; er meint[51], daß „auch Begriffe sich nicht nur mit der Anwendungsregel strenger Identifikation, sondern ebenso gut mit derjenigen vergleichend-zuordnenden Denkens verknüpfen“ ließen[52], was „sich augenfällig bei der Anwendung von Begriffen ... mit einem ‚Begriffshof‘“ zeige, während umgekehrt auch Typen sich in der Weise des streng identifizierenden Denkens verwenden lassen sollen, wofür *Zippelius* den von *Larenz* so genannten „geschlossenen Typus“ als Beleg anführt. Beide Argumente überzeugen jedoch nicht. Setzt man fest, „daß eine Regel stets und nur dann anwendbar sei, wenn die im Typus genau bezeichneten Merkmale vorliegen“[53], dann ist — in *Larenz*' eigenen Worten[54] — „durch eine Definition ... der ‚offene‘ Typus in einen ‚geschlossenen‘, *d. h. letztlich in einen (abstrakten) Begriff*[55] verwandelt“ worden, unter den nunmehr subsumiert werden kann. Soweit ein Denkinhalt anderseits „erst noch durch Zuordnung oder Ausscheiden spezifischer Falltypen näher zu präzisieren ist“, sollte

---

[49] *Zippelius*, Verwendung S. 230.

[50] Zur Koppelung vgl. *Larenz*, Methodenlehre S. 440; *Engisch*, Konkretisierung S. 263 Anm. 103.

[51] *Zippelius*, Verwendung S. 231 f.

[52] Ähnlich verneint bereits *Seiterich*, Logische Struktur S. 61, daß „die vergleichende, messende Funktion etwas dem Akzidentalbegriff Eigenes“ sei, sie komme vielmehr „auch bei Gattungsbegriffen“ vor, soweit es sich nicht „um Erkenntnis des Wesentlichen, Allgemeingültigen, Gesetzmäßigen als solchen handelt, sondern um die Subsumierung eines Einzelnen unter einen Begriff.“ Hiergegen schon zutreffend *Hempel - Oppenheim*, Typusbegriff S. 19 f.

[53] *Zippelius*, Verwendung S. 232.

[54] *Larenz*, Methodenlehre S. 440; in der Erstauflage, die *Zippelius* zitiert, ist der entscheidende Zusatz allerdings noch nicht enthalten.

[55] Hervorhebung von mir.

nicht von „Begriffshof" gesprochen werden; insoweit kann auf das oben[56] Gesagte verwiesen werden.

Die Zusammenhänge zwischen Denkform und Anwendungsverfahren werden noch deutlicher, wenn wir der von *Zippelius* offen gelassenen Frage nachgehen, ob streng identifizierendes und zuordnend-vergleichendes Denken „prinzipiell verschieden sind oder aber nur graduell, so daß jenes nur ein Grenzfall von diesem wäre"[57]. Wir hatten oben[58] gesehen, daß das relative Gewichtsverhältnis der einzelnen Züge des Typus nicht gleichförmig festgelegt ist, da vom konstitutiven Wertgesichtspunkt her ein bestimmter Zug „wichtiger" als andere sein kann. Mit zunehmender Bedeutung eines solchen Zuges wächst dessen Kennzeichnungskraft für den von der Wertung erfaßten Objektsbereich; in der Möglichkeit des Dominierens eines Zuges ist die Möglichkeit der „Verfestigung" des Typus, und damit seiner Annäherung an den Begriff angelegt. Kommt es — als Grenzfall — nur mehr auf ein einziges Merkmal, gar nicht mehr auf die anderen an, liegt ein Begriff vor. Vom Anwendungsverfahren her gesehen: Je dominierender ein Zug ist, desto mehr konzentriert sich der Vergleich mit dem individuellen Fall auf diesen Zug; desto weniger Bedeutung kommt den übrigen, u. U. fehlenden oder abweichenden Merkmalen des Falles zu; desto mehr tritt auch der Rückgriff auf den konstitutiven Sinnbezug in den Hintergrund: da der „hervorragende" Zug den von der Wertung getroffenen Objektsbereich besonders gut erfaßt, wird die Wertungsfrage mehr und mehr ersetzt durch die Prüfung der Merkmalsübereinstimmung in diesem dominierenden Zug. Wir finden also genau den zwischen den Denkformen bestehenden fließenden Übergang im Anwendungsverfahren wieder — einen deutlicheren Beweis für die Koppelung kann es wohl kaum geben.

Damit aber ist der Streit um die Unterschiedenheit der *Denkformen* oder lediglich der *Anwendungsverfahren* müßig, denn es handelt sich der Sache nach um identische Probleme. *Zippelius* ist zwar zuzugeben, daß das Interesse, wie ein bestimmter terminus *anzuwenden* ist, für die *Praxis* der Rechtsfindung durchaus im Vordergrund steht. Gerade in der Aufgabe aber, die theoretischen Voraussetzungen zu klären, wann und warum ein bestimmter Ausdruck begriffslogisch, d. h. streng identifizierend, oder aber typologisch, d. h. wertend-zuordnend, anzuwenden ist, besteht der von *Zippelius* als „fragwürdig" bezeichnete „Sinn und der Nutzen einer grundsätzlichen Gegenüberstellung von Begriff und Typus"[59].

---

[56] § 4 bei Anm. 20 ff.

[57] *Zippelius*, Verwendung S. 232.

[58] vor Anm. 22.

[59] *Zippelius*, Verwendung S. 232.

3. Ein letzter Punkt: Das uns beschäftigende Abgrenzungsproblem ist nicht nur eines der inneren Unterscheidbarkeit von Typus und Begriff, sondern stellt sich auch vom äußeren Rand dieser Denkformen her. Diese Erweiterung unseres Blickfeldes kann nur thesenhaft angedeutet werden: Wie deutungsbedürftiger Begriff und Typus unter sich durch abgestufte Übergänge verbunden sind, so lassen sich beide wiederum in eine Reihe einordnen, deren einen Pol der in dem von *Hassemer* erörterten Sinne *eindeutige* Begriff bildet, und die sich auf der anderen Seite — jenseits von deutungsbedürftigem Begriff und Typus — über die sog. „wertausfüllungsbedürftigen Begriffe" („wichtiger Grund") fortsetzt bis hin zu den nur mehr formelhaften Verweisungen[60] auf grundlegende Wertmaßstäbe unserer Rechtsordnung („Treu und Glauben"), die also als Gegenpol zum „Wert" führt: eine Reihe zunehmender Bedeutung der Sinnbezüge, abnehmender „begrifflicher" Bestimmtheit.

Hinweise auf eine solche reihenförmige Anordnung des juristischen Begriffsmaterials finden sich, wenn auch nicht ausdrücklich im Hinblick auf die Unterscheidung von Typus und Begriff, in der Literatur in reicher Zahl. Zu nennen ist etwa *Fritz v. Hippels*[61] Beschreibung des „Schichtenbaus einer durchgeformten modernen Rechtsordnung", die mit „Ordnungsprinzipien ... von größtem Gehalt" beginne, bei denen „das Moment der Wertung und Anforderung ungemein deutlich hervortritt", und bei der „Anweisung von letzter Bestimmtheit" ende, bei der „ein sozialer Wertungsgehalt unmittelbar nicht mehr erkennbar" sei. Dabei ist nach dem Zeugnis von *Canaris*[62] „der Übergang von solchen wertausfüllungsbedürftigen Klauseln zu den übrigen Vorschriften durchaus fließend", da, wie *Larenz* es ausdrückt[63], die „Generalklausel von den vermeintlich festbestimmten Normen ... mehr dem Grade als dem Wesen nach verschieden" sei, nach *Nipperdey*[64], der sich wiederum auf *Jesch*[65] stützt, „zwischen bestimmten und unbestimmten Rechtsbegriffen ... kein wesensmäßiger, sondern nur ein gradueller Unterschied bestehe[66].

Die fließenden Übergänge in dieser Abstufungsreihe dürften dafür verantwortlich sein, daß die Grenzen von Typus und Begriff heute in der Literatur nach keiner Richtung hin einheitlich bestimmt werden; insbesondere hat die Suche nach und der Mangel an festen begriffs-

[60] *Larenz,* Methodenlehre S. 264; *Wieacker,* Präzisierung S. 16; oben § 4 bei Anm. 15 ff.

[61] *Fritz v. Hippel,* Richtlinie S. 1 f.

[62] *Canaris,* Systemdenken S. 29.

[63] *Larenz,* Entwicklungstendenzen S. 106.

[64] *Enn. - Nipp.,* § 50 II 1, S. 309.

[65] *Jesch,* Unbestimmter Rechtsbegriff, insbes. S. 177 f.

[66] Die zutreffende Erkenntnis, daß es sich um keinen begriffslogischen Unterschied handelt, verführt *Jesch* zu der Behauptung einer Struktur*gleichheit;* daß auch hier aus der Verneinung der klassenlogischen Unterscheidbarkeit nicht auf die Leugnung des Unterschiedes überhaupt geschlossen werden kann und darf, sollte der Text gezeigt haben. Die „bestehen bleibenden Unterschiede" betont zutreffend *Larenz,* Entwicklungstendenzen S. 106.

logischen Abgrenzungskriterien dazu geführt, daß der Typus nach beiden Seiten hin ins Uferlose ausgeweitet, genauer: bis an die „Ufer" der genannten „Pole" hin erstreckt wird. So hat *Hassemer*[67] in der erwähnten Reihe den „Schnitt" unmittelbar nach dem Pol des *eindeutigen* Begriffs gelegt und damit den *deutungsbedürftigen* Begriff in den Typus integriert. Am anderen Ende der Reihe haben *Strache*[68] und *H. J. Wolff*[69] die wertausfüllungsbedürftigen Begriffe wie die Verweisungen auf grundlegende Werte in den Typus einbezogen, so daß der in der rechtswissenschaftlichen Literatur gespannte Bogen des Typus heute vom „Wechsel" bis zu „Treu und Glauben" reicht.

In dieser, in Struktur und Anwendungsverfahren so Verschiedenartiges zusammenfassenden Form vermag die Lehre vom Typus weder logisch zu überzeugen noch methodologisch weiterzuführen. Der auf der einen Seite sehr exakte Einteilungsversuch *Hassemers* hat den Nachteil zur Folge, daß — da „begriffliche" Qualität nur einer für das Recht bedeutungslosen Denkform zuerkannt wird — innerhalb des weiten Rahmens juristischer Begriffe (im weitesten Sinn) nicht differenziert werden kann; damit geht aber — nur von der entgegengesetzten Richtung her — gerade der Gewinn wieder verloren, den die Lehre vom Typus zunächst mit sich gebracht hat, indem sie die einheitlich begriffliche Sicht überwand. Ein ähnlicher Vorwurf mangelnder Differenziertheit ist am anderen Ende der Skala *Strache* und *H. J. Wolff* zu machen: sie vernachlässigen den Unterschied, der zwischen der bloßen Verweisung auf einen Wert und der vom Wertgesichtspunkt geleiteten näherungsweisen Erfassung eines *Objektsbereichs* im Typus besteht[70], worauf wir sofort näher zurückkommen werden.

Dem Vorwurf mangelnder Differenziertheit nicht ausgesetzt ist allein die „klassische"[71] Theorie vom Typus. Deren Schwäche, daß dem Streben nach Differenzierungen keine eindeutigen Abgrenzungen entsprechen, sollte nach dem zum typologischen Charakter der Denkform des Typus selbst Gesagten kein ausschlaggebener Einwand sein, will man nicht jede Möglichkeit von Unterscheidungen leugnen, die auf mehr oder minder großer Ähnlichkeit bzw. Verschiedenheit beruhen.

Dabei soll jedoch nicht verschwiegen werden, daß Abgrenzungen nach mehr oder minder großer Ähnlichkeit nicht allein in Strukturunterschieden der Objekte angelegt sind, sondern auf Wertentscheidungen, insbesondere Zweckmäßigkeitserwägungen beruhen. Sind Be-

---

[67] Siehe oben § 3, 4 a.

[68] *Strache*, Standards S. 18, 68 ff., 78.

[69] *H. J. Wolff*, Typen S. 201: „In den Generalklauseln wird ... der Typus zum Gesetz."

[70] Richtig *Koller*, Grundfragen S. 43 Fn. 2; *Larenz*, Methodenlehre S. 266 Fn. 2. Noch weiter gehende Kritik bei *Esser*, AöR Bd. 96 (1971) S. 140 ff.

[71] Siehe oben § 2 Anm. 22.

deutungs- oder Wertgesichtspunkte, wie wir gesehen haben, konstitutives Moment jeglicher Typenbildung, so kann nicht überraschen, daß sie auch für die Abgrenzung innerhalb der typologischen Reihe juristischer Denkformen maßgeblich sind, und unsere Aufgabe kann nur darin bestehen, den für die rechtswissenschaftliche Typenlehre maßgeblichen Gesichtspunkt explizit zu machen. Als letztlich entscheidendes Kriterium kann insoweit nur der Gedanke der methodologischen Fruchtbarkeit in Frage kommen. Es ist nicht allein eine „objektiv" bestehende größere strukturelle Ähnlichkeit dafür verantwortlich, daß wir den „deutungsbedürftigen" Begriff grundsätzlich auf die Seite des „Begriffs" schlagen und vom Typus absetzen, sondern es steht dahinter der methodologisch ausgerichtete Gedanke, die Anwendungsverfahren in der genannten Weise abzugrenzen: Die Tatsache, daß wir im Anwendungsverfahren deutungsbedürftiger Begriffe eine größere Ähnlichkeit mit der Identifikation als mit der Zuordnung erkennen, führt letztlich zu der „klassischen" Einteilung, und ähnliche Erwägungen führen auf der anderen Seite der Reihe dazu, auch wertausfüllungsbedürftige Begriffe und Verweisungen auf Werte vom Typus abzusetzen. Daß dieser Abgrenzung Strukturunterschiede entsprechen, daß sie also nicht innerhalb eines an sich homogenen Materials willkürlich Grenzen zieht, ist oben dargelegt und wird weiter zu erörtern sein. Ob die derart *mögliche* Abgrenzung ihr angestrebtes Ziel erreicht, darüber kann nur deren Tauglichkeit für die Zwecke der Rechtsanwendung das letzte Wort sprechen. Einen Versuch in dieser Richtung stellt die gesamte vorliegende Untersuchung dar.

Innerhalb der Grundlegung ist nunmehr noch ein Problem aufzunehmen, das in der Einleitung bereits aufgeworfen und durch die hier vorgenommene Einordnung des Typus in der angedeuteten Abstufungsreihe erneut angesprochen worden ist: Die genannte Reihenordnung weist den Typus in der Mitte zwischen Wert und Begriff aus, schreibt dem Typus also in einem weiteren Sinn eine „Mittelstellung" zu: nicht nur im Grade der Allgemeinheit (der Typus als Mitte zwischen Individuum und Begriff), sondern auch im Grade der tatbestandlichen Umsetzung von Werten (der Typus als Mitte zwischen Wert und Begriff). Die Frage ist, ob diese reihenförmige Einordnung im Prozeß der Konkretisierung von Werten eine Entsprechung findet.

§ 6: Typus und Begriff im Prozeß wertenden Denkens

1. *H. J. Wolff* hat die Rolle, die typologischem und begrifflichem Denken in der Rechtsentwicklung zukommt, auf die kurze Formel gebracht: „Immer wieder wärmt die ‚Typenjurisprudenz' ... die starre Kälte des

Rechts auf; und immer wieder erstarren die Typen zu Klassen[1]." In diesem Bild dürfte unsere Zeit vorwiegend als eine Epoche der „Aufwärmung" zu beurteilen sein, läßt sich doch allenthalben beobachten, daß teleologische, funktionale, wirtschaftliche, typologische Betrachtungsweisen verfestigte Begriffe sprengen. Die Tatsache, daß wir dieser Entwicklung eine Reihe überzeugender Rechtsfortbildungen verdanken, birgt die Gefahr in sich, daß das Bewußtsein des „Wechselspiels"[2] von begrifflicher Verfestigung und typologischer Auflockerung verloren geht, daß typologisches Denken einseitig als Überwindung und Verfeinerung grober begrifflicher Wertungen erscheint.

Es ist daher ein Hinweis darauf angebracht, daß das wissenschaftliche Schrifttum zur Typologik, soweit es sich mit dem Stellenwert von Typus und Begriff im Rechtsbildungsprozeß beschäftigt[3], überwiegend typologisches Denken als Vorstufe des begrifflichen ansieht. So nennt *Radbruch* „Typusbegriffe nur Durchgangsformen auf dem Weg zu den als Endform erstrebten Klassenbegriffen"[4], *Strache* sieht im Begriff „logisch eine Fortentwicklung des Typus", im Typendenken „ein dem begrifflichen Denken gegenüber primitiveres Verfahren, eine Vorstufe"[5], *Engisch* erklärt im Anschluß an *v. Aster:* „Zeitlich und auch sachlich geht in der Gesamt- und Einzelentwicklung ‚das konkretanschauliche', in Typen arbeitende Denken ... vielfach dem abstrakten, begrifflichen ... Denken vorher[6]."

Eine grundlegende Untersuchung des Rechtsbildungsprozesses im Hinblick auf die Unterscheidung von Typus und Begriff kann im Rahmen dieser dogmatisch-methodologischen Arbeit nicht geliefert werden. Immerhin erscheinen einige Andeutungen möglich, die die Stellung typologischen Denkens im Rechtsbildungsprozeß zu erhellen vermögen (unten 2.); im übrigen sind wir auf eine beispielhafte Erörterung einiger aktueller Rechtsbildungsvorgänge angewiesen (unten 3.).

2. Rechtsbildung bedeutet, daß Wert und Wertungsobjekt, ideales und reales Sein in Entsprechung gebracht werden[7]. Dieser Prozeß kann von zwei Seiten gesehen werden. Werte können einerseits nur durch Ermittlung eines von ihnen betroffenen, „gewerteten" Objektsbereichs konkretisiert werden, konkrete Lebensfälle verlangen anderseits nach

---

[1] *H. J. Wolff*, Typen S. 201.

[2] *H. J. Wolff*, a.a.O., S. 202.

[3] Ausdrücklich offengelassen von *Zippelius*, Verwendung S. 227.

[4] *Radbruch*, Klassenbegriffe S. 53.

[5] *Strache*, Standards S. 41.

[6] *Engisch*, Konkretisierung S. 247; *v. Aster*, Naturphilosophie S. 13. Vgl. auch die Nachweise bei *Hassemer*, Tatbestand S. 124 Fn. 165.

[7] Zum folgenden grundlegend *Arthur Kaufmann*, Analogie pass.; aus hermeneutischer Sicht *Friedr. Müller*, Normstruktur pass., insb. S. 170, 176, 182, 184, 191 ff.

„Bewertung", d. h. Beurteilung unter solchen Werten. „Die Rechtsidee einerseits muß zu den Lebenssachverhalten hin geöffnet, sie muß materialisiert, konkretisiert, ‚positiviert' werden — die Lebenssachverhalte andererseits müssen idealisiert, normativ-begrifflich geformt, ‚konstruiert' werden[8]." Diesen beiden Seiten des Rechtsbildungsprozesses entsprechen auffallend die erwähnten Weisen, in denen der Typus als Denkform eine „Mittelstellung" einnimmt:

a) zunächst im Sinne der Mitte zwischen Wert und begrifflich erfaßtem Sachverhalt: Daß zur näheren Konkretisierung von Werten eine „Tatbestandsbildung" erforderlich ist, bedeutet, daß unter dem zu konkretisierenden Wertgesichtspunkt gleichsinnige Fälle erfaßt werden müssen, wobei gerade die Bestimmung, welche Fälle im Hinblick auf den betreffenden Wert als gleichsinnig anzusehen sind, die inhaltliche Auffüllung desselben leistet. Als die Denkform aber, die unter einem Wertgesichtspunkt als konstitutivem Moment Gleichsinniges erfaßt, Ungleichsinniges aussondert, haben wir den Typus kennengelernt. Typologisches Denken wahrt in der Beschreibung von Fallgruppen stets den Bezug zum leitenden Wertgesichtspunkt, da alle Züge, die in den Blick kommen, auf diesen Wert als einheitsstiftende Mitte ausgerichtet sind, nur insoweit „Bedeutung haben", während für die Begriffsbildung die Umsetzung der leitenden Wertgesichtspunkte in die Auswahl der Begriffsmerkmale charakteristisch ist, denen man dann die bei der Auswahl maßgeblichen Wertungen häufig nicht mehr ansieht, zumindest nur mehr indirekt entnehmen kann[9].

Hiermit ist wohlgemerkt nur zur Denk*form* der „Mitte" zwischen Wert und Begriff Stellung genommen; welche Denk*inhalte* diese „Mitte" bilden, ist eine ganz andere, hier nicht zu klärende Frage. *Arthur Kaufmann* sieht als das Tertium, „in dem Idee bzw. Norm und Sachverhalt übereinkommen", die „*Natur der Sache*" an[10], *Canaris* zufolge hält das *Prinzip* „gegenüber dem Wert einerseits und dem Begriff andererseits gerade die richtige Mitte"[11]. In der hier interessierenden Frage der Denk*form* sagt *Arthur Kaufmann* zutreffend: „Die ‚Natur der Sache' verweist auf den *Typus*. Das Denken aus der ‚Natur der Sache' ist typologisches Denken"[12], was sofort einleuchtet, wenn wir *Stratenwerths* zentrale These, daß sachlogische Strukturen ontische Gegebenheiten sind, „die sich unter einem bestimmten Gesichtspunkt als wesentlich herausheben"[13], die Natur der Sache „stets auf einen bestimmten Wertgesichtspunkt verweist, unter dem sie allererst in den Blick kommt"[14], mit dem oben[15] zur „Sinnhaftigkeit" des Typus Gesagten ver-

---

[8] *Arthur Kaufmann*, Analogie S. 33.
[9] Hierzu unten § 18.
[10] *Arthur Kaufmann*, Analogie S. 35.
[11] *Canaris*, Systemdenken S. 52.
[12] *Arthur Kaufmann*, Analogie S. 37 m. w. N.
[13] *Stratenwerth*, Natur der Sache S. 17.
[14] *Stratenwerth*, a.a.O., S. 24.
[15] § 4, 2.

gleichen. Eine entsprechende Stellungnahme zur Denkform der *Prinzipien* findet sich bei *Canaris* nicht; hierzu jedoch sogleich der Text[16].

b) Der Typus als Mitte zwischen dem Individuellen und dem begrifflich-Allgemeinen kommt in den Blick, wenn wir uns der anderen Seite des Rechtsbildungsprozesses zuwenden. Wertendes Denken entzündet sich meist am konkreten, anschaulichen[17], „ganzheitlichen"[18] Fall, darf bei diesem aber wegen der generalisierenden Tendenz der Rechtsidee, die sich im Gleichbehandlungsgebot ausdrückt, nicht stehen bleiben[19], sondern muß abstrahieren, unter den unendlich vielen Merkmalen des Einzelfalls eine Auswahl treffen[20]. Daß diese Auswahl unter dem leitenden Wertgesichtspunkt[21] Wesentliches vom Unwesentlichen trennt und darin der eben erörterten anderen Seite des Rechtsbildungsprozesses entspricht, ist hier nicht weiter zu verfolgen. Im vorliegenden Zusammenhang kommt es vielmehr darauf an, daß die Notwendigkeit des Absehens vom Individuellen nicht zu die Sinnzusammenhänge zerstörenden, durch Isolierung der Merkmale unanschaulichen und damit letztlich „unübersehbaren" Gedankengebilden führen soll, an die eine Wertung nicht mehr oder nur mehr schwer anknüpfen kann. Diese Gefahren vermeidet ein typisierendes Verfahren der Abstraktion, da der Typus zwar Denkform des Allgemeinen ist, aber auch in der Allgemeinheit Anschaulichkeit, Ganzheitlichkeit, Sinnhaftigkeit zu wahren imstande ist; da er zwar bereits allgemeine Züge aufweist, anderseits aber aufgrund eines „tastenden Verfahrens"[22] doch noch „offen" und das heißt: einer Wandlung durch Einbeziehung oder Ausschließung erst später in den Blick kommender Fälle und Fallgruppen zugänglich ist.

Der Typus erweist sich somit als die Denkform, die in besonderer Weise die Entsprechung von Wert und Wirklichkeit herzustellen und vor allem: die Entsprechung von Wert und gewertetem Objektsbereich zu gewährleisten vermag. Hierauf aber kommt es in einem frühen Stadium der Rechtsbildung entscheidend an, damit vorschnelle, wertungsmäßig unvollständig durchschaute, zu enge oder zu weite Festlegungen vermieden werden. Daß diese Gefahr bei einer sofortigen begrifflichen

---

[16] Unten, 3 b.

[17] Zur Bedeutung des Anschaulichen im Prozeß wertenden Denkens *Hatz*, Rechtssprache S. 53 f.; *Engisch*, Konkretisierung S. 82 f.; *Arthur Kaufmann*, Analogie S. 24.

[18] Vgl. *Engisch*, Konkretisierung S. 144; *Larenz*, Fall S. 152.

[19] Hierzu *H. J. Wolff*, Typen S. 202; *Henkel*, Rechtsphilosophie S. 320; eingehend *Strache*, Standards S. 85 ff.

[20] Vgl. *Larenz*, Fall S. 152 ff.

[21] Diesen als gegeben unterstellt; in Wirklichkeit läßt er sich nur in einem „Hin- und Herwandern des Blickes" *(Engisch)* bestimmen.

[22] *Seiffert*, Kategoriale Stellung S. 6; *Strache*, Standards S. 47; *Jørgensen*, Typologie S. 63, 65.

Formulierung besteht, wurde oben[23] bereits angedeutet: Da der Begriff nur auf isolierte oder doch isolierbare Merkmale abstellt, kann er die Differenzierung nicht leisten, die sich von der seinsmäßigen Kombination mit den verschiedensten anderen Zügen her möglicherweise als notwendig erweist. Eine strenge ursprüngliche Koppelung von Begriffsmerkmal und Wertung, unabhängig von allen anderen Zügen, stellt eine seltene Ausnahme dar, wenn sie überhaupt je vorkommen sollte[24]. Der erste Eindruck in der Literatur täuscht in dieser Hinsicht nicht selten. Wo eine unmittelbar begrifflich definierende, nicht typologisch beschreibende Festlegung versucht wird, finden wir doch in aller Regel den einschränkenden Zusatz bloß *„grundsätzlicher"* Geltung. „Dieses für den Juristen so charakteristische Wörtchen"[25] soll darauf hinweisen, daß „bei ganz abweichender Gestaltung", „im Einzelfall" oder wie die Formulierungen jeweils lauten, auch etwas anderes gelten könne, obwohl dieser Einzelfall durchaus das „begriffliche" Merkmal aufweist. Damit aber ist deutlich, daß es sich bei dem in einer solchen „Definition" genannten Erfordernis doch nicht um ein begriffliches Merkmal, sondern um einen (allerdings meist besonders wichtigen, daher vordringlich bedeutsamen) typologischen Zug handelt. Auch da, wo scheinbar eine unmittelbare begriffliche Festlegung vorliegt, haben wir es in Wirklichkeit zumeist (noch) mit typologischem Denken zu tun[26].

3. Wenden wir uns nunmehr einigen *Beispielen* eines solchen Rechtsbildungsprozesses zu.

a) Es dürfte heute allgemein anerkannt sein, daß die sog. „wertausfüllungsbedürftigen Generalklauseln" wie *Treu und Glauben, gute Sitten* nicht „selbst schon inhaltlich Rechtsnorm", sondern „Anweisung zu einer richterlichen Normbildung" sind[27], die heute freilich nicht „ab ovo" startet, sondern auf ein kaum mehr überblickbares Entscheidungsmaterial zurückgreifen kann, um dessen dogmatische Durchdringung und Systematisierung sich die Rechtswissenschaft ständig bemüht[28]: Kasuistik und Dogmatik bedingen einander, fördern sich gegenseitig und tragen vereint zur Erkenntnis des vollen Gehalts der Wertformel bei. Nur unter diesem Vorbehalt können im folgenden die beiden Sei-

---

[23] § 4, 4.

[24] Vgl. *Wieacker*, Rechtsdogmatik S. 323.

[25] *Canaris*, Systemdenken S. 59.

[26] *Strache* stellt (Standards S. 69) die noch weiter gehende These auf, „daß Wertvorstellungen überhaupt *nur* (Hervorhebung von mir) in Typen, anhand von Musterbildern so weit verdeutlicht werden können, daß sie zur Anleitung und Beurteilung konkreten Verhaltens tauglich sind."

[27] *Esser*, Privatautonomie S. 555; näher Grundsatz und Norm S. 150 f., Vorverständnis S. 56 ff.; *Friedr. Müller*, Normstruktur S. 202.

[28] Vgl. etwa den Kommentar von *Soergel - Siebert* (in der 10. Aufl. bearbeitet von *Knopp*), sowie *Wieacker*, Zur rechtstheoretischen Präzisierung des § 242.

ten des Konkretisierungsprozesses gesondert im Hinblick auf die Stellung typologischen Denkens untersucht werden. Dabei interessiert zunächst die von der Dogmatik gegebene Aufgliederung des Wertgehalts, die in vielfältigen Schichten vom Wert zur Tatbestandsbildung führt (unten aa) und damit den Bezugsrahmen liefert für die vom individuellen Fall zur allgemeinen Norm führende Konkretisierung des § 242 BGB (unten bb).

aa) Die dogmatische Entfaltung des Gehalts der Wertformel von Treu und Glauben sollte sich nach unserer These der fließenden Übergänge vom Wert zum begrifflich gefaßten Tatbestand als eine allmähliche, über Vorstufen führende Annäherung an Typenbildung und begriffliche Verfestigung darstellen, und in der Tat bietet der Kommentar zu § 242 BGB[29] das Bild eines vielfach abgestuften Schichtenbaus, der mit einer Aufgliederung in *Funktionskreise* beginnt, die noch kaum eine Beurteilung von Wirklichkeit enthalten und ermöglichen[30]; innerhalb dieser Funktionskreise folgen dann tatbestandlich schon deutlichere *Rechtsgedanken*[31], schließlich *Komplexe von Rechtsgrundsätzen*, die sich zu *Rechtsinstituten* verdichten[32]. Trotz zunehmender Konkretisierung haben diese Gruppen gemein, daß noch der Wertgehalt, nicht schon der davon betroffene Objektsbereich im Vordergrund steht und darum auch noch keine Typenbildungen vorliegen; diese setzen erst dort ein, wo von den näher konkretisierten Rechtsgedanken her versucht wird, Fallgruppen zu bilden. Weil auf dieser letzten Stufe aber einerseits nicht mehr die Verdeutlichung des Wertgehalts, sondern die Tatbestandsbildung im Vordergrund steht, anderseits Konkretionen des allgemeinen Gedankens von Treu und Glauben, die spezifische Rechtsgedanken engerer Problemkreise enthalten, die Fallgruppenbildung leiten, ist diese Stufe nur an der Basis der Kommentierung des § 242 BGB unter „Kasuistik" zu finden.

Im Denkstil zeigt die Erläuterung der einzelnen „Schichten" eine allmähliche Annäherung an typologisches Denken. Ich greife die Kommentierung der *Verwirkung* bei *Soergel - Siebert - Knopp* als Beispiel dafür heraus, daß die Erläuterung von Rechtsgedanken durch Herausarbeitung tatsächlicher Kriterien eine deutliche Ähnlichkeit mit dem

[29] Vgl. *Soergel - Siebert - Knopp*, a.a.O.

[30] Vgl. die im Prinzip ähnlichen Dreiteilungen bei *Soergel - Siebert - Knopp*, a.a.O., *Wieacker*, Präzisierung S. 20 ff., *Larenz*, Schuldrecht Bd. 1 S. 105 ff., die sich kennzeichnen lassen durch die Stichworte: Ausgestaltung des Pflichtenkreises, Beschränkung der Rechtsausübung, Beschränkung oder Fortfall der Leistungspflicht wegen Unzumutbarkeit.

[31] Etwa: die Grundgedanken des Rechtsmißbrauchs, der Geschäftsgrundlage.

[32] *Soergel - Siebert - Knopp*, a.a.O., Anm. 5; Beispiele: Die Lehre von der culpa in contrahendo, der positiven Forderungsverletzung, vom Fehlen oder Fortfall der Geschäftsgrundlage.

Verfahren der Typenbildung aufweist, ohne doch schon mit diesem identisch zu sein.

Die Kommentierung stellt zunächst die allgemeinen Wertgedanken der Verwirkung in „Leitgedanken"[33] und „Leitsätzen"[34] heraus, die entweder — im obersten Kriterium der „Unzumutbarkeit" — die Trennung von Tatbestand und Rechtsfolge noch kaum durchführen oder doch — in ersten Ansätzen einer Entflechtung — ohne ausdrücklich wertende Formulierungen nicht auskommen[35]. Hierauf folgt die uns eigentlich interessierende „Zusammenstellung typischer Umstände für die Interessenabwägung und die Frage der Zumutbarkeit"[36]. Achten wir weniger auf die recht allgemein gehaltenen und daher wenig kennzeichnenden Überschriften[37], sondern auf die darunter zusammengefaßten, für die Wertung tatsächlich maßgeblichen Kriterien, so fällt auf: Die „typischen Umstände" werden entweder ausdrücklich in *abstufender Form* herausgearbeitet (z. B. „Art des Geschäfts: Bei rechtlich und tatsächlich schwierigen und wirtschaftlich bedeutsamen Ansprüchen tritt Verwirkung *weniger leicht*[38] ein als bei Geschäften des täglichen Lebens"), oder die Steigerungsreihen werden zumindest schlagwortartig angedeutet (z. B. „Persönliche Eigenschaften: Kaufleute, rechtlich unerfahrene Personen", „allgemeine Wirtschaftslage: Zeit schwankender oder fester Preise" etc.). An die *Interdependenz typologischer Züge* werden wir erinnert, wenn zum „typischen Tatbestandsmerkmal des Zeitablaufs" gesagt wird[39], daß „die Länge der im Einzelfall erforderlichen Zeit wiederum durch die ‚besonderen Umstände'[40] beeinflußt wird, so daß die besonderen Umstände und die erforderliche Dauer des Zeitablaufs ineinandergreifen"[41]. Die *Offenheit des Typus*

---

[33] *Soergel - Siebert - Knopp*, a.a.O., Anm. 281 f.

[34] *Soergel - Siebert - Knopp*, a.a.O., Anm. 293 ff.

[35] Vgl. *Soergel - Siebert - Knopp*, a.a.O., Anm. 295: „Ein Verstoß gegen Treu und Glauben ist insbes. dann anzunehmen, wenn der Schuldner dem Verhalten des Gläubigers ... entnehmen *mußte*, daß dieser den Anspruch nicht mehr geltend machen wollte, wenn sich also der Schuldner darauf einrichten *durfte*, daß er mit diesem Anspruch nicht mehr zu rechnen *brauchte*." (Hervorhebungen von mir).

[36] *Soergel - Siebert - Knopp*, a.a.O., Anm. 301.

[37] Die offensichtlich den Versuch einer Oberbegriffsbildung zu den für die Wertung maßgeblichen Abstufungsreihen darstellen. Genannt werden: Tatsächliche Vorkehrungen und Aufwendungen, Art des Geschäfts, Gegenstand des Geschäfts, persönliche Eigenschaften der Beteiligten, wirtschaftliche Machtverhältnisse untereinander, Art des in Frage stehenden Anspruchs, allgemeine und rechtliche Beziehungen zwischen den Beteiligten, allgemeine Wirtschaftslage, Kriegs- und Nachkriegsverhältnisse; Zeitablauf.

[38] Hervorhebung von mir.

[39] *Soergel - Siebert - Knopp*, a.a.O., Anm. 302.

[40] Das sind die oben in Anm. 37 genannten Kriterien.

[41] Noch deutlicher *Siebert* in Verwirkung S. 173: „Alle diese ‚Voraussetzungen' beeinflussen sich gegenseitig, verstärken einander, verdrängen einander."

als Merkmalsgefüge, in dem einzelne Züge fehlen können, solange nur durch die Ausprägung der übrigen der konstitutive Sinnbezug gewahrt bleibt, klingt an, wenn die Aufzählung mit dem Hinweis schließt, entscheidend sei nicht, „ob alle Merkmale gerade des typischen Verwirkungstatbestandes gegeben sind, sondern ob das Verlangen des Anspruchsberechtigten mit Treu und Glauben unvereinbar erscheint“[42].

Angesichts dieser Parallelen kann die Ähnlichkeit nicht bezweifelt, nur umgekehrt die Frage aufgeworfen werden, warum wir zögern, von einem echten Verfahren der Typenbildung zu sprechen, die Kommentierung „des Tatbestands“ der Verwirkung als Beschreibung eines Typus zu kennzeichnen. Der Grund wurde bereits angedeutet: Die tatsächlichen Umstände dienen hier noch der Verdeutlichung des Rechtsgedankens, während bei der Typenbildung der Rechtsgedanke die Umgrenzung eines Objektsbereichs (der „Fallgruppe“) leitet. Die verschiedene Akzentsetzung zeigt sich in der vorstehenden Zusammenstellung darin, daß der Zusammenhang der „typischen Umstände“ *untereinander* noch sehr lose ist. Die aufgezählten Kriterien fügen sich nicht in der für den Typus charakteristischen Weise und Intensität zu einem einheitlichen, anschaulichen „Bild“ des Tatbestandes der Verwirkung zusammen; die Kriterien können zwar kombiniert zusammenwirken, keineswegs ist damit aber die „Vollform“ der tatbestandlichen Voraussetzungen der Verwirkung erreicht, noch liegt auch nur ein besonders repräsentativer Tatbestand vor. Können wir daher noch nicht von einer Typenbildung sprechen, so zeigt sich doch im nur dem *Grade* nach erfaßbaren Maß der „Zusammenbindung“ der Übergang von tatbestandlicher Verdeutlichung eines Rechtsgedankens zu der vom derart verdeutlichten Rechtsgedanken geleiteten typologischen Tatbestandsbildung.

bb) Die Klarstellung, daß die Typenbildung im soeben besprochenen Schichtenbau erst an der Basis, in der „Kasuistik“ anzutreffen ist, ist von besonderer Bedeutung für die „bei den *am Fallproblem* offenbar werdenden Geboten materialer Gerechtigkeit“[43] einsetzende Konkretisierung des § 242 BGB, wie sie sich insbesondere anhand der Rechtsprechung verfolgen läßt.

Die Judikatur betont immer wieder, daß zu einer bestimmten Gestaltung „besondere Umstände“ hinzutreten müßten, um eine Entscheidung aus § 242 BGB zu rechtfertigen, daß es für die Anwendung des Grundsatzes von Treu und Glauben jeweils auf die „besonderen Um-

---

[42] Vgl. auch *Siebert*, Verwirkung S. 174, zur Frage des „Verschuldens“, das „nur im Rahmen der Gesamtwertung des Verhaltens“ eine Rolle spiele: „Wenn aber andere, stärker zu wertende äußere Umstände vorhanden sind, so braucht die Frage des Verschuldens nicht notwendig entscheidend zu sein, ja sie kann dann unter Umständen sogar völlig unerheblich werden.“

[43] *Esser*, Privatautonomie S. 555.

stände des Einzelfalles" ankomme[44]. Diese Ausführungen können den Eindruck erwecken, als verlange die fallweise Konkretisierung des Maßstabes von Treu und Glauben vollkommene Individualisierung[45], als sei für Typisierung kein Platz. Daß dieser mögliche Eindruck nicht richtig sein kann, ergibt sich schon aus der Tatsache der Veröffentlichung von Revisionsentscheidungen[46], die sinnlos wäre, könnten und müßten nicht am Einzelfall Maßstäbe für vergleichbare Fälle aufgezeigt werden[47]. Der derart gewürdigte Einzelfall hat daher immer bereits seine absolute Individualität verloren, ist „repräsentativer Leitfall", „verdeutlicht das, was der auszufüllende Maßstab meint, beispielhaft, indem er gewisse typische Züge hervortreten läßt"[48]. Insofern aber in der Einzelentscheidung die typischen Züge hervorgehoben werden, ist auch die *Fallvergleichung* als Mittel der Konkretisierung[49] nicht Vergleich individueller Fälle, sondern Vergleich in den für die Wertung wesentlichen Zügen. Jede auf Fallvergleichung beruhende Entscheidung baut bereits an einem Typus mit. „Die Fallvergleichung und die Bildung typischer Fallgruppen" gehen nicht erst „im weiteren Prozeß der Konkretisierung ... Hand in Hand"[50], sondern sind von Anfang an ein- und derselbe Prozeß[51].

Die Judikatur darf demnach nicht als Warnung vor, sondern muß als Aufforderung zur Typisierung im techn. Sinn verstanden werden. Die die Bedeutung der jeweiligen „besonderen Umstände" betonende Rechtsprechung will nur klarstellen, daß die in der Entscheidung geleistete Heraushebung von Zügen eines weiter aufgegebenen Typus nicht isoliert gesehen, absolut gesetzt[52] und im Sinne einer begrifflichen Regelbildung verstanden werden darf. Die adaequate Denkform dieser „Mitte" zwischen individuellem Fall und begrifflicher Regelbildung ist, wie wir gesehen haben, der Typus[53].

---

[44] Vgl. aus neuerer Zeit BGHZ 47, 110 (113); 45, 204 (208); 42, 1 (5); 42, 374 (377); 38, 61 (63); 38, 183 (184 f.).

[45] Zur Unterscheidung „vollkommener" und „relativer" Individualisierung *Henkel*, Rechtsphilosophie S. 352 ff.

[46] *Engisch*, Konkretisierung S. 234.

[47] *Henkel*, Rechtsphilosophie S. 359; *Larenz*, Wegweiser S. 292 ff.

[48] *Larenz*, Fall S. 159.

[49] Hierzu *Larenz*, Wegweiser S. 292 ff.; *ders.*, Methodenlehre S. 265 f., 404.

[50] So aber *Larenz*, Fall S. 159 f.

[51] Das Schrifttum setzt die Typenbildung überwiegend zeitlich nach und logisch „oberhalb" der Kasuistik, in der wissenschaftlichen Aufarbeitung des „Meeres der Kasuistik" (*Henkel*, Rechtsphilosophie S. 359) an (vgl. *Dubischar*, Grundbegriffe S. 84; *Soergel - Siebert - Knopp*, Anm. 2 zu § 242) und bezieht in der Folge auch die im Text ausgeklammerten Rechtsgedanken, Unterprinzipien, Institute etc. in die „typischen Fallgruppen" ein.

[52] So ausdrücklich BGHZ 21, 66 (80).

[53] Die Mittelstellung „typisierende(n) Denken(s), das den einzelnen Lebensvorgang in seiner allgemeineren Bedeutung erfaßt, ohne seiner Eigenart Abbruch zu tun", hebt *Dahm*, Deutsches Recht S. 56 hervor: „Es entsteht

cc) Für beide Aspekte des Konkretisierungsprozesses bildet das Typendenken nur „Mitte", nicht notwendig Endstufe. Die typologische Fallgruppenbildung führt zu einer besseren Erkenntnis der für die Wertung besonders bedeutsamen, herausragenden Züge und, damit verschränkt, zu einer genaueren Abklärung des aus dem Grundsatz von Treu und Glauben entwickelten, die Typenbildung leitenden konkreteren Wertgesichtspunkts. Wo diese Wertgedanken wenigstens für gewisse Zeit zur Ruhe kommen, erlaubt der geschilderte Prozeß in zunehmendem Maße eine von „Treu und Glauben" bzw. den nachgeordneten Rechtsgedanken und wertausfüllungsbedürftigen Begriffen absehende, letztlich begrifflich gefaßte Tatbestandsbildung. Wenn auch keinesfalls behauptet werden soll, daß das Stadium begrifflicher Verfestigung *stets* erreichbar oder auch nur erstrebenswert sei, ist doch nicht zu leugnen, daß „auch im Rahmen einer Praxis, die ... auf Richtlinien- oder Grundgedanken aufbaut, also ‚elastisch' ist, die ‚constans ac perpetua voluntas ius suum cuique tribuendi' einmal zur Erstarrung in präjudiziellen Entscheidungsreihen führen" kann[54], „ja schließlich zu festen Maximen, Doktrinen und rules". Die Fälle, in denen es gelungen ist, „die zum Stillstand gebrachten Fluten abzuleiten, zu zähmen und zu nützlicher Arbeit zu lenken"[55], sind besonders deutlich dort, wo eine ursprünglich aus Treu und Glauben entwickelte Rechtsprechung im Laufe der Zeit zu einer so gesicherten Regelbildung geführt hat, daß deren Übernahme in das Gesetz erfolgen konnte.

Ein einfaches Beispiel bietet die Textgeschichte des § 554 BGB, dessen ursprüngliche Fassung lautete: „Der Vermieter kann ohne Einhaltung einer Kündigungsfrist das Mietverhältnis kündigen, wenn der Mieter für zwei aufeinanderfolgende Termine mit der Entrichtung des Mietzinses oder eines Teiles des Mietzinses in Verzug ist ..." Rechtsprechung und Schrifttum erkannten bald die Notwendigkeit einer Einschränkung aus § 242 für den Fall, daß der Mieter mit einem *verhältnismäßig nicht erheblichen Teil* des Mietzinses in Verzug ist[56]. Diese aus § 242 entwickelte Einschränkung des Kündigungsrechts wurde zunächst in § 52 e Abs. 1 Nr. 4 Satz 2 MSchG übernommen[57]; durch das 1. Mietrechtänderungsgesetz vom 29. 7. 1963 (BGBl. I 505) wurde sie auch in § 554 n. F. eingefügt. Wie die Begründung zum Regierungsentwurf ausweist, sollte mit der Einfügung dem in Rechtsprechung und Schrifttum aus

so typisches Lebensrecht, das den Gegensatz von allgemeinem Gesetzesrecht und auf den Einzelfall zugeschnittenem Präjudizialrecht überwindet."

[54] Bei *Esser*, Grundsatz und Norm S. 152, „muß", was ich jedoch für zu weit gehend halte.

[55] *Wieacker*, Präzisierung S. 53.

[56] RGZ 82, 50 (54); 86, 334 (335); Schrifttumsnachweise bei *Roquette*, Mietrecht § 554 Anm. 3.

[57] Eingefügt in das MSchG vom 1. 6. 1923 (RGBl. I 353) durch Novelle vom 13. 2. 1928 (RGBl. I S. 17).

§ 242 entwickelten Grundsatz Rechnung getragen werden[58]. Gleichzeitig wurde für die *Wohnraummiete*, um hier besonders unerwünschtem Streit vorzubeugen, der wertausfüllungsbedürftige Begriff des „nicht unerheblichen" Teils in einen geschlossenen Begriff verwandelt: In diesem Fall „ist der rückständige Teil des Mietzinses nur dann als nicht unerheblich anzusehen, wenn er den Mietzins für einen Monat übersteigt" (§ 554 Abs. 2 Nr. 1 BGB).

Das Beispiel ist auch insoweit lehrreich, als es das Wechselspiel von Auflockerung und Verfestigung veranschaulicht: Die ursprünglich begriffliche Regel („Teil des Mietzinses") wird im Wege einer teleologischen Reduktion, die einen wertausfüllungsbedürftigen Begriff verwendet, aufgebrochen („nicht unerheblicher Teil des Mietzinses"), sodann für einen Teilbereich neu verfestigt („als nicht unerheblich ist anzusehen"). Auch in der Auflockerung wiederholt sich also der über offene Wertung zur begrifflichen Fixierung führende Prozeß. Daß dieser Prozeß vielfach mit dem Aufbrechen von Klassen beginnt, ist angesichts der begrifflichen Tradition des BGB nicht verwunderlich. Dabei handelt es sich jedoch um eine historische Besonderheit, nicht um eine allgemeingültige Gesetzmäßigkeit: „Zweifellos kann man nicht" meint *Esser*, das ius strictum „schlechthin als archaische Form der Rechtssatzbildung bezeichnen, und ebensowenig ist die Bildung normativer Tatbestände, die mechanisch-logisch ‚angewandt' werden können, für die alten Rechte charakteristisch; im Gegenteil, das notative Element faktischer Würdigung steht im Vordergrund"[59].

b) Mit der Erwähnung von *Essers* Werk über „Grundsatz und Norm in der richterlichen Fortbildung des Privatrechts"[60] ist das Stichwort für einen weiteren hier zu untersuchenden Komplex gegeben. *Esser* geht es darum, die zentrale Bedeutung von *Prinzipien* für die Rechtsfindung im Bereich des case law wie des codified law darzulegen. „Rechtsfindung" ist ihm dabei ein die Schwierigkeiten der überkommenen Rechtsquellenlehre gütig verbergender[61] Ausdruck für einen Prozeß tatsächlicher richterlicher Rechts*bildung*[62]: die „Wertungsmaßstäbe für bisher unbekannte oder unerkannte Aufgaben"[63] lassen sich nicht lediglich deklaratorisch aus dem Gesetz interpolieren, sondern sind erst konstitutiv zu gewinnen[64]. Da wir es also auch im codified law insoweit mit der Entwicklung neuer Wertungen, mit Rechts*werdung* zu tun haben,

---

[58] Vgl. *Roquette*, NJW 64, 378.
[59] *Esser*, Grundsatz und Norm S. 93.
[60] 2. Auflage Tübingen 1964.
[61] *Esser*, Grundsatz und Norm S. 120.
[62] *Esser*, Grundsatz und Norm S. 244 u. ö.; s. a. *ders.*, Vorverständnis S. 56 ff.
[63] *Esser*, Grundsatz und Norm S. 4.
[64] *Esser*, Grundsatz und Norm S. 2, 4, 10, 164 u. ö., insbes. der gesamte Teil IV; vgl. auch *Canaris*, Lückenfeststellung S. 97 ff.

können wir *Essers* auf einer „Beobachtung des realen Vorgangs aktueller Rechtsbildung“[65] beruhendes Werk darauf befragen, ob derartige Prinzipien ursprünglich begriffslogisch gebildet werden, d. h. ob der vom Prinzip gewertete Objektsbereich klassenlogisch bestimmt wird (unten aa), oder ob auch der Denkform der Prinzipien nur von einem durch unsere obige Reihenbildung gekennzeichneten Ansatz her näher zu kommen ist (unten bb).

aa) *Esser* betont immer wieder, daß Prinzipien „ursprünglich ‚offen‘ erfunden werden“[66], daher „keine deduktiv auswertbare Eigenbedeutung (haben), die sie befähigt, eine Rechtsbildung derart zu beherrschen, daß die Kasuistik bloßes Produkt folgerichtiger Prinzipienanwendung wäre“[67]. Vielmehr „ist der Gerechtigkeitsgehalt des Prinzips noch nicht durch dogmatische Begriffsbildung in juristisch-axiomatisches Denken übertragen“[68]; die Wertungsfragen seien noch „durch keinerlei logische Fixierung beengt“[69]. „Die Formulierung des Prinzips“ bedeute „ein Spätstadium“[70]; dabei hätten sich allerdings „im modernen Kodifikationsdenken eine Menge von ursprünglich ‚offen‘ erfundenen Prinzipien an unseren Begriffsapparat völlig assimiliert“[71], der „Rechtsgedanke“ sei „begrifflich ‚eingeklammert‘“[72]. Nunmehr beginne der heute vielfach im Vordergrund des Interesses stehende gegenläufige Prozeß: „Prinzipien ... kontrollieren die scheinbar mechanisch-logische Gesetzesanwendung und Begriffsarbeit. In dem Maße, wie diese vom ‚gesunden‘ Rechtsgefühl abzweigt, werden die Prinzipien reif zur selbständigen neuen Normbildung und technischen Anerkennung[73].“ Der wertungsmäßige Vorrang des „offenen“ Prinzips vor der begrifflichen Verfestigung in der Darstellung von *Esser* dürfte offenbar sein.

bb) Damit bleibt aber die Frage, wie diese „Offenheit“ logisch zu kennzeichnen ist, denn aus der bloßen Verneinung der begrifflichen Qualität der Prinzipien kann nicht auf eine bestimmte andere, etwa typologische, Denkform geschlossen werden. Eine ausdrückliche Klärung dieser Frage findet sich bei *Esser* nicht. Er behandelt das Problem der Denkformen von Prinzipien nur in den Kategorien axiomatischen oder problematischen Denkens, ordnet dem axiomatischen Denken dabei den Begriff im techn. Sinn, dem problematischen Denken aber keine eigene Denkform zu.

---

[65] *Esser*, Grundsatz und Norm S. 14.
[66] *Esser*, Grundsatz und Norm S. 47, 80 u. ö.
[67] *Esser*, Grundsatz und Norm S. 267.
[68] *Esser*, Grundsatz und Norm S. 101.
[69] *Esser*, Grundsatz und Norm S. 101.
[70] *Esser*, Grundsatz und Norm S. 267.
[71] *Esser*, Grundsatz und Norm S. 80.
[72] *Esser*, Grundsatz und Norm S. 57.
[73] *Esser*, Grundsatz und Norm S. 53.

Wir werden nicht erwarten können, daß eine einzige bestimmte Denkform (etwa: „des typologischen Denkens") alle in Abstraktionshöhe und Grad der Verfestigung[74] so verschiedenen[75] Prinzipien in sich aufzunehmen vermag. Sollen diese Abstufungen nicht unterschlagen, sondern gerade als Charakteristikum erfaßt werden, so verbietet sich in der Frage der Denkform jede Einheitslösung. Als Erklärungsversuch bietet sich die anhand der Konkretisierungsschichten wertausfüllungsbedürftiger Generalklauseln soeben explizierte Reihe an[76], die vom „Wert" über eine sich typologischem Denken nähernde beispielhafte Verdeutlichung von Rechtsgedanken zu typologischer Fallgruppenbildung und schließlich zum begrifflich gefaßten Tatbestand führt: Je nach dem Grad der Trennung von Tatbestand und Rechtsfolge und, damit verbunden, je nach dem Grad der Präzisierung des vom Prinzip getroffenen Fallbereichs können Prinzipien auf allen „Stufen" unterhalb des Wertes einzuordnen sein; die praktisch bedeutsamsten und logisch vor allem interessierenden „offenen" Prinzipien sind durch eine sich typologischem Denken nähernde Verdeutlichung von Fallbereich und Wertgehalt, bzw. bei weiter gehender „Verfestigung" durch eine typologische Tatbestandsbildung gekennzeichnet. Bemerkenswert ist, daß in diesem Zusammenhang bei *Esser* selbst häufig, wenn auch ohne methodologische Klarstellungen, der terminus „Typus" auftaucht: „Das Prinzip ist nur Formel für eine Reihe von typisch zutreffenden Gesichtspunkten. Bei atypischen Fällen ... kann die Lösung geradezu konträr ausfallen[77]." „Die Kasuistik ... gebiert den Falltypus und sein ‚principle', noch ehe dieses in regula oder Parömie ‚abstrakten' Ausdruck findet[78]." Alle „prinzipiellen" Formulierungen „zeigen soviel Abwandlungen, wie die typischen Lebensprobleme es mit wachsender Kasuistik erzwingen. Die von dieser modellierte konstruktive Figur aber ist, bei aller dogmatischen Verbindlichkeit, doch eben nur Typus, also Instrument zur Lösung — nicht Maßstab"[79].

Für eine solche Einordnung der Denkform der Prinzipien in eine vom Wert über typologisches zu begrifflichem Denken führende Reihe spricht auch die Auffassung von *Canaris*[80], das Prinzip halte „gegenüber

---

[74] Vgl. hierzu vor allem die Unterscheidung von „offenen" und „rechtsatzförmigen" Prinzipien bei *Larenz*, Methodenlehre S. 465 f. m. w. N., sowie *Canaris*, Systemdenken S. 48 f., 58.

[75] Den „Versuch einer Klassifikation und Typenbestimmung der Prinzipien im Recht" unternimmt *Esser*, Grundsatz und Norm S. 87 ff.

[76] Die insofern bereits Aussagen zum Thema „Prinzipien" enthält, als zwischen der Verdeutlichung eines Wertes in Rechtsgedanken einerseits, Prinzipien anderseits häufig nicht geschieden wird und werden kann.

[77] *Esser*, Grundsatz und Norm S. 267.

[78] *Esser*, Grundsatz und Norm S. 293.

[79] *Esser*, Grundsatz und Norm S. 273.

[80] Alle Zitate: *Canaris*, Systemdenken S. 51 f. sowie daselbst Anm. 147.

dem Wert einerseits und dem Begriff andererseits gerade die richtige Mitte[81]: jenem hat es voraus, daß es schon verfestigt genug ist, um bereits eine Aussage über die Rechtsfolge zu enthalten ..., diesem hat es voraus, daß es noch nicht verfestigt genug ist, um die Wertung zu verdecken.“ Einerseits sei „das Prinzip bereits eine Stufe weiter konkretisiert als der Wert“; anderseits unterscheide es sich vom Rechtssatz dadurch, „daß es regelmäßig noch nicht hinreichend konkretisiert ist, um eine Subsumtion zu erlauben“. Da es sich hierbei jedoch „nur um verschiedene Stufen eines in sich kontinuierlichen Konkretisierungsvorganges“ handle, sei sowohl „der Übergang vom Wert zum Prinzip“ wie „vom Prinzip zur Norm ... außerordentlich fließend“. Dem ist nur hinzuzufügen, daß ohne das Zwischenglied typologisch-tastender Tatbestandsbildung die genannten fließenden Übergänge von der Denkform her nicht verständlich werden, daß anderseits dieser typologische Übergang nicht nur zwischen Prinzip und Norm, sondern bereits innerhalb der Prinzipien selbst besteht: der Unterschied zwischen „offenen“ und „rechtssatzförmigen“ Prinzipien „ist als ein typologischer zu verstehen; die Grenzen sind also fließend“[82].

c) Weiteres Anschauungsmaterial für den Denkstil aktueller Rechtsbildung vermögen uns im Wege richterlicher Rechtsfortbildung und fortschreitender wissenschaftlicher Erkenntnis geschaffene dogmatische Neuschöpfungen zu bieten:

aa) Zu den Voraussetzungen einer Freistellung des Arbeitnehmers von Schadensersatzansprüchen aus *„gefahrbehafteter Tätigkeit“* hat der BGH[83] in einer die *abgestufte* Bedeutsamkeit der in Betracht kommenden Umstände betonenden Weise Stellung genommen[84]: „Je *größere* Gefahren die vom Arbeitgeber dem Arbeitnehmer übertragene Tätigkeit in sich birgt, *um so weitgehender* wird der Umfang der Gefahrtragung des Arbeitgebers sein.“ Habe der Arbeitnehmer beispielsweise Fahrten mit einem Kraftwagen zu besorgen, so „wird die *Größe* der übertragenen Gefahr von der *Art* des Kraftwagens und von dem *Ort* der auszuführenden Fahrten abhängig sein“. Außerdem könne „die mit der übertragenen Tätigkeit verbundene Gefahr ... *größer* sein, wenn es sich nur um eine ‚nebenberufliche‘ Tätigkeit handelt: die Fahrtätigkeit eines solchen Arbeitnehmers ist *noch mehr* als die des hauptberuflichen Kraftfahrers gefahrbehaftet. *Um so weiter* ist deshalb die Gefahrtragung des Arbeitgebers auszudehnen“. Nach Ausführungen dazu, daß

---

[81] Wie immer bei Zuordnungsfragen läßt sich auch hier nicht bestimmt entscheiden, ob die „Mitte“ zwischen Wert und Begriff „schon“ beim Prinzip — so *Canaris* — oder erst bei einer vom Wert geleiteten typologischen Umgrenzung eines Fallbereichs — so der Text — erreicht ist.

[82] *Larenz*, Methodenlehre S. 466.

[83] BGHZ 16, 111, 116 ff.

[84] Hervorhebungen von mir.

die Abwägung sich auch an der „*Höhe* des Lohnes" sowie „einer etwaigen Sondervergütung für die gefahrbehaftete Arbeit" zu orientieren habe, kommt der BGH zu den abgestuften Verschuldensformen und deren Bedeutung für den Umfang der Haftung: „Vorsätzliche Herbeiführung eines Schadens durch den Arbeitnehmer wird generell eine Beteiligung des Arbeitgebers an dem so verursachten Schaden unbegründet erscheinen lassen. Auch grobe Fahrlässigkeit des Arbeitnehmers wird *weitgehend* zu dessen Alleinhaftung führen. *Je geringer* die Schuld des Arbeitnehmers ist, *um so weniger* wird der bei Ausübung einer gefahrbehafteten Tätigkeit entstandene Schaden auf das Verschulden des Arbeitnehmers ... zurückzuführen sein." Aber: „Eine *feste* Abgrenzung dahin, daß leichte Fahrlässigkeit immer, oder Fahrlässigkeit, außer grober, niemals eine Haftung des Arbeitnehmers gegenüber dem Arbeitgeber *voll* ausschließen, läßt sich nicht geben." Einer solchen begrifflich-klassenlogischen Festsetzung stehe entgegen, „daß auch die anderen oben erörterten Umstände bei der Abwägung zu berücksichtigen sind", d. h. in unserer Terminologie: die Interdependenz typologischer Züge. Daß es sich um solche „Züge" und nicht um begriffliche Erfordernisse handelt, bringt der BGH nicht nur in den Einzelformulierungen, sondern auch generell in dem einleitenden Hinweis zum Ausdruck, daß die genannten Umstände lediglich „von Bedeutung sein *können*". Halten wir uns abschließend vor Augen, daß es bei der Lehre von der gefahrbehafteten Tätigkeit letztlich darum geht, die zum „typischen Betriebsrisiko" gehörenden Schadensfälle gesondert zu erfassen, um sie dem Unternehmer wirtschaftlich zuzurechnen, so können wir festhalten, daß diese noch ganz von der Wertung geleitete nähere Präzisierung der „tatbestandlichen Voraussetzungen" in typologischer Beschreibung ihren adäquaten Ausdruck findet.

bb) Ebenfalls um eine Risikozurechnung geht es bei der *Gefährdungshaftung*, ohne daß die tragenden Wertungen im einzelnen letztlich geklärt wären. Diesem Entwicklungsprozeß entspricht es, daß die Voraussetzungen einer Haftung häufig trotz gesetzlicher Haftungstatbestände nicht begrifflich festgelegt sind, sondern deren Tatbestandsmerkmale in typologischen, von den jeweils sich noch abklärenden Wertgesichtspunkten geleiteten Kennzeichnungen entwickelt werden. So legen weder Rechtsprechung noch Theorie durch begriffliche Merkmale fest, was unter einem (Tier-, Kraftfahrzeug-)„Halter" zu verstehen ist: das einzige „schlechthin wesentliche"[85] Merkmal des „eigenen Interesses" verweist in Wirklichkeit auf den als maßgeblich angesehenen Wertungsgedanken: „Der Tierhalter (soll) für den angerichteten Tierschaden verantwortlich sein, weil er ... um seines Interesses willen andere

---

[85] *Kreft* in RGRK Anm. 6 zu § 833.

Personen den von dem Tiere ausgehenden Gefahren aussetzt, und weil er währenddessen allein von dem Tier den Nutzen hat[86]." Dieser Gedanke hat zur Herausarbeitung einiger abstufbarer Züge wie *Einwirkungsmöglichkeit, nicht nur vorübergehende zeitliche, enge räumliche Beziehung* geführt; keinesfalls sind jedoch begriffliche Festlegungen der Art möglich, daß etwa stets Eigentum oder Besitz erforderlich seien, vielmehr kommt diesen Umständen lediglich „indizielle Bedeutung" zu[87]. Und wie wenn diese Kriterien dennoch schon zu selbständige Bedeutung erlangt hätten, stellt *Esser* noch ausdrücklich klar, daß „unter den genannten Voraussetzungen das Schwergewicht auf die wirtschaftliche oder interessenmäßige Zurechnung zu legen" ist[88], der Wertgesichtspunkt also die jeweilige Bedeutung der Indizien eingrenzt[89].

cc) Als letztes Beispiel für einen empirisch zu beobachtenden Rechtsbildungsprozeß seien die Vorschriften des Gesetzes erwähnt, die zwar nach dem Tatbestands/Rechtsfolge-Schema aufgebaut sind, in Wirklichkeit aber doch einen Wertgesichtspunkt nennen, unter dem die Tatbestandsbildung erst aufgegeben ist.

So erklärt § 6 des Abzahlungsgesetzes die Schutzvorschriften der §§ 1—5 AbzG für entsprechend anwendbar auf Verträge, „welche darauf abzielen, die Zwecke eines Abzahlungsgeschäfts (§ 1) in einer anderen Rechtsform ... zu erreichen". Welche Verträge hierunter fallen, ist damit nicht begrifflich bestimmt, die Tatbestandsbildung hat vielmehr erst unter dem in der Vorschrift zum Ausdruck gebrachten Wertgesichtspunkt zu erfolgen, daß der wirtschaftlich stärkere Verkäufer sich durch die Wahl einer abweichenden Rechtsform nicht den Wertungen des AbzG soll entziehen können. Aus der Fülle der Abgrenzungsprobleme sei die vom BGH jüngst[90] grundsätzlich erörterte Frage herausgegriffen, wie zwischen einem normalen Bankkreditgeschäft, das grundsätzlich den §§ 607 ff. BGB unterliegt, und einem „Finanzierungsdarlehen", auf das die Schutzvorschriften des AbzG entsprechend anzuwenden sind[91], unterschieden werden kann.

Der BGH nimmt zunächst den maßgeblichen Wertgesichtspunkt in der Formel auf, Voraussetzung der Anwendung des AbzG sei, „daß der Kaufvertrag und der Finanzierungsvertrag wirtschaftlich eine auf ein Ziel ausgerichtete Einheit bilden oder sich zu einer solchen Einheit

---

[86] RGZ 62, 79, 83.

[87] *Kreft* in RGRK Anm. 6 zu § 833.

[88] *Esser*, Schuldrecht, 2. Bd. S. 434.

[89] Ähnliches ließe sich zu der Begrenzung der Haftung auf „typische" Verwirklichungen der jeweiligen Gefahrenkreise sagen.

[90] BGHZ 47, 253: s. a. BGH NJW 70, 701.

[91] Zur Frage, ob § 6 AbzG insoweit weit ausgelegt oder analog angewendet wird, siehe *Marschall v. Bieberstein*, Abzahlungsgeschäft S. 128 ff., *Larenz*, Schuldrecht, Bd. 2 S. 96 einerseits, BGHZ 47, 253, 254 anderseits.

verbinden". Von hier aus entwickelt der BGH tatsächliche Kriterien, wobei der typologische, nicht begriffliche Charakter dieser Eingrenzung eines Fallbereichs sich schon in Wendungen wie „wird häufig deutlich machen", „kann von Bedeutung sein" etc. zeigt: „Die tatsächlichen Anzeichen mögen je nach dem Sachverhalt verschieden sein. So wird häufig schon die formularmäßige Ausgestaltung der Verträge, die Art des für sie üblichen Abschlusses den Zusammenhang deutlich machen. Auch die Berechnung der Zinsen und Kosten kann für die Unterscheidung ... von Bedeutung sein. Auf eine innere Bindung der Verträge aneinander ist auf Grund des verabredeten Zusammenwirkens aller drei Beteiligten ... oder der gegenseitigen Bezugnahme der Verträge aufeinander ... oder des eigenen Interesses des Kreditgebers und seiner Mitwirkung am Kaufvertrage ... geschlossen worden[92]." Der BGH verneint ausdrücklich, daß damit „die rechtlichen Voraussetzungen festgelegt" seien (im Sinne einer begrifflich-definitorischen Bedeutung dieser Kriterien), vielmehr sei der sich darin ausdrückende „innere Zusammenhang das Entscheidende". Darauf folgt die für typologisches Denken so bezeichnende Wendung, daß sich diese „innere Bindung" als das wesentliche Wertungskriterium einerseits „in tatsächlichen Umständen auch anderer Art als der beispielsweise erwähnten zeigen" könne, wie anderseits „aus dem Fehlen von Umständen, die in der Regel auf das Vorliegen eines finanzierten Abzahlungsgeschäftes hinweisen, nicht ohne weiteres geschlossen werden (kann), der erforderliche Zusammenhang zwischen Kauf und Kreditgewährung ... bestehe nicht", worauf einige Umstände genannt werden, die „zwar üblich, aber nicht erforderlich" seien. Wenn schließlich versucht wird, immerhin einige Mindesterfordernisse herauszustellen, so doch nicht ohne den Zusatz, daß eine endgültige begriffliche Fixierung damit nicht erstrebt sei, denn „eine abschließende Erörterung aller denkbaren Umstände und damit aller möglichen Kennzeichen, die für das Vorliegen eines einheitlichen, den Regeln des Abzahlungsgesetzes unterliegenden Geschäfts trotz Abschlusses zweier selbständiger Verträge ... sprechen könnten, erscheint zur Zeit nicht angebracht"[93].

Fassen wir zusammen: Der Rechtsbildungsprozeß kann weder einseitig als eine vom offenen Typus zum geschlossenen Begriff führende Entwicklung, noch umgekehrt als Fortgang vom „grob" wertenden Begriff zum „verfeinerten" Typus gesehen werden, sondern stellt sich als ein fluktuierender Prozeß dar. Typen werden häufig zu Begriffen verfestigt, die aber niemals eine endgültige Wertungsfixierung enthalten können, da eine sich verändernde Wirklichkeit, auf die Begriffe zielen, wie sich wandelnde Wertungen, die zumindest verdeckt in den Begriff

[92] BGHZ 47, 253, 255 f. mit Nachweisen.
[93] Vgl. auch unten §§ 13, 4 und 14, 4 b.

eingegangen sind, immer wieder Auflockerungen und Neuabgrenzungen erforderlich machen, für die ein offen wertender, häufig typologischer Denkstil charakteristisch ist. Der Typus ist die adäquate Denkform für eine von noch nicht abgeklärten Wertungen geleitete „tastende" Tatbestandsbildung, sei es, daß diese überlieferte Begriffe auflockert, sei es, daß sie Grundlage neuer begrifflicher Fixierungen ist. In diesem Sinne kann man typologischem Denken im Rechtsbildungsprozeß eine vorrangige Stellung zuerkennen, von einer Vorstufe der Begrifflichkeit sprechen.

Die herausgehobene Stellung des Typus im Rechtsbildungsprozeß läßt erwarten, daß typologischem Denken erhebliche Bedeutung auch für die *Gesetzgebung* zukommt, die in den bisherigen Erörterungen bewußt nur am Rande erwähnt wurde; hiermit ist ein sehr komplexer Fragenkreis angesprochen, dem ein eigener Abschnitt zu widmen ist.

Zweiter Teil

Typus und Begriff in ihrer Bedeutung für die Gesetzgebung

§ 7: Typen als Bezugspunkte der gesetzlichen Wertungen

1. „Die Rechtsregel, so wie deren Ausprägung im Gesetz, hat ihre tiefere Grundlage in der Anschauung des Rechtsinstituts" als des „Typus", unter dem jedes Rechtsverhältnis stehe, lesen wir bei *Savigny* im ersten Band des „Systems"[1]. Daher müsse „dem Gesetzgeber die vollständigste Anschauung des organischen Rechtsinstituts vorschweben", wenn er „durch einen künstlichen Prozeß aus dieser Totalanschauung die abstracte Vorschrift des Gesetzes" bilde[2]. Das Bild von dem dem Gesetzgeber „vorschwebenden Typus" bzw. den „typischen Fällen", die dieser „vor Augen" habe, hat sich seither in der Literatur erhalten: nach *Radbruch* „schweben dem Gesetzgeber, der ja weder die Gesamtheit aller Fälle überblicken noch sich mit der abstrakten Allgemeinheit unanschaulicher Denkschemata begnügen will, typische Einzelfälle vor, seien es die häufigsten oder die auffälligsten Fälle"[3], nach *Dahm* sind die (straf-)gesetzlichen Tatbestände „durch die Vorstellung eines dem Gesetz zugrunde liegenden Täterbildes", des „Tätertyps", geprägt[4], *Boehmer* läßt den Gesetzgeber „von einer ihm als typisch erscheinenden ... Situation" ausgehen[5], *Larenz* zufolge richtet der Gesetzgeber „seine Aufmerksamkeit naturgemäß hauptsächlich auf die von ihm als ‚typisch' angesehenen Fälle", die vom Gesetzgeber gefundenen Wertungen beziehen sich „in erster Linie" auf den „vom Gesetzgeber vorgestellten ‚Lebenstypus'"[6], nach *Schluep* gelangt der Gesetzgeber „durch Anschauung der Wirklichkeit und typenbildende Abstraktion zu einem Musterbild, an dem er sich bei der normtechnischen Ausbildung eines Instituts nach Möglichkeit hält"[7].

[1] *Savigny*, System, Bd. 1, S. 9.
[2] *Savigny*, System, Bd. 1, S. 44; vgl. auch das. S. 16.
[3] *Radbruch*, Klassenbegriffe S. 53, ähnlich *ders.*, Geist S. 10.
[4] *Dahm*, Deutsches Recht, 1951, S. 613 Anm. 2.
[5] *Boehmer*, Grundlagen II/2 S. 76.
[6] *Larenz*, Methodenlehre S. 223, 431; *ders.*, Ergänzende Vertragsauslegung S. 740.
[7] *Schluep*, Methodologische Bedeutung S. 14.

Die Zitate lassen sich beliebig vermehren[8], doch lohnt es nicht, der *Wort*verwendung weiter nachzugehen; vielmehr ist zu fragen, ob sich die in diesem Zusammenhang auffallend häufige Bezugnahme auf den Typus, das Typische auch von der *Denkform* her rechtfertigen läßt.

Nach den Ausführungen im vorangegangenen Kapitel muß es naheliegend erscheinen, daß auch in einem frühen Stadium der Entstehungsgeschichte eines Gesetzes der Regelungsgegenstand noch nicht streng nach begrifflich gefaßtem Tatbestand und zugeordneter Rechtsfolge getrennt ist, sondern sich erst in einem Prozeß wechselseitiger Erhellung näher herausbildet: Die Wertungen leiten noch ebenso die genauere Erfassung des Tatbestandes, wie dessen schärfer hervortretende Konturen die Bewertung zu beeinflussen vermögen. Die einzelnen für die Bewertung maßgeblichen Gesichtspunkte werden noch gesammelt, erörtert, sondiert, in ihrem jeweiligen Gewicht zu bestimmen gesucht; einzelne Merkmale werden u. U. als unerheblich erkannt und wieder ausgeschieden. Diese Offenheit des Regelungsgegenstandes läßt sich nicht begrifflich, sondern nur typologisch erfassen.

Der Sache nach ist auch das ältere Schrifttum so zu verstehen: Fragen wir im Lichte der Unterscheidung von Typus und Begriff nach der Denkform der „Rechtsinstitute" *Savignys*, so werden wir diese sicherlich eher typologischem als begrifflichem Denken zuzuweisen haben[9]. Dabei sei zur Klarstellung vorausgeschickt, daß wir untersuchen, ob die Rechtsinstitute i. S. *Savignys* begrifflich gefaßt sind, nicht, ob *Savigny* einen Begriff des Rechtsinstituts gibt: Letzteres ist ohne weiteres zu

---

[8] Vgl. etwa *Müller - Erzbach*, Relativität S. 30; *v. Tuhr*, Allg. Teil II/1, § 51 Anm. 23; *Heck*, Rechtsgewinnung S. 24 i. V. m. Begriffsbildung S. 63 f.; *Stoll*, Rechtsstaatsidee S. 152; *G. Husserl*, Recht und Zeit S. 27; *Esser*, Grundbegriffe S. 192, Grundsatz und Norm S. 155; *Arthur Kaufmann*, Analogie S. 38 f.; *Henkel*, Rechtsphilosophie S. 355; *Koller*, Grundfragen S. 56; *Canaris* ZHR 131, 276; *H. P. Westermann*, Typengesetzlichkeit S. 60, 100; *U. Huber*, Typenzwang S. 25; *Jørgensen*, Typologie S. 65; weitere Nachweise bei *Engisch*, Konkretisierung S. 282 Fn. 184.

[9] Die Frage ist, soweit ersichtlich, in der Literatur nicht erörert, doch dürfte in diesem Sinne *Larenz* zu verstehen sein, der *Savignys* Rechtsinstitut als „ein sich in der Zeit wandelndes, *sinnvolles Ganzes als typisch verstandener menschlicher Beziehungen*" (Hervorhebung von mir) interpretiert (Methodenlehre S. 12). Auch *Walter Wilhelm*, Zur juristischen Methodenlehre im 19. Jahrhundert, S. 48, verneint, daß es sich beim Rechtsinstitut nur um einen „abstrakten Inbegriff von Rechtsbestimmungen" handle; seine positive Bestimmung (a.a.O., S. 47 f.: „Die einzelnen Rechtssätze und Regeln ... schlossen sich in bestimmter Zahl ... zu höheren systematischen Einheiten zusammen, zu Rechtsinstituten") verkennt jedoch, daß die Rechtsinstitute bei *Savigny* den Rechtssätzen und Regeln vorausliegend gedacht werden. *Ludwig Raiser* beklagt (Rechtsschutz S. 148), daß der Rechtslehre nach *Savigny* das Gefühl dafür verlorengegangen sei, „daß das Recht in jedem Rechtsinstitut ein typisches Lebensverhältnis, ... also ein sinnhaftes, von menschlichem Leben erfülltes soziales Gebilde durch rechtliche Anerkennung zugleich wertet und dieser Wertung entsprechend ordnet"; dem liegt deutlich ein *typologisches* Institutsverständnis zugrunde.

verneinen, im ganzen „System" findet sich nirgends eine begriffliche Definition[10] — wie überhaupt *Savignys* Ziel weniger begrifflich scharfe Abgrenzung als vielmehr „lebendige Anschauung" war[11]. Gerade den *beschreibenden* Äußerungen zum Rechtsinstitut und zu einzelnen Rechtsinstituten[12] lassen sich aber wichtige Anhaltspunkte zur Stützung unserer These entnehmen: *Savigny* stellt in den Mittelpunkt seiner Erläuterungen die „organische Natur" des Rechtsinstituts, die sich „sowohl in dem lebendigen Zusammenhang der Bestandteile, als in seiner fortschreitenden Entwicklung" zeige[13]. Beide Momente lassen sich im *Begriff* nicht erfassen, typologisches Denken dagegen vermag sowohl die ganzheitliche Aufeinanderbezogenheit der Teile wie die mangelnde Abgeschlossenheit zu irgendeinem Zeitpunkt darzustellen. Von einer Sicht des Rechtsinstituts als Begriff her ist weiterhin nicht verständlich, warum bei der Normierung ein „Mißverhältnis" entstehen müsse „zwischen dem Gesetz und dem Rechtsinstitut, dessen organische Natur in jener abstrakten Form unmöglich erschöpft werden kann"[14]. Der Begriff läßt sich durch Angabe der ihn konstituierenden Merkmale grundsätzlich „ohne Rest" definieren, der Typus dagegen läßt sich durch eine Summe auf ihn bezogener abstrakter Sätze immer nur annähernd treffen. Schließlich enthält das Rechtsinstitut bei *Savigny* eine Sinnfülle[15], wie sie bei Begriffen hoher und höchster Abstraktionsstufe nicht gegeben sein kann: *Savigny* spricht davon, daß das Rechts*verhältnis* vom Rechts*institut* „beherrscht" werde[16], was kein bloß logisches Über- und Unterordnungsverhältnis kennzeichnen soll, sondern im nächsten Satz dahin erläutert wird, daß die Subsumtion[17] des Rechtsverhältnisses unter das Rechtsinstitut[18] der im Urteil vollzogenen Subsumtion des Rechtsverhältnisses unter eine Rechtsregel erst „Wahrheit und Leben" zu verleihen vermöge[19]. In die Terminologie

---

[10] „In *Savignys* Rechtslehre hat das Institut als technischer Begriff keine deutliche Prägung erhalten", stellt *W. Wilhelm*, a.a.O., S. 47 zutreffend fest.

[11] Vgl. *Zwilgmeyer*, Die Rechtslehre *Savignys*, S. 13 Fn. 2 m. w. N.

[12] Die konkreten Beispiele sind bei *Savigny* allerdings verwirrend; vgl. System S. 10, wo *Savigny* vom Rechts*institut* des Forderungsübergangs, S. 334 dagegen vom Rechts*verhältnis* der Ehe spricht. Zur Übertragung des organischen Institutsgedankens auf rein rechtstechnische Begriffe *W. Wilhelm*, a.a.O., S. 53 ff., 68 f.

[13] *Savigny*, System Bd. 1 S. 9.

[14] *Savigny*, System Bd. 1 S. 44.

[15] *Wieacker* deutet, Privatrechtsgeschichte S. 398, das Rechtsinstitut als „methodische Figur zur Herstellung des übergreifenden Sinnzusammenhangs der Rechtsordnung".

[16] *Savigny*, System Bd. 1, S. 9.

[17] Heute wäre von Zuordnung zu sprechen.

[18] Als dem „Urbild" (*Savigny*, a.a.O., S. 291) der jeweiligen Rechtsverhältnisse.

[19] Bei *F. J. Stahl*, auf den *Savignys* Lehre von den Rechtsinstituten wohl zurückgeht (hierzu *Zwilgmeyer*, a.a.O., S. 13 f., *W. Wilhelm*, a.a.O., S. 49 Fn. 128, *Gmür*, Savigny und die Entwicklung der Rechtswissenschaft S. 14)

dieser Arbeit übersetzt: Die Subsumtion des Rechtsverhältnisses unter das Gesetz liefert die formale Begründung des Urteils, erst die typologische Zuordnung des Rechtsverhältnisses zu dem dem Gesetz zugrunde liegenden sinnhaften Typus macht den Wertungszusammenhang einsichtig.

Was unter der „typischen Fallgestaltung", dem „Leitbild", das dem Gesetzgeber bei seiner Arbeit vorschwebt, zu verstehen ist, erläutert — ebenfalls ohne Kenntnis der „technischen" Typologik, aber doch ganz in deren Methode[20] — *Gustav Rümelin* in seiner 1905 erschienenen Schrift zu „Dienstvertrag und Werkvertrag"[21]: „Der Gesetzgeber *hat nicht abstrakte Arbeitsverträge vor Augen,* die nur dadurch charakterisiert sind, daß Arbeit gegen Entgelt versprochen ist, und die sich nur dadurch unterscheiden, daß in dem einen Fall durch Versprechen des Resultats die Gefahr übernommen ist, in dem anderen nicht, sondern er denkt sich die Tatbestände, an die er seine Rechtssätze anknüpft, *konkreter ausgestaltet;* er denkt z. B. auf der einen Seite an den Unternehmer, der die Herstellung eines umfangreichen komplizierten Werks in bestimmter Zeit versprochen hat, ohne sich selbst zu persönlicher Arbeit zu verpflichten, dem ein nach Zeitlohn bezahlter, in die häusliche Gemeinschaft aufgenommener Arbeiter, der Arbeitsraum und Werkzeuge vom Arbeitgeber erhält und der unter der Leitung des letzteren zu arbeiten hat, gegenübergestellt wird. Für *diese etwas reicher ausgestalteten Tatbestände,* deren Zusammensetzung während der gesetzgeberischen Tätigkeit auch etwas variieren mag, werden dann Rechtssätze aufgestellt..." Man kann wohl kaum zögern, hierin die Beschreibung von *Typen* zu sehen, die *G. Rümelin* als eigentliche Bezugspunkte der gesetzlichen Regelung von Dienstvertrag und Werkvertrag ansieht.

Aus der Gesetzgebungsarbeit der jüngsten Zeit, nämlich dem neuen Nichtehelichenrecht, läßt sich schließlich ein Beleg dafür anführen, daß die an der Ausarbeitung eines Gesetzesentwurfs maßgeblich beteiligten Referenten sich ausdrücklich auf eine typologische Methode berufen. Gegenüber dem Vorwurf, die dem Entwurf zugrunde gelegten typischen Unterschiede in der Lage eines ehelichen bzw. unehelichen Kindes[22] „seien ‚nur bei oberflächlicher Betrachtung typisch'[23], da sie nicht

---

lesen wir (Philosophie des Rechts, II, S. 166): „Es soll nicht unter Rechtssätze, unter ruhende abgeschlossene Merkmale subsummiert werden, sondern unter Rechtsinstitute: an dem Trieb in ihnen und den Wirkungen, die er schon erzeugt hat, muß der streitige Fall gemessen werden."

[20] Vgl. die typologische Beschreibung von Dienst- und Werkvertrag bei *Larenz,* Methodenlehre S. 442 f., sowie unten § 14, 1.

[21] *G. Rümelin,* Dienstvertrag S. 312; Hervorhebungen von mir.

[22] Siehe hierzu *Jansen - Knöpfel,* Das neue Unehelichengesetz, Frankfurt/Main 1967, S. 75 f. Der typologische Charakter der (lesenswerten!)

auf alle unehelichen Kinder, anderseits aber auch auf viele eheliche Kinder zuträfen", verteidigen sich *Jansen - Knöpfel*[24]: „Diese Begründung ist ein Widerspruch in sich selbst. Es liegt gerade im *Begriff des Typus*, daß mehr oder weniger viele Ausnahmen vorhanden sind. Da das Leben vielgestaltig ist und das Gesetz nicht jeden Einzelfall gesondert erfassen kann, bleibt nichts anderes übrig, als auf *besonders häufig anzutreffende charakteristische* Merkmale abzustellen." Hauptaufgabe der Reform müsse daher sein, „die *typischen Gefahren und Nachteile*, die sich für das Kind aus seiner Unehelichkeit ergeben, von ihm abzuwenden. Eine Sonderregelung für das uneheliche Kind ist in dem Umfange nötig, als das Ehelichenrecht *auf diese typischen Gefahren und Nachteile nicht zugeschnitten* ist und ihnen nicht wirksam begegnen kann"[25].

2. Kommt somit der Typenbildung für die Entstehung einer Rechtsnorm große Bedeutung zu, so stellt sich das Problem einer *näheren Kennzeichnung* dieser dem Gesetz zugrunde liegenden Typen, und zwar vor allem im Hinblick auf die Unterscheidung von empirischen und normativen Typen[26]. Dabei bezeichne ich als *empirische* Typen solche, die unter empirischen (z. B. soziologischen, statistischen) Aspekten gebildet werden und auf eine möglichst wirklichkeits-adäquate Erfassung der in der Realität vorkommenden Erscheinungen ausgerichtet sind, als *normative* Typen solche, die auch da, wo sie auf Wirklichkeit zielen, diese doch bereits unter spezifisch rechtlichen Gesichtspunkten erfassen. Normative Typen geben weniger wieder, was ist, als, was als sein sollend (oder nicht sein sollend) gedacht wird: wesentlich ist ihnen ein rechtlicher Wertungsgesichtspunkt als konstitutives Element[27].

Im Schrifttum überwiegen die Darstellungen, daß auf dem Weg über das Bild, das sich der Gesetzgeber von der zu regelnden Materie macht, unmittelbar die Typen der Lebenswirklichkeit in das Gesetz eingehen. So meint *Dahm*[28], daß die Straftatbestände „durch die Vorstellung eines dem Gesetz zugrunde liegenden, *der Lebenswirklichkeit entnom-*

Gegenüberstellung zeigt sich schon äußerlich in der Vielzahl von Adverbien wie „häufig", „nicht selten", „in den meisten Fällen", „in vielen Fällen", „vielfach", „mitunter" etc.

[23] So die Kritik von *Neuhaus*, FamRZ 66, 528.

[24] a.a.O., S. 76; Bearbeiter *Knöpfel*.

[25] Auch das Bundesverfassungsgericht hat immer wieder betont, daß der Gesetzgeber „gezwungen aber auch berechtigt" sei, von dem „Gesamtbild" auszugehen, das sich als „Regelfall" bietet; vgl. BVerfGE 11, 105 (122); 11, 245 (254); 17, 1 (23 f.); 18, 315 (340); 21, 245 (259); 22, 156 (161).

[26] Hierzu insbes. *Engisch*, Konkretisierung S. 275 ff.; *Larenz*, Methodenlehre S. 433 ff.

[27] Vgl. die ähnliche Unterscheidung von „faktischen" und „normativen" Institutionsbegriffen bei *Rüthers*, Institutionelles Rechtsdenken S. 34 ff.

[28] *Dahm*, Deutsches Recht, 1951, S. 613 Anm. 2.

menen[29] Täterbildes geprägt" seien. *Larenz* sagt an der bereits angeführten Stelle[30], daß sich die vom Gesetzgeber gefundenen Wertungen „in erster Linie" auf den „vom Gesetzgeber vorgestellten *Lebenstypus*" beziehen, weshalb bei der Rechtsfindung „immer wieder auf den hinter dem gesetzlichen Typus[31] stehenden ‚*Lebenstypus*' zurückzugehen sei"[32]. *Strache*[33] hält es für notwendig, „daß *vorrechtliche, im Sozialleben verwirklichte Normaltypen*[34] in Rechtsregeln tatbestandsmäßig fixiert, d. h. aus Typen in begrifflich-abstrakt gefaßte Normen umgeformt werden" bzw. „in ihrer ursprünglichen typologischen Struktur, als rechtliche Standards, Teil der Rechtsordnung werden"[35].

Daneben finden sich jedoch gewichtige Hinweise darauf, daß die der Lebenswirklichkeit entnommenen und die dem Gesetz zugrunde gelegten Typen keineswegs identisch sind. *Larenz* selbst sagt an anderer Stelle[36], daß die dem „Vertragstypus, wie er im Gesetz erscheint, ... innewohnende Beziehung auf die Realität in etwa gelockert" sei, da er „gleichsam durch den Filter des Gesetzes hindurchgegangen, sublimiert" sei; generell seien „die soziologischen und die rechtlichen Typen nicht miteinander identisch"[37], „sie ‚entsprechen" einander nur"[38]. Mit besonderem Nachdruck betont *Koller*, daß die der abstrakt-begrifflichen Regelung des Gesetzes zugrunde liegenden Leitbilder, als „*gesetzliche Typen*" von „den faktischen (Typen) der Rechtspraxis wohl zu unterscheiden sind"[39].

Die letztgenannten Untersuchungen von *Larenz* und *Koller* sollten klargestellt haben, daß unter der Bezeichnung des „dem Gesetz zu-

---

[29] Hervorhebung von mir. *Dahm* spricht ausdrücklich von „kriminologischen Tätertypen".

[30] *Larenz*, Ergänzende Vertragsauslegung S. 740.

[31] Gemeint sind die „geschlossenen" Typen der im Gesetz geregelten Verträge; dazu oben § 5 bei Anm. 54 f. und unten S. 119.

[32] *Larenz*, Schuldrecht, Bd. 2 S. 2; von dem „dem Gesetz zugrunde liegenden ‚*Lebenstypus*'" spricht auch *Canaris*, Lückenfeststellung S. 54.

[33] *Strache*, Standards S. 66.

[34] Hervorhebung von mir.

[35] Ähnlich *E. E. Hirsch*, Ordnungsgefüge S. 161 ff., 324, der die Vertragstypen des BGB ausdrücklich als „Beispiele für empirische Normaltypen" nennt, weil sie „dem üblichen Sachverhalt des sozialen Lebens nachgezeichnet" seien. Unmittelbar im Anschluß hieran behauptet *Hirsch* jedoch, daß „die Typen des Bürgerlichen Gesetzbuchs mehr der Dogmatik der Pandektenwissenschaft als den in den letzten Jahrzehnten des 19. Jahrhunders feststellbaren üblichen Sachverhalten des Soziallebens nachgezeichnet" seien (S. 163). Allein der — zutreffende — Hinweis auf die Bedeutung der pandektistischen Dogmatik schließt m. E. aus, daß empirische Typen unmittelbar in das BGB Eingang gefunden haben. Näheres unten § 11, 2.

[36] *Larenz*, Methodenlehre S. 431; hieran anschließend *Mengiardi*, Strukturprobleme S. 102 Anm. 11.

[37] *Larenz*, Methodenlehre S. 437.

[38] *Larenz*, Methodenlehre S. 439.

[39] *Koller*, Grundfragen S. 54, 56.

grunde liegenden Typus" vielfach zwei durchaus verschiedene Typenbildungen zusammengefaßt werden:

a) Der Gesetzgeber, der eine bestimmte Materie zu regeln unternimmt, muß sich zunächst ein Bild von der zu regelnden Lebenswirklichkeit machen. Hierbei bieten *empirische Typen,* insbes. Häufigkeits- und Durchschnittstypen, die erforderliche Orientierungshilfe. „Typisierung des im Einzelnen unübersehbar Vielfältigen ist die gegebene Methode bei der Übersicht und Ordnung der (dem Gesetzgeber) aufgegebenen Regelungsmaterie[40]."

b) In den seltensten Fällen aber gehen diese empirischen Typen unmittelbar in das Gesetz ein; regelmäßig erfahren sie eine Umformung unter spezifisch rechtlichen Gesichtspunkten. Denn es ist nicht so sehr Aufgabe des Gesetzes, Wirklichkeit genau zu *beschreiben,* als vielmehr, diese gerecht zu *regeln,* zu *gestalten*[41]. „Für die Rechtsschöpfung sind maßgebend Vorstellungen über die sozialen Zustände, wie sie sind und wie sie sein sollen. Der Gesetzgeber beobachtet das Gemeinschaftsleben, jedoch nicht, um es zu beschreiben, sondern um es zu beurteilen[42]." Ein erstes Moment der Beurteilung und Regelung kann dabei schon in der Art und Weise der Erfassung der Wirklichkeit liegen, darin etwa, was bewußt überbetont wird oder unberücksichtigt bleibt. Die von *Engisch*[43] zweifelnd vorgetragene Überlegung, „nicht das, was typischer Weise geschieht, sondern was als typisch geschehend vorausgesetzt und erwartet wird, sei der innere Maßstab für den Normgehalt", wobei *Engisch* eine derartige Typenbildung ausdrücklich „normativ" nennt[44], scheint mir für den als Wertungsbezugspunkt dem Gesetz zugrunde liegenden Typus durchaus das richtige zu treffen. Für die Typenbildung des Gesetzes gilt damit nur das gleiche, was uns von den wertausfüllungsbedürftigen Generalklauseln und -begriffen bereits bekannt ist: Diese enthalten, entsprechend ihrer „doppelten Hinweisfunktion"[45], neben einem faktischen grundsätzlich ein normatives Element; daher kann auch in der Konkretisierung der „*guten* Sitte", der „*erforderlichen* Sorgfalt", des „*wichtigen* Grundes" die Typenbildung nicht rein empirisch erfolgen, sondern verlangt nach einer zwar an der Empirie orientierten, diese aber doch unter Wertmaßstäben beurteilenden Tatbestandsbildung. Ganz entsprechend kann auch bei der Tatbestandsbildung des Gesetzes, die nur eine fortgeschrittene Stufe desselben Prozesses darstellt[46], nicht die nackte Faktizität, sondern nur eine nor-

[40] *Henkel,* Rechtsphilosophie S. 354; s. a. *Koller,* Grundfragen S. 78 ff.

[41] Vgl. *Badura,* Das Recht als gesellschaftliches Gestaltungsmittel, pass.

[42] *Stoll,* Begriff S. 78; ähnlich *Jesch,* Unbestimmter Rechtsbegriff S. 181.

[43] *Engisch,* Konkretisierung S. 283.

[44] *Engisch,* Konkretisierung S. 284; dieselbe Terminologie bei *Arthur Kaufmann,* Analogie S. 38.

[45] *Larenz,* Methodenlehre S. 264.

[46] Vgl. *Canaris,* Systemdenken S. 51 Fn. 147, und oben § 5, 3.

mativ überhöhte Empirie wertungsmäßiger Bezugspunkt der Norm sein. Der den Wertungen des Gesetzes zugrunde liegende Typus ist daher ein *normativer Typus* im oben gekennzeichneten Sinn[47].

3. Die Redeweise von dem dem Gesetz zugrunde liegenden Typus besagt aber noch ein weiteres. Sieht man genauer zu, so dürfte der Ton sogar weniger auf dem gerade erörterten Aspekt der wertungsmäßigen Bezogenheit des Gesetzes auf einen (empirischen oder, wie ich meine, normativen) *Typus* im techn. Sinn, als vielmehr darauf liegen, daß das Gesetz gegenüber den genannten Typen etwas durchaus *Eigenständiges* darstellt.

Ein Typus liegt dem Gesetz (nur) zugrunde, das soll heißen: der Typus ist nicht selbst Gesetz geworden — mögen die Wertungen des Gesetzes auch in einem typologischen Verfahren gefunden worden sein, die normativ verbindliche Fassung des so entstandenen Gesetzes ist grundsätzlich begriffslogisch. Hinter dieser Auffassung steht entweder die verbreitete Ansicht, daß dem Gesetzgeber als Mittel der Rechtssetzung nur der abstrakt-allgemeine *Begriff* zur Verfügung stehe[48], oder — bei Anerkennung von Begriff *und* Typus als unterschiedlicher Denkformen — daß doch die besonderen Aufgaben des Gesetzes eine begriffliche, nicht typologische Fassung des Gesetzes erfordern.

Die Konsequenz dieser Auffassung für die *Rechtsanwendung* muß sein, daß dem Richter die Aufgabe „der *Subsumtion* der Fallmerkmale unter die *begrifflichen* Typenmerkmale des Gesetzes“[49], nicht aber die der Zuordnung des konkreten Falles zu dem dem Gesetz zugrunde liegenden Typus zukommt: Der Typus könnte nur denkpsychologische, nicht aber methodologische Bedeutung haben[50]. Gerade diese Folgerung wird aber regelmäßig nicht gezogen, vielmehr wird dem Typus eine hervorragende methodologische Verbindlichkeit zugesprochen: Der Anwendungsbereich der Gesetzesbegriffe soll gemäß dem zugrunde liegenden Typus zu bestimmen sein. Der hierin liegende doppelte Sprung vom Typus zum Begriff und wieder zurück zum Typus ist besonders deutlich bei *Arthur Kaufmann*[51]: *Kaufmann* nennt zunächst den Typus „dasjenige, was aller Gesetzgebung und Rechtsgestaltung vorgegeben ist“, so daß es „des Gesetzgebers Aufgabe“ sei, „Typen zu beschreiben“. „Beim Aufbau des Gesetzes“ seien aber „die abstrakten Begriffe von

---

[47] So vor allem *Koller*, Grundfragen S. 87 („Ob der Anknüpfung am Leben ist der *wertende Charakter der Typenbildung* nicht zu übersehen“). *H. J. Wolff*, Typen S. 202, stellt „empirische“ und „bereinigte“ Typen nebeneinander, wobei die „Bereinigung“ doch wohl nur unter dogmatisch-normativen Aspekten erfolgen kann.

[48] Vgl. *Henkel*, Rechtsphilosophie S. 355.

[49] *Henkel*, Rechtsphilosophie S. 355; Hervorhebungen von mir.

[50] Vgl. *H. J. Wolff*, Typen S. 200.

[51] *Arthur Kaufmann*, Analogie S. 38 ff.

großer Wichtigkeit, denn sie geben ihm die Form und verbürgen die Rechtssicherheit"; als „Ziel der Gesetzgebung" bezeichnet *Kaufmann* darum „die restlose Verbegrifflichung der Typen". Da dieses Ziel aber „unerreichbar" sei, müsse „bei der konkreten Rechtsfindung immer wieder auf die vom Gesetz gemeinten Typen ... zurückgegriffen werden", insbesondere bestehe das Wesen der teleologischen Interpretation darin, „daß sie nicht mit den abstrakt definierten Gesetzesbegriffen, sondern mit den dahinter stehenden Typen arbeitet".

Diese, Begrifflichkeit des Gesetzes gleichzeitig fordernde und durchbrechende, Gedankenführung muß Bedenken erwecken. Wenn die Verbegrifflichung der Typen um besonderer Ziele des gesetzten Rechts willen notwendig ist, so ist nicht einzusehen, warum die Rechtsanwendung dennoch den Begriff nicht „beim Wort" zu nehmen hat, sondern den Anwendungsbereich des Gesetzes dessenungeachtet typologisch bestimmen soll. Wir haben uns diesem Problemkreis daher näher zuzuwenden und vor allem folgende Fragen zu klären: Müssen die typologisch orientierten Wertungen des Gesetzes notwendig in begriffslogischer Form in das Gesetz eingehen? Oder besteht auch die Möglichkeit, daß Typen in das Gesetz selbst eingehen, das Gesetz also statt mit begrifflichen Definitionen mit Typenbeschreibungen arbeitet (unten § 8)? Sollten sich dabei sowohl die Begriffslogik wie die Typologik als *grundsätzlich* geeignete Verfahren der Gesetzgebung erweisen, so ist weiter zu fragen, welche Gesichtspunkte *im besonderen Fall* dafür sprechen können, daß eine typologisch gefundene gesetzliche Wertung in Klassenlogik „übersetzt" wird (unten § 9).

§ 8: Zur Möglichkeit einer typologischen Tatbestandsfassung

Die Bedenken, die gegen die Eignung von Typen für die Tatbestandsbildung des Gesetzes erhoben werden können, betreffen die *logischen* wie die *sprachlichen* Eigenheiten des Typus.

1. Zur Problematik der Denkform des Typus:

a) Ein erster Einwand kann sich aus der „Mittelstellung des Typus zum Konkreten hin"[1] einerseits, dem Erfordernis der *Allgemeinheit des Gesetzes* anderseits ergeben. Die Allgemeinheit des Gesetzes soll die Verwirklichung des Gerechtigkeitspostulats, Gleiches gleich bzw. Ungleiches ungleich zu behandeln, sicherstellen[2]. Als rechtstechnisches Mittel hierzu wird regelmäßig auf den abstrakt-allgemeinen Begriff

---

[1] Vgl. oben § 6, 2 b.
[2] Vgl. *Koller*, Grundfragen S. 79 bei und in Anm. 2 m. w. N.

und die Klassenlogik verwiesen. *Konrad Huber*[3] dürfte die herrschende Auffassung[4] zutreffend dahin zusammenfassen, der generelle Gesetzesbegriff fordere, daß das Gesetz „immer nur eine Gattung, ein Genus", nur die Angehörigen „einer abgegrenzten Klasse" betreffen dürfe. Kann hiermit lediglich der Unterschied zwischen individueller und allgemeiner Regelung angesprochen sein, ohne Differenzierung innerhalb der Denkformen des Allgemeinen[5], so muß es doch als kennzeichnend angesehen werden, daß auch Autoren, die sich mit der Denkform des Typus wissenschaftlich auseinandergesetzt haben, im Hinblick auf das Postulat der Allgemeinheit des Gesetzes dem *Begriff* eine vorrangige Bedeutung beimessen. *Arthur Kaufmann* hält zur Verwirklichung des Gleichbehandlungsgebots „Form, Abstraktion, Generalisierung, Begrifflichkeit" für ganz unentbehrlich[6]. *Larenz* sieht, „um diese Aufgabe einigermaßen zu bewältigen, zunächst keinen anderen Weg als den, aus der Fülle der wiederkehrenden Einzelzüge diejenigen herauszuheben und durch Angabe ihrer Merkmale zu abstrakten Begriffen zu verfestigen, die sich für die rechtliche Wertung generell als bedeutsam erweisen"[7].

Ein typologisches Verfahren der Gesetzgebung und -anwendung kann niemals auf derart abstrahierte Merkmale in ihrer isolierten Bedeutung abstellen, sondern muß notwendig in stärker individualisierender Weise auch die sonstigen Züge des Falles berücksichtigen, da deren Zusammenspiel das Gesamtbild unter dem konstitutiven Wertaspekt in ausschlaggebender Weise zu beeinflussen vermag. Ein solches Verfahren kann es daher mit sich bringen, daß trotz Übereinstimmung in

---

[3] *K. Huber*, Maßnahmegesetz S. 165.

[4] Vgl. auch *Betti*, Begriffsbildung S. 87 und Typenzwang S. 249 ff.; *Dölle*, Stil S. 27; *Starck*, Gesetzesbegriff S. 201 ff.

[5] Vgl. oben § 2, 1 a.

[6] *Arthur Kaufmann*, Geschichtlichkeit S. 263. Der das. in Anm. 80 zitierte Aufsatz von *Hans Schröder*, Das Gleichheitsproblem unter den Gesichtspunkten des Wissenschaftlichen und des Naiven im Recht (in: Philosophie und Recht, Festschrift für *C. A. Emge*, Wiesbaden 1960, S. 72 ff.) sieht die Gleichbehandlung durch den „Wissenschaftscharakter der Jurisprudenz und der Gesetzgebungsmethode" gewährleistet (S. 75), wobei in besonders aufschlußreicher Weise das wissenschaftliche mit dem abstrakt-begrifflichen Denken identifiziert wird. Was *Schröder* als die „konkret Individuelles" einbeziehende, „vorwiegend in den sog. Generalklauseln" erfolgende „Hinwendung zum Naiven" dem „Wissenschaftlichen" gegenüberstellt, dürfte logisch als Hinwendung zur Denkform des Typus zu qualifizieren sein: als einer Methode, deren Maß an „Reduktion viel geringer" ist als das der „wissenschaftlichen" Methode, daher zu Sachverhalten führt, die „komplex" und „beweglich" sind, einerseits die Möglichkeit bieten, „in erheblichem Umfange auf die individuelle Situation abzustellen", deren „Individualbehandlung" aber „dennoch Gleichbehandlung" einschließt (alle Zitate S. 78 f.). Der von *Schröder* angesprochene Gegensatz von „wissenschaftlichem" und „naivem" Denken ist ein solcher von *begrifflich abstrahierendem* und (in Vergleich hierzu) *typologisch konkretisierendem* Denken.

[7] *Larenz*, Methodenlehre S. 415.

den Zügen des gesetzlichen Tatbestands ein konkreter Fall nicht zuzuordnen, umgekehrt, obwohl dieser Zug fehlt, dennoch zuzuordnen ist[8]. Damit ergibt sich einerseits die Möglichkeit einer unterschiedlichen Behandlung trotz Übereinstimmung in den vom Gesetz hervorgehobenen Zügen, anderseits die Notwendigkeit, auch andere als die ausdrücklich hervorgehobenen Züge zu berücksichtigen.

Dennoch liegt nur ein Scheinproblem vor. Das Gleichbehandlungsgebot besagt nicht, daß alle in einem bestimmten Merkmal übereinstimmenden Erscheinungen gleich zu behandeln sind, Wertungen also *klassenlogisch* einheitlich sein müssen, sondern, daß *Gleichsinniges* gleich zu bewerten ist[9]. Diesem Postulat vermag der Typus in besonderem Maße zu genügen. Er ist als Denkform des Allgemeinen gerade dadurch gekennzeichnet, daß er nur unter einem leitenden Wertgesichtspunkt Gleichsinniges zusammenfaßt, während dem Begriff durchaus unter einem bestimmten Wertgesichtspunkt Nichtgleichgelagertes unterfallen kann.

b) Weiter hatten wir dem Typus eine „Mittelstellung" zwischen *Wert* und *Begriff* in dem Sinne zuerkannt[10], daß der Typus zwar auf die gedankliche Erfassung eines Objektsbereiches zielt, dessen Umgrenzung aber nicht ohne ständige Kontrolle am leitenden Wertgesichtspunkt erfolgen kann: bei der Zuordnung zum Typus muß letztlich immer auf die Wertfrage zurückgegriffen werden. Demgegenüber stellt der Begriff nach verbreiteter Darstellung eine Übersetzung der Teleologik in Sprachlogik dar, die gerade von Vertretern der Wertungsjurisprudenz nicht gering geschätzt wird. Durch Begriffe wird nach *Esser* „die Gerechtigkeitsfrage in eine Konstruktionsaufgabe verwandelt"[11], *Stoll* hielt „aus Gründen der Stetigkeit wie der Schnelligkeit der Rechtspflege" das „formallogische Subsumtionsverfahren, das Rechnen mit Begriffen" für unentbehrlich[12].

Daß diese Vorteile einer begrifflichen Gesetzesfassung die Möglichkeit einer typologischen dennoch nicht schlechthin ausschließen, folgt allein daraus, daß das Gesetz keineswegs durchweg eine solche Übersetzung von Wertungsproblemen in Begriffe enthält, vielmehr eine Fülle wertausfüllungsbedürftiger Begriffe und Generalklauseln aufweist, die in der oben[13] angedeuteten Reihenordnung vom Wert zum Begriff noch vor den Typenbegriffen anzusetzen sind. Wie jene „ein

[8] Beispiele unten § 14.

[9] Vgl. *Larenz*, Methodenlehre S. 359: „Postulat der Gerechtigkeit, Gleichartiges oder besser: Gleichsinniges (d. h. gleich Bedeutendes) rechtlich gleich zu behandeln." S. a. *Engisch*, Konkretisierung S. 227.

[10] Oben § 6, 2 a.

[11] *Esser*, Grundsatz und Norm S. 220, ähnlich S. 237, 303, 305.

[12] *Heinrich Stoll*, Begriff S. 90.

[13] § 5, 3.

Stück offen gelassener Gesetzgebung“[14] in der richtigen Erkenntnis darstellen, daß es bei nicht abschließend geklärten und häufig nie abschließend klärbaren Wertfragen besser sein kann, die nähere Ausfüllung der fallweisen Konkretisierung durch Rechtsprechung und Wissenschaft zu überlassen[15], so kann es auch geboten sein, eine auf diesem Wege angebahnte, aber noch nicht begrifflich gesicherte Fallgruppenbildung als solche in das Gesetz zu übernehmen, d. h. sie typologisch zu umschreiben, statt durch den Versuch einer begrifflichen Festlegung wertungsmäßig nicht voll durchschaute Klassen zu bilden. Eine solche typologische Gesetzesfassung will das Stadium der Begrifflichkeit nicht ausschließen, sondern gerade vorbereiten helfen; sie zieht lediglich die Konsequenz daraus, daß es (noch) nicht gelungen ist, eine strenge Koppelung von tatsächlichen Merkmalen und daran geknüpfter Rechtsfolge aufzufinden oder herzustellen. Typologische Gesetzesfassung und -anwendung vermeiden lediglich den Schein, als sei ein „Rechnen mit Begriffen“ (bereits) möglich.

c) Mit der Ausrichtung des Typus auf einen konstitutiven Wertgesichtspunkt hängt eng die *Unschärfe* des Typus zusammen. Da sich unter dem leitenden Wertgesichtspunkt kein fester Merkmalkomplex gewinnen läßt, ist auch der Objektsbereich offen, erlaubt keine eindeutigen Aussagen über ihm zugehörige Objekte, während bei deutungsbedürftigen Begriffen i. e. S. immerhin ein relativ hoher Grad von Exaktheit erzielt werden kann. Deshalb wird „aus Sorge um die Rechtssicherheit“ gemahnt, typologisches Denken „in engen Schranken“ zu halten[16].

Doch läßt sich auch aus der Unschärfe des Typus kein schlechthin durchgreifender Einwand gegen die Aufnahme von Typen in das Gesetz ableiten. Mit zunehmender Einsicht in den wertenden Charakter der Rechtsfindung sind wir des positivistischen Glaubens verlustig gegangen, daß das Gesetz mit den Mitteln der Begriffslogik je das Ganze der tatsächlich auftauchenden und zu entscheidenden Interessenkonflikte fertig in sich einfangen könne[17]. Die Erkenntnis, „daß die konkrete Gestalt des geltenden Rechts durch die Rechtsfindung wesentlich mitbestimmt wird“[18], dürfte heute Allgemeingut sein. Dieser schöpferische Charakter der Rechtsfindung wird im Typus als Mittel der Tatbestandsbildung auch von der Denkform her transparent gemacht, da die nähere Präzisierung des Typus als Merkmalskomplex wie als Objektsbereich durch die Inklusion oder Exklusion von Fällen vorbe-

[14] *Hedemann*, Generalklauseln S. 54.

[15] Vgl. *Engisch*, Konkretisierung S. 213 f.

[16] *Schluep*, Methodologische Bedeutung S. 18.

[17] *Engisch*, Konkretisierung S. 178 ff.; *Arthur Kaufmann*, Gesetz und Recht S. 378 f., 387 ff.; *Esser*, Vorverständnis pass., insb. S. 50 ff., 99 ff.

[18] *Stratenwerth*, Zum Streit der Auslegungstheorien, in: Festschrift für *O. A. Germann* zum 80. Geburtstag, S. 272. Eingehend jetzt *Esser*, Vorverständnis pass.

halten ist, wobei die Entscheidung über die Zuordnung „jeweils einer an dem für die Typenbildung relevanten Bedeutungsgesichtspunkt orientierten verstehenden Beurteilung bedarf“[19].

2. Zu den *sprachlichen* Problemen typologischer Tatbestandsfassung.

Die sprachliche Fassung des Gesetzes steht unter den sich widersprechenden Anforderungen der Präzision und der Volkstümlichkeit[20]. Um des letzteren Ideals willen hat *Dölle* einen unanschaulichen, abstrakt-begrifflichen Gesetzesstil kritisiert, eine „Belebung der Gesetzessprache durch Bilder und Beispiele“ gefordert[21]. Dies klingt wie ein Ruf nach typologischer Tatbestandsfassung: Der Typus zeichnet sich vor dem Begriff durch Anschaulichkeit und Bildhaftigkeit aus, verlangt nach einer reicheren Beschreibung seiner Züge, nach einer beispielhaften Hervorhebung typischer Fälle. Dennoch wäre es ein Trugschluß anzunehmen, eine typologische Tatbestandsfassung entspreche den Verständnismöglichkeiten des Laien besser als eine begriffliche.

Schon die Frage, ob ein gegebener Gesetzestext typologisch oder begrifflich zu verstehen ist, ist für den Laien regelmäßig nicht zu beantworten. Das Gesetz kann einen Typus, den es zu regeln unternimmt, lediglich schlagwortartig benennen oder auch durch Angabe der wichtigsten Züge in gewissem Umfang erläutern. Einer schlagwortartigen Benennung ist typologische oder begriffliche Bedeutung in keinem Fall anzusehen: Die Sprache verfügt über keine eigenen Worte, um einen Typus von einem entsprechenden Begriff zu unterscheiden[22]. Daher kommt es auf die Art und Weise der Erläuterung an: Der Begriff wird *definiert*, der Typus *beschrieben*. Aber auch auf dieser Ebene sind die nach außen erkennbaren Unterschiede gering, sprachliche Konventionen stellen nur Anhaltspunkte dar: eine durch Adverbien wie „nur“, „immer“ etc. als abschließend gekennzeichnete Aufzählung von Merkmalen gehört zum Begriff, eine durch Adverbien wie „meist“, „vor allem“ als beispielhaft gekennzeichnete Hervorhebung von Zügen zum Typus. Doch sind solche Zusätze weder hinreichend noch erforderlich, um begriffliche bzw. typologische Bedeutung anzunehmen. Im Gesetz kommen sie nur selten vor. Die Regel bildet eine bloße Aufzählung von Merkmalen, der rein sprachlich nicht entnommen werden kann, ob sie begrifflich abschließend oder typologisch beispielhaft zu verstehen ist.

Instruktiv sind die gesetzlichen Erläuterungsnormen, die der Regelung einzelner besonderer Vertragsverhältnisse jeweils vorangestellt sind[23]:

---

[19] *Strache*, Standards S. 57.

[20] *Larenz*, Methodenlehre S. 204, 221 f.; *Henkel*, Rechtsphilosophie S. 51; *Krüger*, Adressat S. 92 ff. m. w. N.

[21] *Dölle*, Stil S. 28.

[22] Vgl. oben § 5, 2 bei Anm. 48.

[23] Dazu, daß es sich nicht um selbständige Rechtsfolgeanordnungen han-

„Durch den Kaufvertrag wird der Verkäufer einer Sache verpflichtet, dem Käufer die Sache zu übergeben und das Eigentum an der Sache zu verschaffen ... Der Käufer ist verpflichtet, dem Verkäufer den vereinbarten Kaufpreis zu zahlen und die gekaufte Sache abzunehmen." Einem typologischen Verständnis steht entgegen, daß nur einige wenige Merkmale ohne Hinweis auf eine nicht-abschließende Aufzählung genannt werden; gegen eine Interpretation als begriffliche Definition spricht, daß auch das „begrifflich" nicht notwendige Merkmal der Abnahmepflicht in die Bestimmung aufgenommen ist.

Unterstellen wir, daß die Vorfrage begrifflicher oder typologischer Bedeutung des Gesetzes im letzteren Sinne geklärt ist, so sind als eigentliche Verständnisschwierigkeiten eines typologischen Textes zu nennen: Die vom Gesetz hervorgehobenen Züge werden zwar regelmäßig, müssen aber nicht notwendig vorliegen, um die vorgesehene Rechtsfolge eintreten zu lassen. Die besondere Ausgestaltung des zu entscheidenden Falles in den sonstigen, vom Gesetz nicht ausdrücklich genannten, aber aus der Gesamtregelung indirekt zu erschließenden[24] Zügen kann das Fehlen auch wichtiger typischer Züge kompensieren. Umgekehrt kann das Gesetz nicht anzuwenden sein, obwohl dem gewöhnlichen Sprachsinn nach, an dem sich der Laie ausrichtet, alle gesetzlichen Tatbestandsmerkmale vorliegen. Der konkrete Einzelfall kann so vieler vom Gesetz als Normalfall mitgedachter Züge ermangeln und stattdessen so abweichende andere Züge aufweisen, daß insgesamt trotz Vorliegens der im Gesetz hervorgehobenen Züge von einer atypischen Gestaltung gesprochen werden muß, auf die das Gesetz ganz oder teilweise nicht angewendet werden kann. Schließlich gilt auch von einem Gesetz, dessen Tatbestand typologisch umschrieben ist, daß „erst die Kasuistik zeigt, was rechtens ist"[25]: Ohne Kenntnis der von der Rechtsprechung vorgenommenen Inklusionen und Exklusionen ist eine nähere Kenntnis des Typus nicht möglich.

All dies zeigt, daß ein typologisch gefaßtes Gesetz ein in hohem Maße *fachsprachliches* Gesetz darstellt, das häufig, ja regelmäßig vom Laien nicht in der normativ maßgeblichen Bedeutung verstanden werden kann, auf dessen *Wortlaut* er jedenfalls *nicht vertrauen* kann.

Bevor jedoch aus diesem Grund die Möglichkeit einer typologischen Gesetzesfassung verneint werden kann, ist das Vertrauensargument selbst[26] kritisch zu überdenken. Es wird sich zeigen, daß dem Vertrauensargument jedenfalls für weite Teile des Zivilrechts, auf das wir unsere Überlegungen beschränken müssen[27], nur eine untergeordnete Bedeutung zukommen kann[28].

---

delt, vgl. *Larenz*, Methodenlehre S. 194 ff.; zur Frage der typologischen oder begrifflichen Qualität näher unten Teil III.

[24] Näheres unten § 17, 1 b.

[25] So für Prinzipien *Esser*, Grundsatz und Norm S. 151.

[26] Hierzu *Heck*, AcP 112, 259 ff.

[27] Zur Problematik im Strafrecht siehe *Lemmel*, Unbestimmte Strafbar-

Daß das Gesetz zwar weithin Worte der Umgangssprache übernimmt, deren Bedeutung aber teleologisch umformt[29], auch umgangssprachliche Worte daher *fachsprachlich* verwendet, ist heute allgemeine Ansicht[30]: Ausdrücke wie „Verfügung", „Verschulden", „Abhandenkommen" sind dem Laien zwar aus der Umgangssprache bekannt, der spezifisch juristische Gehalt, die fachsprachliche Bedeutung, entzieht sich aber seiner Kenntnis. Praxis und Rechtswissenschaft messen auch in der Auslegung des Gesetzes dem Laienverständnis keine letztlich entscheidende Bedeutung bei: Für die grammatische Auslegung ist anerkannt, daß der besondere Sprachgebrauch des Gesetzes der im allgemeinen Sprachgebrauch üblichen Wortbedeutung vorgeht[31]; systematische und teleologische Auslegung nehmen Abweichungen vom üblichen Wort- und Satzsinn um des normativ „richtigen" Ergebnisses willen in Kauf.

Die Nachteile der Entwicklung der Rechtssprache zur Fachsprache liegen auf der Hand: Der Laie, der sich am Gesetz zu orientieren sucht, kann von dessen Inhalt nur in ähnlich vorläufiger Weise Kenntnis nehmen, wie Gerhart *Husserl*[32] allgemein über die „Erfahrung des Rechts" gesagt hat, daß das nur „vorläufige Werkzeugwissen" des Nicht-Juristen vom Recht eine „latente Weiterverweisung auf das Fachwissen anderer" enthalte[33]: Da das „notwendig unscharfe" Wissen des Laien „nicht allen Anforderungen des Rechtslebens genügen kann"[34], bedürfe es einer „Ergänzung durch das Fachwissen anderer Menschen"[35]; übertragen auf die sprachliche Problematik: Das Laienverständnis des Gesetzes ist auf eine Präzisierung durch den Fach-Juristen angewiesen, der Inhalt und Umfang der fachsprachlichen Begriffe (i. w. S.) gerade im Unterschied zu den umgangssprachlichen Bedeutungen zu erläutern vermag.

Über die Volkstümlichkeit des Gesetzes ist damit allein noch nicht das letzte Wort gesprochen. Die entscheidende Frage ist, ob der Laie diesen nur mittelbaren Zugang zum Gesetz nicht um der Vorteile willen hinzunehmen bereit ist, die ihm die Fachsprachlichkeit bietet. An einer differenzierten, den Eigenheiten auch komplexer Materien gerecht werdenden Normierung, die zu gesicherten und von ihm wer-

---

keitsvoraussetzungen S. 174 ff.

[28] Ähnlich *Germann*, Rechtsfindung S. 106.

[29] Vgl. *Radbruch*, Rechtsphilosophie S. 219.

[30] *Oksaar*, Sprache S. 94 ff.; *Larenz*, Methodenlehre S. 215 ff.; *Lüderitz*, Auslegung S. 50; *Arthur Kaufmann*, Geschichtlichkeit S. 254; *Krüger*, Adressat S. 93; *Esser*, Vorverständnis S. 46.

[31] Vgl. *Larenz*, Methodenlehre S. 301 ff.

[32] *G. Husserl*, Recht und Zeit S. 67 ff.

[33] *G. Husserl*, a.a.O. S. 79.

[34] *G. Husserl*, a.a.O. S. 76.

[35] *G. Husserl*, a.a.O. S. 80.

tungsmäßig akzeptierten Entscheidungen führt, ist der Laie regelmäßig[36] mehr interessiert als an der Möglichkeit, das Gesetz ohne fremde Hilfe verstehen zu können[37]. Für die Auffassung, „daß die Volksnähe eines Rechts nicht in der sprachlichen und logischen Allgemeinverständlichkeit, sondern nur in der Volksgemäßheit der Wirkungen des Rechts erreichbar ist und darum auch erstrebt werden soll"[38], spricht auch die empirische Beobachtung, daß in unserer weithin arbeitsteilig organisierten Gesellschaft der Laie sich hauptsächlich für die wertungsmäßige Kontrolle der Rechts*entscheidungen* für zuständig hält, während er die solche Entscheidungen ermöglichende Gesetzestechnik, die Entwicklung eines entsprechenden Begriffsapparates als eine Aufgabe der Fachjuristen ansieht. Mit einer solchen Ergänzung der Funktionen von Laien und Fachmann[39] ist sichergestellt, daß die in der Fachsprachlichkeit des Gesetzes liegende Begriffstechnik nicht Selbstzweck werden und sich in ihren Konsequenzen völlig vom allgemeinen Rechtsempfinden lösen kann: Die umgangssprachlich aufgeschlüsselten

---

[36] *Forsthoff* hat einen interessanten Versuch unternommen, Kriterien für das Überwiegen des einen oder anderen Interesses zu entwickeln (Recht und Sprache S. 9 ff.). Er unterscheidet zwischen „schöpferischer Rechtssetzung", die „unmittelbarer Ausdruck eines ethischen Rechtsgedankens" sei, und „dezisionistischer Rechtssetzung", die Fragen betreffe, „an denen zwar ethische Vorstellungen nicht unbeteiligt sind, die aber doch wesentlich nach praktischen Gesichtspunkten entschieden werden müssen und bei denen es sich in der Regel darum handelt, unter mehreren denkbaren Lösungen die vorteilhafteste zu finden". Erstere könne und solle „einen hohen Grad von allgemeiner Sinnfälligkeit erreichen", weshalb „auch die Sprache dem allgemeinen Wortsinn weithin angenähert" sei, letztere dagegen werde „eine allgemeine Sinnfälligkeit nie erreichen, ja, nicht einmal um jeden Preis erstreben" dürfen, denn sie wende sich „von vornherein an den auf das Verstehen vorbereiteten Juristen" und bediene sich „der Sprache in einer besonderen technischen Zurichtung". — Dem ist, was die dezisionistische Rechtsschöpfung betrifft, zuzustimmen; für den Bereich der schöpferischen Rechtssetzung verkennt *Forsthoff* jedoch, daß auch hier (*Forsthoff* nennt ausdrücklich „einen wesentlichen Teil des Strafrechts" als Beispiel!) häufig ein ganz erhebliches Streben nach „Präzision" festzustellen ist. Diese Bedenken gelten auch für eine bloß „idealtypische" Gegenüberstellung (*Forsthoff*, a.a.O. S. 10), da sie das ganz deutliche Überwiegen der Fachsprachlichkeit verzeichnet.

[37] Vgl. auch *Heck*, Gesetzesauslegung S. 263; anders *Uwe Krüger*, Adressat S. 94, der der Verständlichkeit „für einen interessierten Laien" im Zweifel den Vorrang vor der Präzision geben will.

[38] *Forsthoff*, Recht und Sprache S. 11.

[39] Aus der Fachsprachlichkeit des Gesetzes kann kein Argument für den bekannten und allein aufgrund seiner alternativen Fragestellung verfehlten Streit gewonnen werden, ob die einzelnen Bürger oder nur die Richter und sonstige Amtspersonen „Normadressaten" seien (hierzu *Uwe Krüger*, Adressat, insb. Kap. 5—7 mit ausf. Nachw.). Zunächst deckt sich der Kreis der Amtspersonen nicht mit dem der Fach-Juristen. Vor allem aber kann die sprachliche Form, in der das Gesetz zu „denen, die es angeht" (*Larenz*, Methodenlehre S. 186 Anm. 3) spricht, durchaus so beschaffen sein, daß sie einer Erläuterung durch Fach-Juristen bedarf, ohne doch allein an diese gerichtet zu sein. Vgl. hierzu auch *Germann*, Rechtsfindung S. 105 f.; *Badura*, Das Recht als gesellschaftliches Gestaltungsmittel, S. 12.

Entscheidungen müssen wertungsmäßig vom Laien akzeptiert werden — oder die Theorie ist zur Revision der Fachsprache aufgerufen, die nichts ist als ein Instrument zur Erzielung normativ befriedigender Ergebnisse. „In Sachen des Rechts hat nicht der Fachjurist das letzte Wort[40]."

Lassen sich somit auch nicht aus dem „Vertrauensargument" schlechthin durchgreifende Bedenken gegen ein fachsprachliches — sei es begrifflich, sei es typologisch gefaßtes — Gesetz ableiten, stehen grundsätzlich beide Verfahren der Gesetzgebung zur Verfügung. Damit ist der Weg frei für die im 3. Teil anzustellende Untersuchung, ob es sich bei den im BGB geregelten „Vertragstypen" um typologische oder um begriffliche Tatbestände handelt. Die nähere Beantwortung dieser Frage setzt aber nicht nur voraus, daß wir beide Verfahren als grundsätzlich möglich erkennen, sondern auch, daß wir Kriterien dafür entwickeln, wann welches Verfahren das dem jeweiligen Zweck der Gesetzgebung adäquate ist. Im folgenden sollen daher zunächst die Gründe untersucht werden, die dafür sprechen können, eine begriffliche Fassung des Gesetzes trotz der sich bei der Verbegrifflichung von Typen ergebenden Schwierigkeiten einer typologischen Fassung vorzuziehen.

§ 9: Gründe für ein begriffliches Verfahren der Gesetzgebung

1. Vergegenwärtigen wir uns zunächst die wichtigsten Unterschiede, die sich bei der Umsetzung von Typen in Begriffe ergeben:

(a) Die Begriffsdefinition muß aus den Zügen des Typus eine Auswahl treffen, auf wenige oder überhaupt nur ein einziges Merkmal abstellen. Das bedeutet: es werden wenige Züge bzw. es wird ein einziger Zug des Typus besonders betont, die übrigen Züge „fallen unter den Tisch". Sie sind im Begriff nur mehr indirekt insofern enthalten, als sie mit dem Begriffsmerkmal, das in diesem Sinne „Ersatzmerkmal"[1] genannt werden kann, regelmäßig verbunden sind; eine selbständige Bedeutung kommt ihnen gegenüber dem zur Begriffsbildung verwendeten Merkmal nicht zu. Die Anwendung des Begriffs hat grundsätzlich nur auf das „Ersatzmerkmal" abzustellen, nach den sonstigen Zügen des dem Begriff zugrunde liegenden Typus nicht zu fragen.

(b) Der Umfang des Begriffes kann sich mit dem des Typus nicht decken. Voraussetzung einer solchen Entsprechung wäre, daß der Typus einen Zug aufweist, der stets bei diesem Typus und nur bei diesem Typus

---

[40] *G. Husserl*, Recht und Zeit S. 78.
[1] Vgl. *Merk*, Veräußerlichung S. 88; *H. J. Wolff*, Typen S. 200.

vorkommt. Einen solchen Zug kann es jedoch nach unserer obigen Kennzeichnung des Typus nicht geben; der diesen Bedingungen genügende sogenannte „Gattungstypus“ stellt keinen Typus dar, sondern begrenzt begrifflich eine Klasse, aus der erst ein Typus herausgehoben wird[2]. Die Verbegrifflichung von Typen hat somit stets eine *Verschiebung des Objektbereichs* zur Folge.

(c) Die Subsumtion unter den Begriff soll weitgehend von der sachlichen Wertungsfrage losgelöst erfolgen, während die Zuordnung zum Typus stets eine Wertung unter dem die Typenbildung leitenden Wertgesichtspunkt erfordert. Wenn letzterer im Begriff auch häufig noch durchscheint, sind die Begriffsmerkmale doch derart ausgewählt, daß bei der Anwendung des Begriffes die Frage nach dem Vorliegen der Begriffsmerkmale die Wertungsfrage zu vertreten vermag[3].

2. Diese bei der Umsetzung von Typen in Begriffe auftretenden Unterschiede nur als Unzulänglichkeiten der Verbegrifflichung zu deuten, wie dies nicht selten geschieht, geht nicht an. Wenn Begrifflichkeit nicht die *einzig* mögliche, sondern nur *eine* mögliche Regelungstechnik darstellt, wird sich ein begriffliches Verfahren der Gesetzgebung der aufgewiesenen Unterschiede als bewußter Mittel der Normierung bedienen; das aber heißt, daß die Spannungen zwischen Begriff und zugrunde liegendem Typus von *weiteren*, zu den am Typus entwickelten Wertungen *hinzutretenden* Wertungen getragen sind. Wir haben daher zu fragen, in welcher Weise sich die genannten Unterschiede im näheren in den Dienst spezifischer Zwecke der Gesetzgebung stellen lassen, welche Wertungen gerade für die Verbegrifflichung von Typen maßgeblich sein können.

Soweit im folgenden gesetzliche Vorschriften beispielhaft herangezogen werden, soll nicht behauptet werden, daß die hinter der Verbegrifflichung von Typen stehenden Wertentscheidungen vom historischen Gesetzgeber aktuell getroffen worden sind; dies ist für ältere Gesetze selbstverständlich schon deshalb ausgeschlossen, weil dem Gesetzgeber die Unterscheidung von Typus und Begriff nicht bekannt war. Der Gesetzgeber des StGB und des BGB ging davon aus, daß ihm als Mittel der Normierung nur der Begriff zur Verfügung steht. Dies hindert jedoch nicht (insbesondere angesichts der Tatsache, daß *rein sprachlich* Gesetzestexte im Hinblick auf typologische oder begriffliche Bedeutung meist ambivalent sind)[4], heute die Frage zu stellen, ob eine im technischen Sinne begriffliche Bedeutung einer Norm wertungsmäßig gerechtfertigt ist.

(a) Wenden wir uns zunächst der die Begriffsanwendung kennzeichnenden stärkeren Loslösung von der Wertungsfrage zu (vgl. oben 1 c). Der Gedanke der bindenden Entscheidung von Wertungsfragen durch den Gesetzgeber, einer möglichst weit gehenden Einschränkung richterli-

---

[2] Vgl. oben § 5, 1.
[3] Vgl. oben § 4, 2 bei Anm. 75.
[4] Vgl. oben § 5 bei Anm. 48 und näher unten § 11, 1.

cher Eigen- und Einzelwertung spielt eine besondere Rolle in der Diskussion um Sinn und Inhalt des Satzes „nullum crimen, nulla poena sine lege“ (Art. 103 Abs. 2 GG; § 2 Abs. 1 StGB)[5]. Am entschiedensten hat *Grünwald* die Auffassung vertreten[6], daß dieser Grundsatz heute[7] nur bezwecken könne, „die strikte Bindung des Strafrichters an das Gesetz“ sicherzustellen: „Soweit es um die Strafbegründung und die Strafschärfung geht, ist die Stellung des Richters zu Gesetz und Recht eine andere als in den übrigen Rechtsgebieten. Er hat ausschließlich den Befehl des Gesetzgebers zu vollziehen. Jede darüber hinausgehende eigene Wertung ... ist ihm untersagt[8].“

Es kann hier dahingestellt bleiben, ob dies die *einzig* zutreffende Sinngebung, oder nur *eine* Komponente unter mehreren zusammenwirkenden ist[9]; in unserem Zusammenhang kommt es nur darauf an, welche Konsequenzen für die begriffliche Qualität des Tatbestandes[10] aus dieser Sinngebung gezogen werden. Die fast allgemeine Forderung nach möglichst „eindeutigen“, „deskriptiven“ Begriffen kann weithin nicht nur als Abwehr gegen wertausfüllungsbedürftige Begriffe und Generalklauseln, sondern auch gegen die Aufnahme von Typenbegriffen in das Strafgesetz verstanden werden.

So hat nach *Grünwald*[11] der Gesetzgeber „die Voraussetzungen der Bestrafung so zu bestimmen, daß das Gesetz eine zuverlässige und feste Grundlage für die Rechtsprechung bietet“, wofür die Verwendung „deskriptiver Merkmale“ besser geeignet sei, als „die von Begriffen, zu deren Ausfüllung der Richter eine Wertung vollziehen muß“[12]. Besonders klar sagt *Hellmuth Mayer*[13], daß „das Gesetz eine abstrakte Grenze zwischen strafbar und straflos ziehen“ müsse, „wo sich im Leben nur fließende Übergänge finden“, weil „anderenfalls die Recht-

[5] Zum folgenden neuestens ausführlich *Lemmel*, Unbestimmte Strafbarkeitsvoraussetzungen, pass.

[6] *Grünwald*, ZStW 76, S. 1 ff.

[7] Diese Auffassung kehrt im Grunde nur zu den aufklärerischen Wurzeln des Satzes zurück. Zur Bedeutungsgeschichte vgl. *Sax*, Grundsätze S. 994; *Lemmel*, a.a.O. S. 121 ff.

[8] *Grünwald*, a.a.O. S. 13.

[9] Eine ausführliche Darstellung der verschiedenen Sinngebungen bei *Lemmel*, a.a.O. S. 74 ff. Die h. L. stellt auf die Garantiefunktion ab — Stichwort: „magna charta des Verbrechers“ *(Liszt)* bzw. des Bürgers (s. *Lemmel*, a.a.O. S. 76). Schwerwiegende Einwände hiergegen bei *Grünwald*, a.a.O. S. 10 f.; *Lemmel*, a.a.O. S. 78 ff. m. w. N.

[10] Die von dem Problem der „Tatbestandsbestimmtheit“ zu scheidende Frage, ob der Grundsatz „nulla poena sine lege“ auch möglichst genaue Festlegungen der Strafandrohung und damit Einengung richterlichen Ermessens bei der Straf*zumessung* fordert, soll hier außer Betracht bleiben.

[11] ZStW 76, S. 6 f.

[12] Ähnlich *Jeschek*, Strafrecht S. 90 ff.; *Class*, Generalklauseln im Strafrecht, in: Festschrift für *Eberhard Schmidt*, 1961, S. 136 f.; s. auch *Welzel*, Strafrecht, 11. Aufl. S. 23.

[13] Materialien zur Strafrechtsform Bd. I, S. 283 f.

sprechung dem Rechtsgefühl gehorsam keine Grenze ziehen" könne und eine „ständige Erweiterung des Strafrechts" die Folge sei: „Wenn man nämlich den bisher straflosen Fall B dem strafbaren Fall A zuordnet, weil A und B sehr ähnlich sind, so taucht sofort der Fall C auf, der zwar dem Fall A noch nicht sehr ähnlich war, aber dem Fall B ebenso ähnlich ist wie der Fall B dem Fall A." Dieses Phänomen macht die Crux der auf Fallvergleichung beruhenden Zuordnung zu Typenbegriffen aus: Die Zitatstelle darf daher als deutliche Absage an die Eignung von Typenbegriffen für die vom Strafgesetz geforderte Wertungsfixierung angesehen werden. Auf diesem Standpunkt steht auch die Mehrzahl der zwischen Begriff und Typus bewußt unterscheidenden Autoren: *Radbruch*[14], *H. J. Wolff*[15], *Larenz*[16], *Koller*[17], haben den grundsätzlich klassifikatorischen Charakter der strafrechtlichen Tatbestandsbildung betont. Die Gegenposition wird vor allem[18] von *Sax*[19] und *Arthur Kaufmann*[20] vertreten. Beide gehen von der Erkenntnis aus, daß eine rein deskriptive, Wertbegriffe vermeidende Tatbestandsbildung im Strafrecht Utopie bleiben müsse, das Delikt im gesetzlichen Tatbestand nicht durch eindeutige Begriffe abschließend definiert werden könne[21]. *Sax* versucht, die Existenz wertausfüllungsbedürftiger und unbestimmter Gesetzesbegriffe dadurch mit dem Bestimmtheitsgrundsatz in Einklang zu bringen, daß er „nicht die äußere Tatbestandsumschreibung" (von *Sax* „Verhaltenstypus" genannt) als den „Sitz der strafrechtlichen Freiheitsgarantie" ansieht, „sondern die durch die strafbestandliche Verhaltensumschreibung vertypte unmittelbare oder mittelbare Verletzung in der Gemeinschaft als je verbindlich anerkannter Werte"[22]. Diese sei „allein der Bezugspunkt des strafrechtlichen Unrechtsvorwurfs" und nur sie müsse daher „gesetzlich bestimmt", „d. h. als *Wertverletzungstypus* inhaltlich eindeutig umrissen" bzw. „eindeutig bestimmt" sein[23]. Unter ausdrücklicher Berufung auf

---

[14] *Radbruch*, Klassenbegriffe S. 51.

[15] *H. J. Wolff*, Typen S. 203; *ders.*, Verwaltungsrecht Bd. I, 6. Aufl. S. 145.

[16] *Larenz*, Methodenlehre S. 441.

[17] *Koller*, Grundfragen S. 40.

[18] *Hassemer* meint zwar ebenfalls, daß die Straftatbestände nur als Typen aufgefaßt werden könnten; da sein Begriff des Typus aber „Typus" und „deutungsbedürftigen Begriff" im hier unterschiedenen Sinne umfaßt (vgl. oben § 3, 4 a) hat seine Arbeit im vorliegenden Zusammenhang außer Betracht zu bleiben. *Engischs* Deutung der Straftatbestände als Typen (Konkretisierung S. 270) ist vor allem am „tatsächlichen Gebrauch des *Wortes* Typus" ausgerichtet (a.a.O. S. 266) und daher hier ebenfalls nicht weiter zu verfolgen.

[19] *Sax*, Grundsätze S. 992 ff.; Grundlegung hierzu im „Analogieverbot", insbesondere S. 79 ff.

[20] *Arthur Kaufmann*, Analogie S. 37 ff.

[21] *Sax*, Grundsätze S. 1007 f.; *Arthur Kaufmann*, Analogie S. 41.

[22] *Sax*, Grundsätze S. 1008 f.

[23] Ähnlich schon *Schwinge - Zimmerl*, Wesensschau und konkretes Ordnungsdenken im Strafrecht, Bonn 1937, S. 92 ff.

Sax bestimmt *Arthur Kaufmann* den Inhalt des Grundsatzes „nullum crimen sine lege“ dahin, „daß der Typus der strafbaren Handlung in einem formellen Strafgesetz fixiert, d. h. mehr oder weniger vollständig beschrieben werden muß“[24].

Die Kritik hat bei der Frage nach der begrifflichen Qualität der angesprochenen Typen einzusetzen. *Arthur Kaufmann* verwendet Typus ausdrücklich als Gegensatz zum Begriff, bei *Sax* fehlt eine entsprechende Klarstellung. Gehen wir von der technischen Bedeutung des Typus in diesem Zusammenhang aus, so stellt sich eine Reihe von Fragen: Wie ist die postulierte „eindeutige Bestimmtheit“ des Wertverletzungstypus zu erklären, wenn doch selbst juristische *Begriffe* i. e. S. nie eindeutig sind, „rechtliche Begriffsbildung und Begriffsentfaltung“ nach den eigenen Worten von *Sax*[25] infolge sich wandelnder Wirklichkeit wie Werterkenntnis „nie zum Abschluß gelangen“ kann, „ständige Aufgabe“ bleibt? In wieviel höherem Maße gilt dies vom Typus, der erst durch Zuordnung oder Exklusion zu entscheidender Fälle fortschreitend präzisiert wird und sich mit der Verfeinerung des leitenden Wertgesichtspunkts selbst wandelt[26]. Wie die Verwendung von wertausfüllungsbedürftigen Begriffen und Generalklauseln diese „Offenheit“ zu „eindeutiger Bestimmtheit“ soll umwandeln können, ist nicht einzusehen: Damit sind dem Richter nur Maßstäbe an die Hand gegeben, deren Konkretisierung erst in einem Prozeß der Typenbildung zu leisten ist[27]. Als wichtigste, wenn nicht einzige, Quelle der Bestimmtheit des Wertverletzungstypus bleibt daher der Grad der Bestimmtheit des straftatbestandlichen Verhaltenstypus[28]; damit aber verliert der Umweg über den Wertverletzungstypus als Mittel größerer Tatbestandsbestimmtheit jeden Sinn.

Das zeigt sich besonders deutlich an dem von *Arthur Kaufmann* angeführten Beispiel des § 175 StGB. Daß diese Strafbestimmung „zweifellos nur den Unrechtstyp der männlichen Homosexualität“ betrifft, folgt allein daraus, daß der Tatbestand von „einem Mann“ spricht, der „mit einem anderen Mann“ Unzucht treibt, worunter eine Frau nicht *subsumiert* werden kann. Die Exaktheit des Tatbestandes ist eine Folge von dessen *begrifflicher* Qualität.

Als Ergebnis dürfte festzuhalten sein, daß auch die geschilderte Gegenposition von *Sax* und *Kaufmann* eher als Bestätigung denn als Widerlegung unserer These zu werten ist, daß Begriffe in höherem Maße als Typen der Einengung richterlicher Eigenwertung zu dienen

[24] *Arthur Kaufmann*, Analogie S. 41.
[25] Rechtsbegriffe S. 135.
[26] Vgl. oben § 4 bei Anm. 38, § 5 bei Anm. 35 f.
[27] Vgl. oben § 6, 3 a.
[28] So ausdrücklich *Sax*, Grundsätze S. 1009: „Die inhaltliche Bestimmtheit des Wertverletzungstypus ist daher in aller Regel abhängig von der Präzisierung des straftatbestandlichen Verhaltenstypus.“

imstande sind[29]. Begriffe stellen daher das geeignete Mittel zur Verwirklichung des Grundsatzes nullum crimen sine lege dar[30].

Auch im Vertragsrecht finden sich vereinzelt Wertungsfixierungen der besprochenen Art: erinnert sei an die gesetzliche Festlegung dessen, was als „nicht unerheblicher" Mietzinsrückstand als Voraussetzung des Rechts zur außerordentlichen Kündigung anzusehen ist (§ 554 Abs. 2 Nr. 1 BGB; vgl. oben, § 6, 3 a, cc).

b) Die im Begriff liegende Verkürzung der vielfältigen Züge des Typus auf wenige „Ersatzmerkmale" (oben 1 a) wird sich das Gesetz zunutze machen, wo es besonders auf Rechtsklarheit und Praktikabilität der Rechtsanwendung ankommt. Eine typologische Tatbestandsausformung verlangt vom Rechtsanwender, jeweils unter einer Fülle nicht abschließend formulierbarer Züge abzuwägen, innerhalb fließender Übergänge je im Einzelfall Grenzen zu ziehen, bei jeder Entscheidung auf den zugrunde liegenden Wertgedanken zurückzugehen und diesen stets erneut zu konkretisieren. Die begriffliche Tatbestandsfassung wählt stattdessen aus den Zügen des Typus solche aus, die sich für eine Umsetzung in Klassenlogik besonders eignen, insbesondere sich auf Zahlenbegriffe reduzieren lassen („metrisierbare" Abstufbarkeit), oder an besonders leicht ersichtliche äußere Kennzeichen anknüpfen. Die Rechtsanwendung kann dann unter klare Tatbestandsmerkmale subsumieren — und sie *muß* grundsätzlich subsumieren! Gegen letzteres Gebot wird häufig verstoßen: Da die durch Heraushebung eines „klaren" Merkmals gebildete Klasse mit dem von der zugrunde liegenden *sachlichen* Wertung getroffenen, typologischen Objektsbereich nicht identisch sein kann[31], ist die Rechtsanwendung versucht, die „zu weiten" oder (seltener) „zu engen" Begriffe durch Zurückgehen auf die zur Begriffsbildung nicht verwendeten typologischen Züge zu „korrigieren". Dies ist dann verfehlt, wenn von einigen die sachliche Wertung tragenden Zügen bei der Tatbestandsfassung bewußt abgesehen, die In-

---

[29] Mit Recht nennt *Bindokat*, JZ 69, 544, die Wertverletzung ein „vages Kriterium für die Bestimmtheitsfrage" und sieht die grundgesetzliche Freiheitsgarantie gefährdet, „wenn nicht, soweit irgend möglich, der Tatbestand, sondern die hinter ihm stehenden unsicheren und wandelbaren Unwertvorstellungen den äußersten Bereich der Strafbarkeit bestimmen". Zur Kritik an *Sax* jetzt auch *Lemmel*, Unbestimmte Strafbarkeitsvoraussetzungen S. 113 ff.

[30] Eine andere, hier nicht näher zu erörternde Frage ist, ob eine „Verbegrifflichung" als strafwürdig empfundenen typischen Unrechts immer möglich ist. Im Ergebnis muß die Frage verneint werden. *Lemmel* fordert zu Recht vom Gesetzgeber nur, „Tatbestände zu schaffen, die dem Ideal des ‚geschlossenen Typus' *möglichst nahekommen*" (a.a.O. S. 179; Hervorhebung von mir). Das Bundesverfassungsgericht (BVerfGE 26, 41) hat neuestens ein abstufendes Verständnis des Bestimmtheitsgrundsatzes vertreten: Das Gesetz müsse „die Strafbarkeitsvoraussetzungen um so präziser bestimmen, je schwerer die angedrohte Strafe ist". Hierzu *Friedrich-Christian Schroeder*, JZ 69, 775 ff.

[31] Vgl. oben 1 b.

kongruenz zum Typus um höher gewerteter Ziele bewußt in Kauf genommen worden ist. Der gerade begrifflichen Ausgestaltung und „Verarmung" kommt dann eine umfangbestimmende Eigenbedeutung zu, weshalb die Subsumtion atypischer Fälle nicht nur vom Wortlaut gedeckt, sondern von der *umfassenden ratio gefordert* ist. Eine auf die „unter den Tisch gefallenen" Züge des Typus rekurrierende Rechtsanwendung mag zwar dem *sachlichen* Zweck der Vorschrift entsprechen, nicht aber *allen* Wertungen, deren Zusammenwirken erst die klassenlogische Ausgestaltung der Vorschrift verstehbar macht. Auch hierzu einige Beispiele:

aa) Die Schutzvorschriften zugunsten der beschränkt Geschäftsfähigen knüpfen nicht an die schwer abgrenzbaren typologischen Merkmale „mangelnder geistiger Reife", „Unerfahrenheit in geschäftlichen Dingen", „Neigung zu unüberlegten Entschlüssen" oder ähnlichen, jeweils abstufbaren Kennzeichen an, sondern greifen das typische Merkmal der Jugendlichkeit heraus, das sich klassenlogisch eindeutig durch Festsetzung bestimmter Altersgrenzen bestimmen läßt[32]. Im Interesse der Sicherheit des Rechtsverkehrs wird es hingenommen, daß keineswegs jeder „Minderjährige" dem Typus des beschränkt Geschäftsfähigen entspricht: der *Klasse* der 7- bis 21jährigen gehören auch Personen an, die durchaus in der Lage sind, sich verantwortlich im rechtsgeschäftlichen Verkehr zu bewegen. Umgekehrt enthält die Klasse nicht alle Personen, auf die der sachliche Schutzgedanke zutrifft: Unerfaßt sind die zwar Volljährigen, aber geistig Zurückgebliebenen oder Kranken. Diese Personenkreise hat das Gesetz durch die Bildung von Zusatzklassen zu erfassen gesucht, die wiederum durch möglichst klare Kriterien bestimmt sind: Minderjährige über 18 Jahren, auf die der Schutzgedanke nicht zutrifft, d. h. die dem zugrunde liegenden Typus nicht entsprechen, können für volljährig erklärt werden (§ 3 Abs. 1 BGB), Volljährige, die dem Typus des Geschäftsfähigen nicht entsprechen, können entmündigt werden (§ 6 BGB) mit der Wirkung der Geschäftsunfähigkeit bzw. (§ 114 BGB) der beschränkten Geschäftsfähigkeit; in beiden Fällen wirkt der erforderliche Beschluß des Vormundschaftsgericht als klassenlogisches Kriterium der Geschäftsfähigkeit.

Daß hinter dieser streng klassenlogischen Einteilung eine zur „Sachentscheidung" hinzutretende weitere Wertung steht, die auf einer Abwägung der Ideale von sachlicher Angemessenheit und Rechtssicherheit und einer Entscheidung zugunsten letzterer beruht, beleuchtet ein Vergleich mit dem schweizerischen Recht sowie innerhalb des BGB ein Vergleich mit der Regelung der Deliktsfähigkeit. Der schweizerische Gesetzgeber hat das Bedürfnis des Verkehrs nach einer starren Abgrenzung der Geschäftsunfähigkeit verneint. Das ZGB verlangt bei Unmündigen als Voraussetzung der beschränkten Geschäftsfähigkeit („beschränkten Handlungsunfähigkeit") le-

---

[32] Vgl. oben § 4 bei Anm. 77.

diglich „Urteilsfähigkeit", die unter anderem infolge „Kindesalters" ausgeschlossen sein kann (Art. 16 ZGB); feste Altersgrenzen sind hierfür jedoch nicht gesetzt. Die individualisierende Entscheidung des Problems der Urteilsfähigkeit bei Kindern orientiert sich am angemessenen Ergebnis, die Tatbestandsvoraussetzungen werden von den Rechtsfolgen her bestimmt: „Ist eine unvernünftige Handlung begangen worden, so liegt es nahe, Urteilsunfähigkeit anzunehmen. Hat jedoch die fragliche Handlung ... zumutbare Folgen gezeitigt, so wird sicher in diesem Punkte, vielleicht zu Unrecht, Urteilsfähigkeit angenommen[33]." — Im BGB unterscheidet sich die Regelung der *Delikts*fähigkeit von der der *Geschäfts*fähigkeit dadurch, daß in dem großen Übergangsbereich zwischen 7 und 18 Jahren die Verschuldensfähigkeit gemäß § 828 Abs. 2 an die tatsächlich-individuelle Einsichtsfähigkeit anknüpft. Im Gegensatz zur inhaltlich beschränkten, dafür bestimmten Altersgruppen generell zuerkannten Geschäftsfähigkeit kann die Deliktsfähigkeit nur auf Grund einer individuellen Prüfung jedes Einzelfalls uneingeschränkt bejaht oder verneint werden[34]. In der Literatur wird dieser Unterschied meist durch eine Assoziation zur beschränkten Geschäftsfähigkeit weckende Terminologie („bedingte Verschuldensfähigkeit") verwischt; positive Begründungen für die Verschiedenartigkeit der Regelungen finden sich kaum[35]. Die Erklärung liegt auf der Hand: bei der Regelung der Geschäftsfähigkeit ergibt sich die Notwendigkeit einer „sicheren" Regelung aus dem Bedürfnis des Verkehrs nach „Zuverlässigkeit geschäftlicher Berechnungen"[36], das als vorrangig gegenüber einem im Einzelfall in eine Belastung umschlagenden Minderjährigen-„Schutz" angesehen wird; bei der Deliktsfähigkeit entfällt ein solcher spezieller Gesichtspunkt für eine *starre* begriffliche Festlegung.

bb) Ein weiteres bekanntes Beispiel für das Zusammenwirken sachlicher Gerechtigkeitsgedanken und Rechtssicherheitsinteressen bietet § 181 BGB. Über den zugrunde liegenden *Typus* besteht Einigkeit: „Die Normalsituation des ‚*Interessenkonflikts*' der Geschäftsparteien und die Erfahrungstatsache des menschlichen Egoismus oder der menschlichen Parteilichkeit sind das soziologische Anschauungsmaterial, das die Feder des Gesetzgebers geführt hat[37]." Typenbildender sachlicher Wertgedanke ist der angestrebte Schutz vor der Gefahr einer Übervorteilung durch Machtmißbrauch. Die Norm knüpft jedoch nicht an die eine Wertung erfordernden, daher streitträchtigen Merkmale des *Interessengegensatzes* bzw. *Machtmißbrauchs* an, sondern macht das im Hinblick auf den sachlichen Wertgedanken nur *typische*, aber sicher feststellbare Kennzeichen des „In-sich-Geschäfts"[38], der Beteiligung des Vertreters auf beiden Seiten des Rechtsgeschäfts, zum klassenbestimmenden Tatbestandsmerkmal. Dies hat die für die Verbegrifflichung

---

[33] *Grossen*, in: Schweizerisches Privatrecht, Bd. II, S. 319.
[34] Die Interessen des Geschädigten können jedoch in einem ebenfalls individualisierenden Verfahren gemäß § 829 BGB berücksichtigt werden.
[35] Eine Ausnahme bildet *Lange*, Allgemeiner Teil, § 22 I 3.
[36] *Merk*, Veräußerlichung S. 166.
[37] *Boehmer*, Grundlagen II/2 S. 47 f.
[38] Dazu, daß auch nicht abstufbare Merkmale Züge eines Typus sein können, vgl. oben S. 53.

von Typen charakteristische Verschiebung des Objektsbereichs zur Folge: Die Klasse ist einerseits zu weit, da sie auch Rechtsgeschäfte umfaßt, bei denen ein Interessenkonflikt nicht einmal abstrakt denkbar ist (Beispiele sogleich unten), anderseits ist die Klasse zu eng, insofern als die Gefahr eines Interessengegensatzes und Machtmißbrauchs auch dann auftreten kann, wenn formal mehrere Personen beteiligt sind[39].

Wäre der Wortlaut des § 181 BGB nur als schlagwortartiger Hinweis auf den zugrunde liegenden „eigentlich gemeinten" Typus aufzufassen, wie dies *Hoeniger* behauptet hat[40], so wäre zwar jede einschränkende bzw. erweiternde Anwendung gemäß dem sachlichen Schutzzweck begründet, es würde aber die in der Isolierung und begrifflichen Festsetzung eines typologischen Merkmals liegende Wertung verfehlt. Diese verbietet grundsätzlich in ähnlicher Weise wie bei den Minderjährigen-Schutzvorschriften einen Rekurs auf die „abgeschnittenen" typologischen Züge und Wertungen zum Zwecke einer „Korrektur" des Anwendungsbereiches. Das Zusammenspiel mehrerer Wertungen in § 181 BGB hindert dagegen nicht eine *beide* Zwecksetzungen berücksichtigende teleologische Korrektur: Wo selbst abstrakt ein Interessengegensatz nicht denkbar ist und *auch* „die ratio des Schutzes der Verkehrssicherheit nicht eingreift"[41], läßt sich die Nichtanwendung des § 181 BGB durchaus begründen[42].

c) Auch die Spannung, die zwischen Typus und Begriff im Objektsbereich besteht (oben 1 b), die sich bei der Verbegrifflichung von Typen ergebende Verschiebung des Objektsbereichs, kann in den Dienst besonderer Ziele der Gesetzgebung gestellt werden: Sie kann der Wahrnehmung von Ordnungsaufgaben dienen, eine versteckte Ordnungsentscheidung enthalten. Diese Möglichkeit[43] ist gerade für die im fol-

[39] Beispiele: Einschaltung eines weiteren Vertreters in Unter- oder Eigenvollmacht; Interzessionsfälle. Vgl. die Zusammenstellung bei *Boehmer*, a.a.O. S. 66 ff.

[40] Das Gesetz habe bei § 181 „wie so oft" nur „an den gewöhnlichen und am meisten in die Augen springenden Fall" gedacht, in Wirklichkeit jedoch solle „jeder Interessenkonflikt und die darin liegende Gefahr der Schädigung des Vertretenen ... vermieden werden". Dieser Gedanke habe in § 181 „einen zu engen Ausdruck gefunden", daher sei der Sonderfall des Selbstkontrahierens „im typischen Verfahren der Analogie ... auf seinen Oberbegriff ‚Kontrahieren für eigenes Interesse' zurückzuführen und an diesen weiteren Tatbestand die Rechtsfolge anzuknüpfen". (DJZ 1910, 1347 f.). Da *Hoeniger* die mit dem *Begriff* gekoppelte Rechtssicherheitswertung überhaupt nicht in den Blick bekommt, ist die Analogie verfehlt.

[41] So richtig *Wolfgang Blomeyer*, NJW 69, 127.

[42] Vgl. auch unten § 18.

[43] Im Schrifttum, soweit ersichtlich, bisher nicht erwähnt; hier wird durchweg nur die Rechtssicherheitsfunktion der Verbegrifflichung von Typen hervorgehoben (vgl. *H. J. Wolff*, Typen S. 200; *Larenz*, Methodenlehre S. 445; *Schluep*, Methodologische Bedeutung S. 14; *Arthur Kaufmann*, Analogie S. 39; *Rode*, JR 68, 407 (allerdings in sich widersprüchlich). Das *Bundes-*

genden zu untersuchende Struktur des besonderen Vertragsrechts des BGB von erheblicher Bedeutung und bedarf daher näherer Erläuterung.

In einem spezifischen Sinn kann man von der Ordnungsfunktion des Rechts da sprechen, wo „das Leben" nicht lediglich sicher geregelt, sondern durch eine Bewertung eine gestaltende Einflußnahme auf den bewerteten Lebensbereich angestrebt wird[44]. Ein anschauliches Beispiel stellt der rechtsgeschäftliche Verkehr dar, der sich — zumeist unter dem Einfluß der Rechtsberatung — auf eine bestimmte Rechtslage einrichtet, sei es, daß unerwünschten Rechtsfolgen ausgewichen wird, sei es, daß erwünschte angestrebt werden. Die „Anpassung des Lebens an das Recht"[45] ist in diesen Fällen nicht nur Nebenwirkung, sondern mit Zweck der betreffenden Regelung.

Ob und gegebenenfalls in welchem Umfang der Gesetzgeber berechtigt ist, den Rechtsverkehr derart in Bahnen zu weisen[46], ist erst später[47] zu untersuchen. Im Hinblick auf die Unterscheidung von Typus und Begriff ist auch die Frage, welche *materiellen* Bewertungen welchen gestaltenden Einfluß auf den Verkehr ausüben, nur von mittelbarem Interesse; primär kommt es darauf an, welche Regelungs*technik* zur Verfügung steht, welche rechtstechnischen Möglichkeiten bestehen, den Rechtsverkehr zu „kanalisieren"[48]. Dabei zeichnet sich im Überblick folgende Stufenleiter ab:

aa) Das schärfste Mittel, das Rechtsleben in bestimmte Bahnen zu lenken, stellt die ausdrückliche Beschränkung auf einen (begrifflich bestimmten) „numerus clausus" von Rechtsformen dar. Das Schulbei-

---

verfassungsgericht erkennt als Gründe für eine „Typisierung" — worunter es gerade die Verbegrifflichung von Typen versteht (vgl. oben § 2 bei und in Anm. 6) — die Notwendigkeit einer Generalisierung bei der Regelung von Massenerscheinungen (BVerfG 22, 100, 103; 23, 135, 144 m. w. N.), das Streben nach Praktikabilität (BVerfGE 9, 3, 13; 13, 331, 341; 14, 76, 102; 17, 1, 23; 21, 12, 27; 24, 174, 183) insbesondere die Vermeidung von „Abgrenzungsschwierigkeiten" (BVerfGE 13, 237, 242 f.; 16, 147, 173; 21, 245, 259) an. Die bei der Verbegrifflichung von Typen auftretende Verschiebung des Objektsbereichs wird vom BVerfG zwar gesehen (vgl. BVerfGE 14, 34, 40; 23, 135, 145 f.), aber nur als „nicht ganz zu vermeidende Härte" gewertet (vgl. BVerfGE 22, 100, 106).

[44] Vgl. *Engisch*, Konkretisierung S. 93, 283; *Heck*, Begriffsbildung S. 18; *Jesch*, Unbestimmter Rechtsbegriff S. 181; *Enn. - Nipp.*, § 30 Anm. 4; *Badura*, Das Recht als gesellschaftliches Gestaltungsmittel, pass.

[45] Vgl. den gleichnamigen Beitrag von *Ernst Wolff* in der Festschrift für *E. Heinitz*, Berlin 1926, S. 1 ff.

[46] *Heinrich Stoll* spricht (RG-Festschrift, S. 53 f.) dem Gesetzgeber das Recht ab, „mit privatrechtlichen Mitteln Verwaltungsmaßnahmen durchzuführen, um politische Erfolge erzielen zu wollen"; im Widerspruch zu dieser — sicher zu weit gehenden — Behauptung erkennt *Stoll*, a.a.O. S. 63, Überwachungs- und Lenkungszwecke des Gesetzes an.

[47] Vgl. unten Teil III, §§ 12 u. 15.

[48] *Raiser*, Rechtsschutz S. 147.

spiel für ein solches Gebot bestimmter starrer Formen, Verbot abweichender Gestalten bildet der numerus clausus der Sachenrechte[49].

bb) Als nächstschwächere Stufe ist die Zulassung beliebiger Gestaltungen, verbunden mit einer ausdrücklichen Unterstellung „unerwünschter" Rechtsformen unter sachfremde Normen zu nennen. Der Verkehr kann sich zwar anderer als der gesetzlich vorgesehenen Formen bedienen, muß aber die Nachteile unpassender Rechtsfolgen in Kauf nehmen. Das Schulbeispiel hierfür bildet — jedenfalls nach der Intention des Gesetzgebers — § 54 BGB. Der Gesetzgeber hat nicht den nichtrechtsfähigen Verein als typologisch (und daher: wertungsmäßig) der Gesellschaft gleichsinnig angesehen, sondern gerade in Kenntnis der Verschiedenheit[50] das deshalb „unpassende" Recht für anwendbar erklärt[51]. Rein sprachlich äußert sich dies schon darin, daß im Unterschied zu sonstigen Verweisungsvorschriften[52], die für als ähnlich erkannte Fälle die *„entsprechende"* Anwendung[53] einer anderen Regelung vorsehen, dieser Zusatz in § 54 BGB fehlt. Durch die vorbehaltlose Verweisung auf das sachlich unangemessene Recht soll der Verkehr dazu angehalten werden, die Rechtsfähigkeit der Vereine anzustreben[54]. Deshalb kann sich die Rechts*anwendung* über diese Vorschrift nur hinwegsetzen, wenn sie dem Gesetz entweder überhaupt das Recht abspricht, diese Ordnungsaufgabe wahrzunehmen[55] oder zumindest nachweist, daß die verfolgten Ordnungsziele den Wertungen der Rechtsordnung heute nicht mehr entsprechen, ja geradezu widersprechen[56].

---

[49] Zur Ordnungsfunktion, der die Zulassung einer nur beschränkten Zahl begrifflich fixierter (und darum zu Unrecht „Typen" genannter) Sachenrechte dient, vgl. *Heck*, Sachenrecht § 23, 2; *Enneccerus - Wolff - Raiser*, Sachenrecht § 2 I; *Baur*, Sachenrecht § 1 II 2 a, b.

[50] Die Rechtsfähigkeit bildet nur ein *typisches* Merkmal des Vereins und darum einen für den *Typus* Verein verzichtbaren Zug. Vgl. hierzu *Heinrich Stoll*, RG-Festschrift Bd. 2, S. 49 im Anschluß an *Neubecker*, Vereine ohne Rechtsfähigkeit, Leipzig 1908.

[51] Die Befugnis zu „sachwidriger" Bewertung kann dem Gesetz nicht ohne weiteres abgesprochen werden. Der negative Gleichheitssatz gebietet nicht schlechthin, Ungleichsinniges verschieden zu behandeln, sondern steht einer Gleichbehandlung (und das heißt: einer sachwidrigen Bewertung) des Ungleichsinnigen nur dann im Wege, wenn sie ohne rechtfertigenden Grund, also willkürlich, erfolgt (vgl. *Canaris*, Systemdenken S. 102).

[52] Vgl. etwa die §§ 86, 89, 135 Abs. 2, 161 Abs. 3, 254 Abs. 2 S. 2, 413, 419 Abs. 2 S. 2, 445, 467, 480, 493, 515, 528, 581, 675 etc. BGB.

[53] *Larenz*, Methodenlehre S. 198, hält eine „entsprechende" Anwendung auch dann für geboten, „wenn es nicht ausdrücklich im Gesetz gesagt ist"; m. E. *kann* jedoch — wie gerade § 54 BGB zeigt — das Fehlen des Wortes „entsprechend" durchaus signifikant sein.

[54] Zu den bekannten, hierfür maßgeblichen (insbesondere politischen) Gründen siehe *Heinrich Stoll*, RG-Festschrift S. 50 ff.; *Boehmer*, Grundlagen II/2 S. 167 ff.; *Habscheid* AcP 155, 375, 379 ff.; *Fabricius*, Relativität S. 187 ff.

[55] In dieser Richtung hat sich insbesondere *Heinrich Stoll* a.a.O. S. 53 f. geäußert.

[56] Hierzu wiederum *Heinrich Stoll*, a.a.O. S. 61 ff., sowie *Habscheid*, a.a.O. S. 375 ff., 381 ff., 385; *Schultze - v. Lasaulx*, bei *Soergel* Anm. 5 zu § 54;

cc) In verdeckterer Form läßt sich dasselbe Ergebnis wie unter bb) durch *Fiktionen* erreichen, deren Wesen „in der gewollten Gleichsetzung eines als ungleich Gewußten, mitunter auch der Ungleichsetzung eines als gleich Gewußten“[57] besteht. Der Gesetzgeber hätte also auch durch die Formulierung „der nichtrechtsfähige Verein gilt als Gesellschaft“ die Unterschiede äußerlich verwischen und in gleicher Weise die Anwendbarkeit des „unpassenden Gesellschaftsrechts“ anordnen können.

dd) Auf äußerlich wiederum subtilere Weise läßt sich der gleiche Erfolg dadurch erzielen, daß das Gesetz eine Regelung am Typus einer als gewünscht gewerteten Rechtsfigur ausrichtet, den Anwendungsbereich der so gefundenen Regelung aber durch begriffliche Fassung des Tatbestandes bewußt so über den Typus hinaus erweitert, daß auch die als unerwünscht gewerteten Figuren des Rechtsverkehrs erfaßt werden. Hierzu ist lediglich erforderlich, daß aus den Zügen des Typus bewußt kein für die Wertung besonders wichtiges Merkmal ausgesucht und zum klassenbestimmenden erhoben, sondern ein „blasserer“ Zug gewählt wird, der entsprechend seiner geringeren Kennzeichnungskraft sich auch bei den „abgewerteten“ Gestaltungen findet.

Das Entscheidende an diesem Verfahren ist, daß die vom Begriff auch erfaßten Erscheinungen an sich als typologisch und wertungsmäßig verschieden erkannt werden. Grund der Tatbestandserweiterung ist nicht die Überzeugung, daß die derart auch erfaßten Gestaltungen in den für die Bewertung besonders wichtigen Zügen gleichgelagert sind; vielmehr bestimmt gerade die Erkenntnis der Ungleichheit und der daraus resultierenden sachlichen Unangemessenheit der Wertungserstreckung den Gesetzgeber zu der erweiternden Begriffsbildung: Die Art und Weise der Verbegrifflichung einer sachlich auf einen Typus ausgerichteten Regelung dient als Technik der Gleichbehandlung des Ungleichsinnigen. Die Frage nach dem rechtfertigenden Grund[58] stellt und beantwortet sich in gleicher Weise wie bei den oben unter bb) und cc) genannten Techniken: Durch die im erweiterten Bereich „unpassende“ Regelung soll der Verkehr in die sachgemäßen Rechtsfolgen und das heißt: in die erwünschten typischen Rechtsformen gelenkt werden. Der Hauptunterschied zu den oben genannten Verfahren liegt darin, daß man dieser Regelungstechnik die gegen atypische Gestaltungen gerichtete Komponente weit weniger ansieht als etwa dem § 54 BGB; in der Wirkung entsprechen sich die Verfahren. So ließe sich eine begriffliche Definition als Tatbestand der §§ 705 ff. BGB den-

---

Coing, bei *Staudinger* Anm. 1 zu § 54; *Larenz*, Methodenlehre S. 389 ff.; BGHZ 42, 210, 216 und (eingehend) 48, 325 (jeweils im Hinblick auf Gewerkschaften).

[57] *Larenz*, Methodenlehre S. 199.

[58] Vgl. oben Anm. 51.

ken, die „Gesellschaft" und „nichtrechtsfähigen Verein" umfaßt[59]. *Äußerlich* würde eine solche Vorschrift weit weniger anstößig erscheinen als die Regelung des § 54 BGB, da formal an gleiche tatbestandliche Voraussetzungen gleiche Rechtsfolgen geknüpft werden; *sachlich* würde sie in gleicher Weise wie § 54 BGB unpassendes Gesellschaftsrecht auf körperschaftlich strukturierte Verbände übertragen.

ee) Als nächste Stufe ist die Regelung von Typen im techn. Sinn zu nennen. Hier hängt das Maß der Einschränkung der Privatautonomie einmal vom Grad der Verbindlichkeit der für typische Gestaltungen gegebenen Regelungen ab (Frage der Abdingbarkeit in typischen Fällen), sodann von der Frage, ob und inwieweit das typische Recht auf atypische Fälle zu erstrecken ist. Insofern *kann* auch eine typologisch gefaßte Regelung der Parteiautonomie Schranken setzen[60]; dies aber ist hier nicht weiter zu verfolgen[61].

Fassen wir zusammen: Die Abweichungen, die sich bei der Verbegrifflichung von Typen ergeben, dürfen nicht nur negativ als Unzulänglichkeiten des Begriffes zur Erfassung von Typen angesehen werden; sie lassen sich vielmehr positiv in den Dienst spezifischer rechtlicher Regelungszwecke stellen. Der Verbegrifflichung kann eine von spezifischen Wertungen getragene Eigenbedeutung zukommen, die sich in dem — meist allein genannten — Streben nach Rechtssicherheit nicht erschöpft.

§ 10: Die Überlagerung von „primärer" und „sekundärer" Wertentscheidung im begrifflich gefaßten Gesetz

1. Die bisherigen Ausführungen sollten gezeigt haben, daß innerhalb einer „teleologischen Begriffsbildung"[1] zu differenzieren ist: Ein teleo-

---

[59] Vgl. den Begriff der Gesellschaft im schweizerischen Recht, der Gesellschaft i. e. S. *und* Verein beinhaltet; hierzu *Koller*, Grundfragen S. 6 f.; *Mengiardi*, Strukturprobleme S. 17.

[60] Im Gegensatz hierzu meint *H. P. Westermann*, Typengesetzlichkeit S. 104, daß „der Typus als praktizierbare Grenze der Vertragsfreiheit" nicht in Betracht komme, wenn es nicht gelinge, „die Typvorstellungen in Richtung auf den klassifikatorischen Begriff so weit zu verfestigen, daß das Wesen des Typus im Grunde unveränderlich festliegt". Wie noch zu zeigen (unten § 12), gewährleistet auch, ja: gerade eine typologisch gefaßte Regelung, daß der Rechtsverkehr Wertungen nicht oder nur schwer ausweichen kann. Verfehlt ist auch die Frage, ob „Vertragsfreiheit nur unter Beachtung der essentiellen Merkmale des Typus" bestehe (*H. P. Westermann*, a.a.O. S. 97): wo „essentielle", unverzichtbare Erfordernisse aufgestellt werden, liegen begriffliche Festsetzungen vor, kann nicht mehr von einer typologischen Regelungsstruktur gesprochen werden.

[61] Vgl. unten § 12.

[1] „Begriff" zunächst im weiteren Sinne verstanden, also Begriff i. e. S. und Typus umfassend.

logisch gebildeter Typus liegt vor, soweit vorwiegend[2] unter sachlichen Gerechtigkeitsgedanken ein Fallbereich zu erfassen gesucht wird, der ständiger Korrektur am leitenden Wertgesichtspunkt unterliegt, so daß ein Merkmalskomplex zwar beschreibend herausgehoben, nicht aber abschließend festgelegt wird, alle genannten Züge nur beispielhafte, hinweisende Bedeutung haben. Treten zu den genannten sachlichen Wertungen weitere Wertungen hinzu, die den Objektsbereich in der einen oder anderen Weise *festzulegen* trachten, um weiterer mit der Norm verfolgter Zwecke willen eine bestimmte Auswahl unter den Zügen des Typus treffen und zu klassenbestimmenden Merkmalen erheben, wobei auch eine „Verschiebung des Objektsbereichs" bewußt in Kauf genommen wird, so liegt ein — ebenfalls teleologisch gebildeter — *Begriff* vor.

Das Wort „teleologisch" umfaßt demnach verschiedene Wertungsgruppen, die sich gedanklich durchaus trennen und letztlich auf den sachlichen Gerechtigkeitsgedanken einerseits, Rechtssicherheit und Zweckmäßigkeit anderseits zurückführen lassen. Von dieser Unterscheidung der Wertungsgruppen her läßt sich der Vorgang der Begriffsbildung (i. w. S.) aufschlüsseln: Soweit nur oder doch vorwiegend die erste Gruppe beteiligt ist, haben wir es mit *Typenbildung* zu tun; die *Begriffs*bildung *i. e. S.* ist dagegen — wie der Prozeß der Verbegrifflichung von Typen deutlich gemacht haben sollte — durch das Hinzutreten der zweiten Wertungsgruppe zur ersten gekennzeichnet, der Begriff i. e. S. ist in mehrfacher Stufung teleologisch erfüllt. Um auf die beiden Wertungsgruppen schlagwortartig zu verweisen, wird im folgenden — in Anlehnung an *Heck*[3] — von „primärer" und „sekundärer" Wertentscheidung gesprochen werden. Wir können dann kurz sagen: Primärwertungen wirken typenbildend, Sekundärwertungen begriffsbildend; juristische Begriffe i. e. S. sind durch die *Überlagerung* von Primär- und Sekundärwertungen gekennzeichnet.

Die nähere Art und Weise dieser Überlagerung, das Gewichtsverhältnis beider Wertungsgruppen zueinander, macht die Problematik juristischer Begriffe aus. Dabei sind wiederum zwei Stufen zu unterscheiden: Einmal kann innerhalb der als unstreitig hingenommenen Grenzen eines Begriffs dem *Zusammenspiel* beider Wertungen nachgegangen werden (unten a), sodann kann die Frage nach den Grenzen der Überlagerung im *Konflikt* zwischen beiden Wertungen gestellt werden (unten b).

a) Die Tatsache, daß der Begriff auf Grund der Sekundärwertung auch da anzuwenden sein kann, wo dies von der zugrunde liegenden sach-

---

[2] Zur abstufenden Fassung sogleich unten.
[3] Näher unter 3.

lichen Wertung her nicht verständlich ist, kann zu der Ansicht verleiten, daß die Primärwertung in den Begriff überhaupt nicht eingeht[4], daher auch in der Anwendung *allein* die Sekundärwertung zum Tragen kommt. Diese Sicht ist ebenso einseitig und darum verfehlt wie der Versuch, den Begriff allein vom sachlichen Wertgedanken her zu deuten. Vielmehr ergänzen sich innerhalb des Anwendungsbereiches eines Begriffes beide Wertungen in variablem Mischungsverhältnis zueinander, wie sich leicht an unserem Beispiel des Minderjährigenrechts zeigen läßt: Die Anwendung der Schutzvorschriften auf ein 14jähriges, geistig normal entwickeltes „typisches" Kind ist ausschließlich vom sachlichen Wertgehalt der Vorschriften getragen; beim überdurchschnittlich intelligenten und geschäftlich erfahrenen Minderjährigen am Tage vor der Vollendung des 21. Lebensjahres rechtfertigt dagegen allein die Rechtssicherheitsfunktion die Anwendung der „Schutz"vorschriften. Dazwischen liegt ein Bereich stetig abnehmender Maßgeblichkeit der Primärwertung, zunehmender Bedeutung der Sekundärwertung[5]. In dem abgestuften Mischungsverhältnis spiegelt sich die Reihenordnung wider, die von dem zugrunde liegenden Typus in höherem bzw. geringerem Maße zuzuordnenden Fällen zu den atypischen, aber klassenzugehörigen Fällen führt.

b) Die Überlagerung der primären durch die sekundäre Wertentscheidung kann jedoch nicht beliebig weit gehen, soll immer noch von einem „Zusammenspiel" die Rede sein. Wie wir gesehen haben, können auf Grund der sekundären Wertentscheidung Fallgestaltungen einbezogen werden, die von der primären Wertung nicht nur nicht erfaßt werden, sondern sogar eine gerade entgegengesetzte Bewertung erfordern — ein Konflikt, der nach einer Abwägung verlangt, welcher Wertung der Vorrang gebührt. Es sollte nicht zweifelhaft sein, daß das Spannungsverhältnis von primärer und sekundärer Wertung, das sich letztlich auf die Polarität der Komponenten der Rechtsidee zurückführen läßt, durch keine absolute Formel zu lösen ist. Es wird sowohl für den Gesetzgeber wie — nachvollziehend oder auch selbst wertend[6] — für den Rechtsanwender immer darauf ankommen, das relative Gewichtsverhältnis der beiden Wertungen zueinander zu bestimmen, zu

---

[4] So ist wohl *Strache*, Standards S. 45 zu verstehen.

[5] Dasselbe gilt mutatis mutandis für die Reihenordnung zum geschäftsunfähigen Kind hin.

[6] Ein „Nachvollzug" im Hinblick auf typenbildende primäre Wertentscheidung und begriffsbildende sekundäre Wertung wird in aller Regel (vgl. aber oben § 7 bei Anm. 24) ausgeschlossen sein, da der Gesetzgeber die Unterscheidung und die verschiedenen Regelungstechniken, auf die sie Bezug nimmt, nicht kannte. Ob die jeweiligen *Konsequenzen* typologischer bzw. begrifflicher Tatbestandsfassung beabsichtigt waren, bzw. heute als erstrebt angesehen werden können, läßt sich dessenungeachtet ermitteln bzw. wertend entscheiden. Näher unten §§ 17 u. 18.

entscheiden, *bis zu welchem Grade* etwa das Streben nach Rechtssicherheit auf Kosten der sachlichen Angemessenheit gehen darf, *inwieweit* eine von der sachlichen Wertung her gesehen ungleiche Behandlung gleichsinniger Fälle bzw. eine Gleichbehandlung ungleichsinniger Fälle durch eine Sekundärwertung gerechtfertigt sein kann. Unter dem letztgenannten Aspekt hatte das *Bundesverfassungsgericht* wiederholt Gesetze zu überprüfen, die infolge einer „Typisierung" (d. i. nach dem Sprachgebrauch des Gerichts[7] die *begriffliche* Festsetzung eines „Normalfalles") einerseits von der zugrunde liegenden sachlichen Wertung her gesehen gleichsinnige Fälle ausschlossen, anderseits ungleichwertige Fälle einbezogen, also die für die Verbegrifflichung von Typen charakteristische „Verschiebung des Objektsbereichs"[8] aufwiesen. Das BVerfG hat zwar die grundsätzliche Gestaltungsfreiheit des Gesetzgebers anerkannt und schon die bloße Notwendigkeit einer generalisierenden Regelung von Massenerscheinungen als sachlichen Grund für eine Ungleichbehandlung angesehen[9], sich aber doch die Prüfung vorbehalten, „ob etwa die Grenzen zulässiger Typisierung überschritten sind"[10], die durch eine *Abwägung* zu bestimmen gesucht werden: „Die wirtschaftlich ungleiche Wirkung einer Regelung auf die Steuerzahler darf ein gewisses Maß nicht überschreiten. Die steuerlichen Vorteile der Typisierung müssen *im rechten Verhältnis* zu der mit der Typisierung notwendig verbundenen Ungleichheit der steuerlichen Belastung stehen." Wirke sich ein Steuergesetz, „das durch eine besonders weite Fassung des typisierenden Sachverhalts äußerlich eine ungleiche Behandlung vermeidet, praktisch dahin aus, daß ganze Gruppen von Steuerpflichtigen *wesentlich stärker* belastet sind als andere", so könnten „diese ungleichen Folgen in einem *Mißverhältnis* zu den mit der Typisierung verbundenen Vorteilen" stehen und einen Widerspruch zu Art. 3 Abs. 1 GG begründen[11]. In einer anderen Entscheidung[12] hat das Gericht auf den der begrifflichen Gesetzesfassung zugrunde liegenden Typus zurückgegriffen, um nähere Kriterien für die Abwägung zwischen Primär- und Sekundärwertung zu entwickeln: Im Bereich der darreichenden Verwaltung sei zwischen „bevorzugenden" und „benachteiligenden" Folgen der gesetzlichen Typisierung zu differenzieren, wobei diese Unterscheidung nur sinnvoll sei, wenn man sie „auf den Normalfall bezieht, d. h. auf den Fall, der nach Sinn und Zweck des Gesetzes in der Regel erfaßt werden soll und erfaßt wird." Es sei „leichter erträglich, wenn gelegentlich einer Typi-

---

[7] Vgl. oben § 2 bei Anm. 6.
[8] Vgl. oben § 9, 1 b.
[9] Vgl. BVerfGE 23, 135, 144 und oben § 9 Anm. 43.
[10] BVerfGE 17, 1, 23.
[11] BVerfGE 21, 12, 27 f.
[12] BVerfGE 17, 1, 23 f.

sierung auch Personen in den Genuß von Vorteilen kommen, die ihnen nach dem strengen Zweck des Gesetzes[13] nicht gebührten, als wenn Personen davon ausgeschlossen werden, denen die Vorteile nach dem Zweck des Gesetzes zukämen." Daher sei „die Gestaltungsfreiheit des Gesetzgebers bei bevorzugender Typisierung ‚nach der Natur der Sache' weiter gespannt als bei benachteiligender Typisierung." In der Notwendigkeit einer Abwägung zwischen Primär- und Sekundärwertung bestätigt sich erneut, daß zwischen typologisch „offenen" und begrifflich „geschlossenen" Normen keine feste Grenze gezogen werden kann[14]. Einerseits schwingen auch in der Typenbildung schon Rechtssicherheitsgedanken bzw. Zweckmäßigkeitserwägungen mit, anderseits stehen auch hinter formalen Ordnungsvorschriften und den ihnen zugeordneten Begriffen im Ansatz noch Gerechtigkeitswerte: Dazwischen liegt der weite Bereich abgestufter Bedeutsamkeit der Primär- im Verhältnis zur Sekundärwertung.

2. Die Unterscheidung von primärer und sekundärer Wertentscheidung ist, wie kaum zu betonen sein sollte, *der Sache nach* nicht neu. Eine ganz ähnliche, wenn nicht identische Unterscheidung findet sich, um wieder an *Savigny* anzuknüpfen, im „System" unter den Bezeichnungen „Grund des Gesetzes" einerseits, „Mittelglieder zwischen Grund und Inhalt" anderseits:

Grund des Gesetzes ist für *Savigny* sowohl „die schon vorhandene höhere Rechtsregel, deren consequente Durchführung das gegenwärtige Gesetz herbeygeführt hat", als auch „die Wirkung, die durch das Gesetz hervorgebracht werden soll"[15]. Beide Aspekte betreffen, nur das ist in unserem Zusammenhang wichtig, den sachlichen Grund, den gerechtigkeitsbezogenen Gedanken einer Vorschrift[16]: Bei der „vorausliegenden Regel" ist dies nach dem oben

[13] Gemeint ist der sachliche Zweck, also in unserer Terminologie die primäre Wertentscheidung.

[14] Ebensowenig wie zwischen „billigem" und „strengem" Recht. Ersteres ist zwar um die wertausfüllungsbedürftigen Begriffe und Generalklauseln weiter als der Bereich des Typendenkens, letzteres hingegen kann mit begrifflichem Denken identifiziert werden. Die Grenze liegt also beim Übergang vom Typus zum Begriff. Schon *Thöl* hat (Einleitung in das deutsche Privatrecht, Göttingen 1851, S. 106) darauf hingewiesen, daß man eigentlich nur „ein billigeres und ein strengeres Recht gegenüberstellen" könne (ähnlich *Esser*, Grundsatz und Norm S. 152); freilich verleitete die richtige Erkenntnis des nur komparativisch zu erfassenden Unterschiedes *Thöl* zu dem für begriffliches Denken charakteristischen Fehlschluß, den Gegensatz überhaupt als „ohne Wahrheit" abzutun, wogegen sich *Enneccerus - Nipperdey* (S. 306 Fn. 5) zu Recht wenden.

[15] *Savigny*, System, Bd. 1, S. 217.

[16] Dies zeigt auch die weitere Unterscheidung „specieller und genereller Gründe" (*Savigny*, a.a.O. S. 219) je nach dem „Grade in der Verwandtschaft des Grundes mit dem Inhalt des Gesetzes": beruht eine Vorschrift nur ganz allgemein auf „aequitas", handle es sich um eine entfernte Verwandschaft, um einen generellen Grund (vgl. S. 219 Anm. c, 228, 238); ist eine Vorschrift Ausfluß näherer Konkretisierung des Gerechtigkeitsgedankens, liege ein specieller Grund vor (vgl. das Beispiel S. 219 Anm. b). „Diese Begriffe aber

(§ 7, 1) zum Rechtsinstitut Gesagten klar, bei der „Wirkung" erhellt es aus der beispielhaften Erläuterung, durch die Wuchergesetze solle „die Bedrückung armer Schuldner verhütet werden"[17].

Der *endgültige Inhalt eines Gesetzes* wird aber nicht allein durch diesen sachlichen „Grund" (bzw. mehrere solche Gründe, die nebeneinander bestehen können[18] bestimmt, sondern weiterhin durch *„Mittelglieder in der Gedankenreihe"*, „wodurch der Gesetzgeber ohne Inconsequenz bestimmt werden konnte, dem Gesetze ein weiteres oder engeres Gebiet anzuweisen, als worauf der Grund des Gesetzes zu führen schien"[19]. *Savigny* erläutert diesen Gedanken am Beispiel des Sc. Macedonianum[20], das „zum Zweck (hatte), wucherliche, die Familienverhältnisse gefährdende Geschäfte mit Kindern in väterlicher Gewalt zu verhindern. Das Verbot wurde aber viel weiter gefaßt, so daß auch ganz unschuldige Fälle darunter fielen, weil es außerdem unmöglich war, die wirklich gemeynten Fälle sicher zu treffen"[21].

Die Parallele zu den oben[22] anhand der Problematik des § 181 BGB erörterten Gesichtspunkten ist offensichtlich. Aber auch in den methodischen Konsequenzen besteht Übereinstimmung, was vorläufig nur angedeutet werden kann[23]: Die bekannte Warnung *Savignys*, „nur mit großer Vorsicht zulässig (sei) der Gebrauch des Gesetzgrundes zur Auslegung der Gesetze"[24] muß vor dem Hintergrund dieser Unterscheidung gesehen werden, denn die Vorsicht ist geboten wegen „der Möglichkeit nicht ausgesprochener Mittelglieder zwischen dem Grund und dem Inhalt des Gesetzes, durch welche vielleicht eine scheinbare Verschiedenheit zwischen beiden erklärt und gerechtfertigt werden kann"[25]. Das bedeutet in der Terminologie dieser Arbeit: Wo eine sekundäre Wertung die primäre überlagert, ist eine Interpretation oder gar „Korrektur" des Gesetzes allein gemäß der primären Wertung unzulässig.

Die Trennung nach primärer und sekundärer Wertung führt aber insofern über die bloße Unterscheidung der verschiedene Stadien der Rechtsbildung leitenden Wertgruppen hinaus, als sie die Frage nach der begrifflichen Qualität der jeweils gebildeten Rechtssätze einbezieht und mit Hilfe der Unterscheidung von typologischem und begrifflichem Denken zu klären versucht. Der Gewinn dieser Verknüpfung liegt einmal darin, daß zur Kennzeichnung der gedanklichen Tätigkeit im Stadium der „Sachentscheidung" nicht, wie meist, mit dem die

---

sind relativ, eine scharfe Gränze besteht zwischen denselben nicht, und es lassen sich vielmehr sehr allmälige Übergänge denken" (a.a.O. S. 219).

[17] *Savigny*, a.a.O. S. 218.

[18] *Savigny*, a.a.O. S. 218.

[19] *Savigny*, a.a.O. S. 323.

[20] S. hierzu *Windscheid*, Lehrbuch II, § 373 (S. 413 ff.); *Jörs-Kunkel*, § 135, 4 m. w. N.

[21] *Savigny*, a.a.O. S. 219 Anm. a.

[22] § 9, 2 b, bb.

[23] Näher unten §§ 16 u. 18.

[24] *Savigny*, a.a.O. S. 220.

[25] *Savigny*, a.a.O. S. 218 f.

Probleme mehr verdeckenden als lösenden Begriff der „Anschauung" gearbeitet werden muß[26], zum anderen darin, daß die Eigenbedeutung einer *begrifflichen* Normierung scharf hervorgehoben werden kann. Daß die Verknüpfung mit den Denkformen von Typus und Begriff in diesen Beziehungen eine Lücke zu schließen vermag, sei am Beispiel von *Heck* erläutert:

Heck unterteilt den psychologischen Vorgang der Gesetzesentstehung ebenfalls in zwei Stadien: zunächst das der „Sachentscheidung", untergliedert in „*Anschauung* und *Wertung* der normenbedürftigen Lebensverhältnisse und Interessenkonflikte", worauf das Stadium der „Redaktion" folgt, wiederum untergliedert in die Teilakte der „*begrifflichen* und der *sprachlichen* Formung"[27]. Diese Unterteilung muß im Zusammenhang gesehen werden mit der Gliederung der „mannigfachen Interessen, die der Gesetzgeber zu wahren hat", in „Lebensinteressen" einerseits, „rechtstechnische Interessen" anderseits[28]. Die — von *Heck* nicht ausdrücklich erörterte, aber angedeutete[29] — Verknüpfung ergibt folgendes Bild:

a) Die „Sachentscheidung" dient den Lebensinteressen, das sind „die letzthin wirksamen Interessen", „zu deren Schutz das Gesetz eingreift" und deren „Berücksichtigung (sich) als materielle Gerechtigkeit bezeichnen" läßt[30]. Im Stadium der Sachentscheidung, „zugleich mit der Anschauung und Wertung", vollzieht sich die „primäre Formung" des Gebots[31]. Soweit ist die Entsprechung zu der auf die materielle Gerechtigkeit bezogenen primären Wertung offensichtlich. Ungelöst ist nur die Frage der Denkform: eine „Formung" setzt doch schon eine gedankliche und das heißt i. w. S. „begriffliche" Erfassung voraus — die „begriffliche und sprachliche Formung" soll aber erst auf der nächsten Stufe des Gesetzbildungsprozesses erfolgen! Diesen Widerspruch vermag *Heck* insbesondere nicht dadurch auszuräumen, daß er die in diesem Stadium maßgeblichen Interessenlagen eine „Abstraktion von Lebensvorgängen" nennt, „die sich in sinnfälliger Erscheinung vollziehen", und „die unmittelbare Erfassung der sinnfälligen Vorgänge" als „das Ursprüngliche" bezeichnet[32]: unmittelbare Erfassung abstrahiert gerade nicht. Wohl aber ist eine einerseits „ursprüngliche", d. h. von einer sekundären Wertung nicht überlagerte, anderseits aber doch „abstrahierende" und damit gedankliche Erfassung „sinnfälliger Erschei-

---

[26] Zur Kritik *Larenz*, Methodenlehre S. 13, 418. Dazu, daß Typenbildung nicht im Wege der „Anschauung" erfolgt, oben § 4 bei Anm. 94 ff.
[27] *Heck*, Gesetzesauslegung S. 18.
[28] *Heck*, Begriffsbildung S. 40 f.
[29] Vgl. *Heck*, Begriffsbildung S. 77.
[30] *Heck*, Begriffsbildung S. 40.
[31] *Heck*, Begriffsbildung S. 79.
[32] *Heck*, Begriffsbildung S. 79.

nungen" in der Denkform des Typus möglich. Unsere Vermutung, daß sich *Hecks* „primäre Formung" demnach als eine typologische kennzeichnen läßt, wird bestätigt, wenn wir zur besonderen Problematik einer solchen nur auf die Lebensinteressen bezogenen Sachentscheidung lesen, daß die in diesem Stadium „angeschauten und gewerteten Lebenskonflikte durch gleitende Übergänge mit anderen verbunden sein" können[33], das aber heißt in der Terminologie dieser Arbeit: der Objektsbereich der Sachentscheidung ist nicht klassenlogisch, sondern typologisch umgrenzt.

Wenn aber „verschieden zu wertende Interessenlagen durch allmähliche, fließende oder gleitende Übergänge miteinander verbunden sind", würde „eine stets interessengemäße Abwägung dem Richter schwierige, oft unlösbare Aufgaben stellen", „die Bindung der Rechtsfolgen an fließende Merkmale die zukünftige Entscheidung der Voraussehbarkeit berauben"[34]. Da der Gesetzgeber aber „nicht nur die Sachentscheidung in einem Gebote ausdrücken", sondern ein Gebot erlassen will, „das anwendbar ist"[35], kann es bei der nur „primären Formung" regelmäßig nicht bleiben.

b) An die Sachentscheidung schließt sich nach *Heck* daher die „Redaktion" an, die von den „rechtstechnischen Interessen", nämlich dem „Praktikabilitätsinteresse" und dem „Darstellungsinteresse" bestimmt wird[36]. Auf das letztere kommt es in unserem Zusammenhang weniger an, da es nur die äußere Gliederung des inhaltlich fertigen Gebotsmaterials betrifft, während das erstere den Inhalt der Norm noch entscheidend mitbestimmt. Das Praktikabilitätsinteresse „umfaßt das Bedürfnis, die Anwendung des Gesetzes durch Richter und Laien zu erleichtern. Es sind die Ideale der Anwendbarkeit und der Rechtssicherheit, die eingreifen"[37]. Zu diesem Zweck kann das Gesetz den „gordischen Knoten"[38], in dem „gleichwertige Tatbestände durch gleitende Übergänge mit anders gearteten verbunden sind"[39], „durchhauen und dadurch die Rechtssicherheit in der Zukunft auch auf Kosten der sachlichen Angemessenheit fördern"[40]. Technisch geschieht dies dadurch,

---

[33] *Heck*, Begriffsbildung S. 77.
[34] *Heck*, Gesetzesauslegung S. 183.
[35] *Heck*, Begriffsbildung S. 40 f.
[36] Die Bezeichnung ebenfalls als „Interessen" ist unglücklich (zur Kritik *Larenz*, Methodenlehre S. 54 f. m. w. N.); der Sache nach meint *Heck* jedoch nicht anderes als an objektiven Zwecken des Rechts ausgerichtete Bewertungsmaßstäbe. Vgl. etwa Begriffsbildung S. 39 Fn. 2, wo *Heck* ausdrücklich sagt, daß bei der gesetzlichen Regelung kollidierender Privatinteressen „die eigenen Interessen (sc. des Gesetzgebers) nur als Normierungsgrund und als Maßstab in Betracht kommen".
[37] *Heck*, Begriffsbildung S. 77.
[38] *Heck*, Gesetzesauslegung S. 182.
[39] *Heck*, Gesetzesauslegung S. 184.
[40] *Heck*, Gesetzesauslegung S. 182.

daß „das Gesetzesgebot in Fällen dieser Art nicht an das für die sachliche Wertung relevante Moment, sondern an ein ‚Surrogatmerkmal' geknüpft" wird[41]. Dies ist genau der Vorgang, den wir als „Verbegrifflichung des Typus" beschrieben haben, denn das „Surrogatmerkmal" ist nichts anderes als ein typologischer Zug, der in seiner begrifflichen Bedeutung an die Stelle der Merkmalsfülle des sachlich zugrunde liegenden Typus gesetzt und zum klassenlogischen Träger der Rechtsfolge gemacht wird[42]. Den Prozeß der Berücksichtigung rechtstechnischer Interessen, „welche diese begriffliche Formung verursachen"[43], nennt *Heck* „sekundäre Formung"[44]. Sieht man davon ab, daß auch bei *Heck* von den für eine sekundäre Wertentscheidung maßgeblichen, oben dargelegten Gesichtspunkten nur der der Rechtssicherheit erscheint, handelt es sich um den gleichen Gedanken: Die begrifflich feste Ausgestaltung einer Norm ist Ausdruck einer sich mit der Sachentscheidung überlagernden weiteren Wertung, die für Rechtsanwendung ebenso beachtlich ist wie die primäre Wertung. „Man kann die erhebliche Interessenlage vor Eingreifen der Praktikabilitätsinteressen als Interessenlage im engeren Sinn dem fertigen Tatbestande gegenüberstellen, der natürlich auch seinerseits auf einer Interessenlage beruht[45]."

Die hier versuchte Deutung der *Heckschen* Unterscheidung von „primärer" und „sekundärer" Formung als einer *typologischen* Ausgestaltung einerseits, *begrifflichen* Fassung anderseits kann insofern auf Bedenken stoßen, als *Heck*, wie wir oben[46] gesehen haben, die Unterscheidung von „typischer" und „determinativer" Begriffsbildung an sich kennt, diese aber auf die von der Wissenschaft zum Zwecke der Darstellung gebildeten „Ordnungsbegriffe" beschränkt. Jedoch: Auch bei der Bildung der „Sollbegriffe" des Gesetzes wird „die unübersehbare Fülle des Lebens dadurch vereinfacht, daß die erheblichen Merkmale in Begriffe zusammengefaßt werden", und auch hier gibt es die beiden Möglichkeiten, es entweder zur Zusammenfassung genügen zu lassen, „daß das fragliche Merkmal sich als Regel vorfindet, vorbehaltlich mehr oder weniger zahlreicher Ausnahmen infolge der Einwirkung besonderer Umstände", oder Beobachtungen zusammenzufassen, „die sich an allen Einzeldingen machen lassen, die in den Umfang des Begriffes einbezogen werden"[47]. Nimmt man hinzu, daß *Heck* an anderer Stelle selbst sagt[48], wir könnten „die Rechtsvorschriften nur für die *normalen*, die Regel bildenden Verhältnisse treffen", ist offensichtlich, daß die Übertragung der Unterscheidung auch auf die Gesetzesbegriffe nahegelegen hätte.

Nach diesem Exkurs zu *Savigny* und *Heck* erscheint eine Besinnung auf den Stand unserer Untersuchung angebracht: Wir haben gesehen,

---

[41] *Heck*, Gesetzesauslegung S. 183.
[42] Vgl. oben § 9, 2 b.
[43] *Heck*, Begriffsbildung S. 77.
[44] *Heck*, Begriffsbildung S. 79 f.
[45] *Heck*, Begriffsbildung S. 77.
[46] § 4 Anm. 10.
[47] *Heck*, Begriffsbildung S. 63 f.
[48] *Heck*, Rechtsgewinnung S. 24.

daß Typen dem Gesetz nicht nur zugrunde liegen (§ 7), sondern auch unmittelbar in das Gesetz eingehen können: das Gesetz ist nicht darauf beschränkt, mit begrifflichen Definitionen zu arbeiten, sondern kann auch Typenbeschreibungen geben (§ 8). Das warf die Frage nach den Gründen auf, die für eine Umwandlung von Typen in Begriffe maßgeblich sind. Wir fanden, daß gerade die Unterschiede, die zwischen Begriff und zugrunde liegendem Typus hinsichtlich Merkmalskomplex, Objektsbereich und Anwendungsverfahren bestehen, in den Dienst spezifischer rechtlicher Regelungszwecke gestellt werden können (§ 9). Wo dies geschieht, ist die begriffliche Ausgestaltung des Gesetzes von besonderen Wertungen, einer „sekundären Wertentscheidung" getragen; diese überlagert die typenbildenden sachlichen Wertungen, die „primäre Wertentscheidung" (§ 10).

Hieraus lassen sich erste Forderungen an die Rechtsanwendung ableiten: Es wird jeweils von der Grundfrage auszugehen sein, ob eine Regelung typologisch oder begrifflich zu verstehen ist, was auf die Frage nach dem Vorliegen und dem Gewicht einer etwaigen sekundären Wertentscheidung hinausläuft: eine vorrangige sekundäre Wertentscheidung steht einer unkritischen Anwendung des begrifflich gefaßten Gesetzes gemäß dem zugrunde liegenden Typus entgegen; wo hingegen eine sekundäre Wertentscheidung fehlt, darf nicht unkritisch subsumiert werden, besteht vielmehr die Aufgabe typologischer Zuordnung. Damit sind genügend Anhaltspunkte gesammelt, um uns der Frage nach der typologischen oder begrifflichen Struktur des besonderen Vertragsrechts zuzuwenden, und das heißt: das Problem typologischer oder begrifflicher Rechtsfindung im Bereich des besonderen Vertragsrechts aufzunehmen.

Dritter Teil

Das besondere Vertragsrecht des BGB in typologischer Sicht

Die im siebenten Abschnitt des zweiten Buches des BGB geregelten „einzelnen Schuldverhältnisse“ werden üblicherweise „typische Schuldverhältnisse“, die darin enthaltenen besonderen Vertragsverhältnisse „Vertragstypen“ genannt. Im Hinblick auf die gesetzliche Regelung spricht man von „gesetzestypischen“ und (gesetzes-)„atypischen“ Verträgen, wobei letztere durchaus „*verkehrs*typisch“ sein können[1], sowie von verschiedenen Formen „gemischt-typischer“ Verträge.

Ob die gerade im Schuldrecht so häufige Bezugnahme auf „Typen“ von der technischen Bedeutung des Wortes her zu rechtfertigen ist, ist wissenschaftlich nicht geklärt. *Engisch*[2] geht ausdrücklich vom „tatsächlichen Gebrauch des *Wortes*[3] ‚Typus‘“ aus, wenn er die „Vertragstypen“ als Beispiel für die „Hauptanwendungen des Typus in Recht und Rechtswissenschaft“ anführt; als Rechtfertigung des Sprachgebrauchs läßt *Engisch* genügen, daß es sich um „rechtshistorisch gewachsene Individualitäten auf der Begriffsebene“ handelt, die eine „spezifische Bedeutung haben und insofern als relativ konkret unterhalb solcher Allgemeinbegriffe wie ... ‚Schuldverhältnis‘ stehen“. *Engisch* setzt sich damit über die Bedenken H. J. *Wolffs* hinweg, der die „erstarrten“ gesetzlichen Typen nicht als Typen im technischen Sinn, sondern als „Muster“ ansieht[4]. *Strache*[5] führt die Schuldvertragstypen als Beispiel für einen Gattungstypus an, dessen Wesensmerkmal darin bestehe, daß er „in seinen Grenzen eindeutig festgelegt ist“[6]. *Strache* schränkt jedoch sofort ein, das Beispiel der Schuldvertragstypen gelte nur, „soweit nicht durch Mischformen fließende Übergänge zwischen ihnen möglich sind“. Ob der Zusatz den Grundsatz nicht auf-

---

[1] *Heck*, Schuldrecht S. 245.

[2] *Engisch*, Konkretisierung S. 266 ff.

[3] Hervorhebung von mir.

[4] *H. J. Wolff*, Typen S. 201.

[5] *Strache*, Standards S. 24.

[6] Bei dem es sich deshalb nicht um einen „Typus“, sondern um einen „Begriff“ handelt; vgl. oben § 5, 1.

hebt, ist gerade die Frage[7]. Nach *Larenz* ist das Gesetz bemüht, „durch Definitionen geschlossene Vertragstypen zu schaffen“[8]; zum Verständnis ist daran zu erinnern, daß *Larenz* unter einem „geschlossenen Typus“ einen „durch die Festlegung bestimmter, nunmehr für jeden Fall als erforderlich angesehener Merkmale“ letztlich „in einen (abstrakten) Begriff“ verwandelten Typus versteht[9]. Solche „Begriffsbestimmungen“ zu geben, sei der Sinn der die Regelung eines Schuldvertrages jeweils einleitenden Bestimmungen wie der §§ 433, 535, 611, 631 etc. BGB[10]. *Larenz* setzt jedoch sogleich hinzu, daß sich „genauer“ aus diesen „definitorischen Rechtssätzen“ eine „vorläufige und rohe Umschreibung der betreffenden Vertragstypen“ ergebe, deren „genauere Reichweite und Abwandlungsfähigkeit erst die Rechtswissenschaft, unter Berücksichtigung auch der übrigen gesetzlichen Bestimmungen, der typischen Geschäftszwecke und der Bildungen des Rechtsverkehrs, zu ermitteln“ habe[11]. Derselbe Zwiespalt findet sich auch in den neuesten Arbeiten, die die Typuslehre fruchtbar zu machen suchen: *Mengiardi*[12] sieht „die einzelnen Vertrags*typen* mit dem Mittel des *klassifikatorischen Begriffs* voneinander abgegrenzt“; *H. P. Westermann* spricht vom „Begriff der Gesellschaft, wie ihn § 705 BGB definiert“[13], fährt aber dann fort, daß die die Regelung eines Vertragsverhältnisses jeweils einleitenden Normen wie „z. B. §§ 433, 611, 705 BGB“ „keine Definitionen der Rechtsverhältnisse“ geben, sondern „abkürzende Beschreibungen“, die wiederum „mit dem Typus nicht identisch sind“[14]. Die sich hieraus ergebende methodische Unsicherheit[15] kennzeichnet die praktische Bedeutung der Frage nach der begrifflichen oder typologischen Struktur des Vertragsrechts[16].

---

[7] Vgl. unten § 13.

[8] *Larenz*, Methodenlehre S. 442; ganz ähnlich *Koller*, Grundfragen S. 40 f.

[9] *Larenz*, Methodenlehre S. 441.

[10] *Larenz*, Methodenlehre S. 196; ebenso *Erman - Weitnauer*, § 433 I.

[11] *Larenz*, Methodenlehre S. 196. Bezeichnend ist auch, daß *Larenz* sowohl davon spricht, daß diese Rechtssätze einen Typus „umgrenzen und festlegen“ (a.a.O. S. 194), wie, daß sie ihn „beschreiben“ (a.a.O. S. 195) oder gar nur eine „rohe Umschreibung“ geben.

[12] *Mengiardi*, Strukturprobleme S. 103; Hervorhebungen von mir.

[13] *H. P. Westermann*, Typengesetzlichkeit S. 103.

[14] *H. P. Westermann*, a.a.O. S. 105 f.

[15] Vgl. oben die Einleitung § 1.

[16] Die nachfolgende Untersuchung beschränkt sich auf die in den Titeln 1 bis 8, 10, 12, 14 und 18 des 7. Abschnitts des 2. Buches des BGB geregelten Vertragsverhältnisse: eine abschließende Untersuchung des gesamten Vertragsrechts ist nicht angestrebt.

§ 11: Ungeeignete Wege zur Klärung der Grundfrage typologischer oder begrifflicher Struktur

1. *„Grammatische" Analyse*

Wir sind gewohnt, bei Fragen nach der Bedeutung einer gesetzlichen Regelung zunächst auf deren *Wortlaut* abzustellen. Daß diese Methode für das Problem, ob eine Regelung begrifflich oder typologisch zu verstehen ist, kaum Gewinn verspricht, wurde oben[1] bereits erwähnt: Wir hatten § 433 BGB als Beispiel dafür angeführt, daß rein sprachlich ein und derselbe Text begrifflich wie typologisch aufzufassen sein kann. Hierzu sind nur einige ergänzende Bemerkungen nachzutragen.

Vergleicht man die gesetzliche Regelung der Vertragstypen mit der der Sachenrechte oder der Straftatbestände, so findet sich in der sprachlichen Fassung kaum ein so offenkundiger Unterschied, daß zweifelsfrei die begriffliche oder typologische Qualität der jeweiligen Normen bestimmt werden könnte. Die wenigen sich bietenden Indizien weisen nicht in dieselbe Richtung und sind darum ohne Beweiswert: so ist die Bestimmung des „Mörders" in § 211 StGB um ein Vielfaches merkmalsreicher als die des „Kaufvertrages" in § 433 BGB, und doch kann allein hieraus nicht auf eine typologische Qualität des § 211 StGB, eine begriffliche des § 433 BGB geschlossen werden, denn der reine Wortlaut besagt nichts darüber, ob die aufgeführten Merkmale als abschließende Enumeration der „begrifflichen" Voraussetzungen oder als wichtigste Züge eines hierdurch nur beispielhaft erläuterten Typus zu verstehen sind.

Wenn wir in § 211 StGB keine Erweiterung oder Einschränkung zulassen, bei § 433 BGB dagegen die Abnahmepflicht für „entbehrlich", d. h. nicht „begriffsnotwendig" halten[2], so wird unser erster, nur an der Frage des Merkmalreichtums orientierter Eindruck gerade in der entgegengesetzten Richtung zu korrigieren sein: dieser Befund spricht für eine begriffliche Qualität des § 211 StGB, typologisch beschreibenden Charakter des § 433 BGB (Abnahmepflicht als „typisches" Merkmal eines Kaufvertrages)[3]. Das hierbei zugrunde gelegte herrschende Verständnis der §§ 211 StGB bzw. 433 BGB beruht jedoch auf anderen Erwägungen als einer Analyse des Wortlauts[4].

Ein weiteres „grammatisches" Indiz könnte darin gesehen werden, daß § 211 StGB eine klare Trennung nach Tatbestand und Rechtsfolge aufweist, während § 433 BGB „als Rechtsfolgeanordnung aufgefaßt"

---

[1] § 8, 2.
[2] Vgl. *Larenz*, Schuldrecht, Bd. 2, S. 67; auch Mot. II, 318.
[3] Vgl. *H. P. Westermann*, Typengesetzlichkeit S. 106.
[4] So — für § 433 BGB — ausdrücklich RGZ 53, 161.

einen „tautologischen Satz“ ergibt[5]: „Ein Kaufvertrag über eine Sache ist im Sinne unseres Gesetzes eben gerade ein solcher Vertrag, durch den die Vertragschließenden die im Gesetz genannten Verpflichtungen — von denen nur die Abnahmepflicht entbehrlich ist — eingehen.“ Und doch handelt es sich bei dieser Verflechtung nur scheinbar um die uns geläufige geringere Trennung von Tatbestand und Rechtsfolge in einer typologischen Regelung: Die Normierung privatautonom geschlossener Verträge kann nur an die von den Parteien gesetzten Rechtspflichten anknüpfen und enthält daher notwendig „Rechtsfolgen“ als Tatbestandsmerkmale der nachfolgenden Regelung. Da also in den einleitenden Bestimmungen keine Rechtsfolgen selbständig vom Gesetz angeordnet werden[6], liegt nicht nur eine „unvollkommene“ (auf einen Typus hindeutende), sondern überhaupt keine Trennung von Tatbestand und Rechtsfolge vor.

Halten wir fest: Auf der Ebene des reinen Wortlauts ist nicht zu entscheiden, ob das Gesetz in § 433 BGB mit „Kaufvertrag“ einen Typus benennen und durch die wichtigsten Parteivereinbarungen in den Hauptzügen kennzeichnen oder eine begriffliche Definition geben will. Entsprechendes gilt für die anderen hier zu erörternden Vertragsverhältnisse.

2. Historische Analyse[7]

a) Die Gesetzesmaterialien nehmen zu den grundsätzlichen Problemen einer Regelung von „Vertragstypen“ nur beiläufig Stellung, „eine Auseinandersetzung mit der Konstruktion der Vertragstypen und ihrer rechtlichen Bedeutung findet sich in den gesamten Materialien zum BGB nicht“[8]. Die gelegentlichen Bemerkungen, daß „in dem mit einzelnen Rechtsgeschäften sich befassenden Teile des Entwurfs ... selbstverständlich nicht alle denkbaren Verträge normiert“ seien[9], lassen keinen Schluß darauf zu, ob die Normierung der in das Gesetz *aufgenommenen* Verträge begrifflich-fixiert oder typologisch-offen gedacht ist. Allenfalls der nicht seltene Verzicht auf eingehendere gesetzliche

---

[5] *Larenz*, Methodenlehre S. 195.

[6] Zum Verhältnis von Rechtssatz und Rechtsgeschäft s. *Larenz*, Methodenlehre S. 191 ff.; *Flume*, Allg. Teil S. 2 ff.

[7] „Die historische Entwicklung der Geschäftstypen ist bisher wenig behandelt“ — diese Feststellung Bekkers (Pandekten, Bd. II, § 97, Beilage 1) gilt auch heute noch: die Monographie von *Charmatz* „Zur Geschichte und Konstruktion der Vertragstypen im Schuldrecht“ beschränkt sich im wesentlichen auf eine referierende Gegenüberstellung der großen Kodifikationen; der Bezug zum römischen Recht wird ausdrücklich nicht hergestellt (vgl. *Charmatz*, a.a.O. S. XI; hierzu aber im Überblick *Bekker*, a.a.O.). Die folgende Darstellung kann nur einige Aspekte herausgreifen, die für die Frage der begrifflichen Qualität der Vertragstypen besonders bedeutsam erscheinen.

[8] *Charmatz*, a.a.O. S. 229, vgl. auch daselbst S. 15.

[9] Mot. II, S. 2; vgl. auch daselbst S. 321.

Begriffsbestimmungen, die stattdessen der Wissenschaft vorbehalten werden[10], könnte als Indiz für eine offene typologische Bedeutung gedeutet werden. Ebensogut kann aber für die Gesetzesverfasser die grundsätzlich begriffliche Natur der betreffenden Rechtssätze außer Frage gestanden haben und nur die *nähere begriffliche* Präzisierung vorbehalten worden sein. Die letztere Annahme wird vor allem dadurch nahegelegt, daß das BGB auf dem Boden der *Pandektistik* gewachsen ist[11], der begriffliche Strenge und systematische Vollständigkeit höchste Ziele bedeuteten[12].

b) Den in unserem Zusammenhang bedeutsamsten Beleg dieses begrifflichen Denkens bietet die von der Pandektistik wiederaufgenommene und zu ihrer eigentlichen Blüte gebrachte[13] Lehre von den „essentialia", „naturalia" und „accidentalia negotii"[14]. Unter „essentialia" werden die „wesentlichen Bestandteile" verstanden, ohne die „ein Rechtsgeschäft dieser Art nicht vorliegen würde"[15], „naturalia" sind „Eigenschaften und Wirkungen eines Geschäftes, welche ihm *in der Regel* zukommen, die ihm aber nicht wesentlich sind"[16], „accidentalia" sind ebenso „begrifflich nicht wesentlich", aber auch nicht „aus dessen Natur" folgend, sondern „im Einzelfalle besonders zugefügt"[17]. Diese Dreiteilung ist als eine Gliederung nach *begrifflichen, typischen* und *individuellen* Bestandteilen der rechtsgeschäftlichen Regelung zu verstehen. „Essentialia" sind die begrifflich notwendigen und hinreichenden Merkmale einer bestimmten Rechtsgeschäftsart. Die „naturalia" enthalten zur Begriffsbildung nicht verwendete tatbestandliche Züge samt zugeordneten Rechtsfolgen[18] des *Typus*, der der durch die essentialia bestimmten Art zugrunde liegt[19]. Die „accidentalia" vermögen

---

[10] Vgl. Mot. II, S. 287; *Charmatz*, a.a.O. S. 258 Fn. 144 m. w. N.

[11] Vgl. *Gierke*, Entwurf S. 183 f.; *Charmatz*, a.a.O. S. 348; *E. E. Hirsch*, Ordnungsgefüge S. 163; *Raiser*, Vertragsfunktion S. 101 f. Zur Bedeutung der Pandektenlehrbücher, insb. *Windscheids*, auf die die Mot. ständig Bezug nehmen, *Wieacker*, Privatrechtsgeschichte S. 446 f.

[12] *Wieacker*, Privatrechtsgeschichte S. 430 ff., 475.

[13] Vgl. *Betti*, Typenzwang S. 267.

[14] Die wichtigsten Fundstellen der Pandektenlehrbücher bei *Bekker*, Pandekten, Bd. II, vor § 97; aus der neueren Literatur vor allem *Betti*, Typenzwang S. 267 f., sowie *Flume*, Allgemeiner Teil S. 80 f.

[15] *Dernburg*, Pandekten S. 214 f.; *Windscheid*, Lehrbuch S. 237.

[16] *Dernburg*, Pandekten a.a.O.

[17] *Dernburg*, Pandekten a.a.O.

[18] „Die Zusammenstellung von so ungleichartigen Dingen" hat *Bekker*, Pandekten, Bd. II, Beilage III zu § 97, kritisiert. Sieht man jedoch die naturalia als Ausdruck des den essentialia zugrunde liegenden Typus, so kann die Verknüpfung von „Tatbestandsstücken" und „rechtlichen Folgen des Geschäfts" nicht verwundern, da für den Typus der geringere Grad der Trennung von Tatbestand und Rechtsfolge charakteristisch ist. Vgl. oben S. 43.

[19] Vgl. *v. Tuhrs* (Allg. Teil, 2. Bd., 1. Teil, S. 194 f.) treffende Gegenüberstellung der essentialia als der „unentbehrlichen und artbestimmenden Be-

nur die Züge des Typus im Einzelfall[20] zu varriieren, nicht aber die begriffsbildenden Merkmale, an denen „die Autonomie der Parteien eine Schranke findet[21]." Ausdruck *begrifflichen* Denkens, wie eingangs behauptet, ist die Lehre von den essentialia, naturalia, accidentalia negotii trotz der letztgenannten typisierenden und individualisierenden Komponenten deshalb, weil über die Frage der „Natur" eines konkreten Vertrages *allein* die essentialia entscheiden, dagegen die nach naturalia und accidentalia *besondere* Ausgestaltung de Geschäfts, also die *Gesamtheit* seiner Merkmale, nicht berücksichtigt wird. Das aber heißt: das Verfahren der rechtlichen Qualifikation eines Vertrages stellt sich als Subsumtion unter isolierte begriffliche Merkmale, nicht als Zuordnung zu einem Typus dar. „Essentialia negotii" sind mit einer typologischen Struktur des Vertragsrechts unvereinbar[22].

Die Lehre von den „essentialia" ist aber wie Ausdruck *begrifflichen*, so auch begriffslogisch-*systematischen* Denkens. Setzt man die isoliert-begrifflich verstandenen essentialia der gesetzlich geregelten Vertragsverhältnisse in ein Koordinatensystem ein, dessen eine Achse die Entgeltlichkeitsform, dessen andere Achse der Inhalt der Leistung bildet, so bleiben nur wenige freie Felder: Aus den essentialia läßt sich ein recht umfassendes Strukturmodell aller möglichen Leistungsbeziehungen zusammensetzen. Daß dem Vertragsrecht des BGB, stellt man nur auf die „essentialia" ab, ein derartiges System zugrunde liegt, wird von der Literatur zwar fast durchweg geleugnet[23], indirekt aber dadurch bestätigt, daß dieselben Autoren nur mit Mühe überzeugende Beispiele für gesetzlich nicht erfaßte Verträge zu nennen vermögen. So ist der in diesem Zusammenhang meist angeführte Trödelvertrag[24] als Beispiel verfehlt, da die Motive[25] diesen Vertrag je nach Ausgestal-

---

standteile" und der naturalia als der Rechtsfolgen, „welche das Gesetz als dem Typus des Rechtsgeschäfts angemessen betrachtet".

[20] Freilich können bestimmte accidentalia selbst verkehrstypisch und damit im Laufe der Zeit zu naturalia eines neuen Typus werden.

[21] *Kuhlenbeck*, Von den Pandekten zum Bürgerlichen Gesetzbuch S. 336.

[22] Verfehlt daher *H. P. Westermanns* Darstellung (Typengesetzlichkeit S. 117), daß die essentialia „das unveränderliche logische Schema eines Rechtsgeschäfts" bilden, „das seinen Namen und *Typus* festlegt".

[23] Es dürfte kein Zufall sein, daß die heftigsten Gegner eines solchen Systemgedankens im Vertragsrecht Autoren sind, die einer mehr typologischen Auffassung des Vertragsrechts zuzurechnen sind, wie etwa *Heck* (Schuldrecht S. 244) und *O. Schreiber* (Gemischte Verträge S. 209); das System der essentialia hat offenbar *Reimer Schmidt* vor Augen, wenn er (bei *Soergel*, Einl. 12 vor § 305) vom „Kodex der Vertragstypen" spricht.

[24] Dessen Bedeutung sich heute geradezu in seiner Funktion als Schulbeispiel für einen „unbenannten" Vertrag erschöpfen dürfte: s. *Heck*, Schuldrecht S. 245; *Enn. - Leh.* S. 392; *Fikentscher*, Schuldrecht S. 40; *Staudinger - Riezler* Anm. 16 zu § 607; *Pawlowski*, Studium S. 62 Fn. 1.

[25] Mot. II, S. 517.

tung[26] als bereits durch die sonstigen typischen Verträge des Gesetzes geregelt ansehen; der Trödelvertrag ist daher, wenn überhaupt noch, so als Beispiel für einen vom System der essentialia so weitgehend erfaßten Vertrag zu erwähnen, daß eine selbständige Normierung unterbleiben konnte.

Damit soll nicht geleugnet werden, daß sich heute eine Reihe von Verträgen anführen läßt, auf die die essentialia der gesetzlich geregelten Verträge nicht zutreffen[27]; insgesamt aber sind solche Beispiele seltener als von der Vorstellung einer nur losen Aneinanderreihung typischer Verträge her zu erwarten wäre. Stellt man dagegen auf die den „essentialia" zugrunde liegenden Typen ab, so ergibt sich ein ganz anderes Bild: anstelle eines ziemlich vollständig ausgefüllten Koordinatensystems finden wir überwiegend „weiße Flächen", in die einzelne Regelungen ohne festes Muster eingelagert sind: in einem solchen Schema wären schon so alltägliche und von den „essentialia" zweifellos erfaßte Verträge wie Kaufvertrag in einer Absatzkette, finanzierter Kauf, Finanzierungsleasing, Automatenaufstellungsvertrag mehr oder weniger den weißen Flächen zuzuordnen[28].

c) Die historischen Wurzeln der begrifflich-systematischen Erfassung von Schuldvertragsarten, die sich in der Lehre von den essentialia negotii ausdrückt, reichen in das *römische Recht* zurück, aus dem die Vertragstypen des BGB auf dem Weg über die Pandektistik im wesentlichen entnommen sind[29]. Das römische Schuldvertragsrecht war bekanntlich dadurch gekennzeichnet, daß Geschäftsformen und Verkehrszwecke „durch die Rechtsordnung erschöpfend aufgezählt und streng festgesetzt sind, in der Weise, daß sowohl eine Mischung und Abänderung als auch eine Erweiterung durch bloß individuell-zufällige Parteiverfügung ausgeschlossen bleibt"[30]. Die Beschränkung des Verkehrs auf einen starren numerus clausus von Geschäften, deren „Grenzen untereinander scharf gezogen" sind[31], ist in engstem Zusammenhang mit dem Aktionensystem zu sehen[32]. Die Definitionen der Geschäftsarten sind mit den Aktionen identisch[33], „der Weg zum gerichtlichen Rechtsschutz ... liegt nur zur Geltendmachung einzelner

[26] Eine einheitliche Auffassung über den „Trödelvertrag schlechthin" besteht nicht; vgl. Mot. a.a.O. und *Oftinger*, Trödelvertrag S. 9.

[27] So der Garantievertrag, der Energielieferungsvertrag, die kumulative Schuldübernahme u. a.

[28] Näher unten §§ 13 und 14.

[29] *Pappenheim*, Vertragsfreiheit S. 291; *Charmatz*, Vertragstypen S. 10, 22; *Wieacker*, Privatrechtsgeschichte S. 237 f.

[30] *Betti*, Typenzwang S. 257.

[31] *Fritz Schwarz*, Begriffsanwendung S. 197.

[32] *Bekker*, Pandekten, Bd. II, S. 122; *Betti*, Typenzwang S. 259; vgl. auch *Hoeniger*, Gemischte Verträge S. 338 ff.

[33] „Alle Geschäfte, welche dieselbe actio zu erzeugen vermögen, gehören demselben Typus an": *Betti*, Typenzwang S. 261 Fn. 2.

bestimmter, fest umrissener Ansprüche (actiones) offen, die von der Rechtsordnung selbständig ausgebildet und genau umgrenzt sind"[34].

Vor dem Hintergrund des Aktionensystems erscheint die *begriffliche* Ausgestaltung von typischen Geschäftsformen, die notwendig im Vergleich zu den „angeschauten" Verkehrstypen zu einer „Verschiebung des Objektsbereichs", insbesondere zu einer „Tatbestandserweiterung", führt, insoweit sinnvoll, als sie eine möglichst weitgehende Klagbarkeit ermöglicht und damit den Bedürfnissen des Verkehrs dient[35]. Dieser verkehrsfreundliche Aspekt könnte freilich dadurch kompensiert werden, daß die begriffliche Ausgestaltung der wertungsmäßig an einem Typus ausgerichteten Regelung in allen atypischen, aber vom Begriff umfaßten Fällen zu sachlich unangemessenen Entscheidungen führt; wir hatten oben[36] diese Regelungstechnik als Mittel zur Verwirklichung von Ordnungsentscheidungen kennengelernt, die auf eine Einengung des Verkehrs abzielen. Diese Gefahr war aber dadurch gebannt, daß das römische Recht gerade für die wichtigsten Verkehrsgeschäfte[37] die Möglichkeit einer richterlichen Korrektur unter dem Gesichtspunkt der sachlichen Angemessenheit durch die „bonae fidei iudicia" eröffnete. Dies legt die Vermutung nahe, daß begriffliche Ausgestaltung der actiones und bonae fidei iudicia in einem funktionellen Zusammenhang zu sehen sind, der sich durch den jeweiligen Eigenwert begrifflichen und typologischen Denkens erklären läßt: Stand hinter der begrifflichen Ausgestaltung der actiones die „sekundäre Wertentscheidung", weitgehende Klagbarkeit zu ermöglichen, so wurden die Gefahren der Verbegrifflichung von Typen durch die Berücksichtigung der bona fides korrigiert[38], typologische Verschiedenheiten auch wertungsmäßig erfaßt.

Mit dem Aktionensystem ist der Grund für ein begriffliches System der Vertrags„essentialia" entfallen[39]. Vermag die historische Betrachtung daher auch keinen Aufschluß über die heute normativ verbind-

---

[34] *Betti*, Typenzwang S. 260 f.

[35] So ist die Bemerkung *Hoenigers* (Gemischte Verträge S. 347) zu verstehen, die römischen Juristen seien „mit gutem Grunde" in der Zulassung einer „formalen Absorption unter einen Vertragstypus" (gemeint ist -begriff) „sehr weit gegangen".

[36] § 9, 2 c; zur nur als Arbeitshypothese gedachten Übertragung der hier entwickelten Denkmodelle auf das römische Recht s. *Wieacker*, Notizen S. 14; *Betti*, Begriffsbildung S. 90 ff.

[37] Vgl. *F. Schwarz*, Begriffsanwendung S. 199, 206; *Franz Leonhard*, Allgemeines Schuldrecht S. 68. Der genaue Umkreis der bonae fidei iudicia ist allerdings umstritten; vgl. *Jörs-Kunkel*, Römisches Privatrecht S. 165 Fn. 11.

[38] Beide Seiten der typologischen Korrektur eines Begriffes klingen deutlich in *Fr. Leonhards* Kennzeichnung der bona fides an (Allgemeines Schuldrecht S. 68): „Man haftete nicht mehr an dem Wortlaut der Verträge und Gesetze: gemäß ihrer wahren Bedeutung suchte man sie teils auszudehnen, teils einzuschränken."

[39] Vgl. *Hoeniger*, Gemischte Verträge S. 361.

liche Bedeutung und das heißt hier: über die begriffliche Qualität der Vertrags„typen" zu geben, so lenkt sie doch den Blick auf die richtige Fragestellung. Wir haben nach der *Funktion* der gesetzlichen Regelung von Vertragsverhältnissen innerhalb eines Systems rechtsgeschäftlicher Privatautonomie zu forschen, um in der Frage der begrifflichen Qualität des Vertragsrechts weiter zu kommen: nur von der Einsicht in die mit einer Regelung verfolgten Ziele kann Aufschluß über die diesen Zielen angemessene Regelungstechnik erwartet werden.

§ 12: Die Funktion der gesetzlichen Regelung einzelner Vertragsverhältnisse als wichtigstes Kriterium zur Entscheidung der Grundfrage

Fragen der Funktion der gesetzlichen Regelung besonderer Vertragsverhältnisse sind heute vor allem durch die starke Zunahme Allgemeiner Geschäftsbedingungen, die weite Teile des dispositiven Gesetzesrechts auszuschalten suchen, aktuell geworden, im übrigen jedoch nur vereinzelt behandelt[1]; eine umfassende monographische Darstellung fehlt[2]. Ein eigener Beitrag zu den komplexen Problemen des Spannungsverhältnisses von Vertragsfreiheit und gesetzlicher Regelung kann hier nicht geliefert werden. Wir müssen uns darauf beschränken, die in der Literatur bisher geäußerten Ansichten auf deren Konsequenzen für die begriffliche Qualität der gesetzlichen Regelung zu untersuchen.

1. Einig ist man sich darüber, daß der Rechtsverkehr durch die gesetzliche Regelung nicht auf einen numerus clausus rechtlich anerkannter Schuldvertragsformen festgelegt werden soll. Dem steht insbesondere nicht die heute[3] vor allem[4] von *Flume* vertretene Lehre entgegen, daß die privatautonome Gestaltung von Rechtsverhältnissen nur durch

---

[1] Vgl. *Larenz*, Schuldrecht, Bd. 2, S. 1 ff.; *Esser*, Schuldrecht, Bd. 1, S. 6 ff., 100 f.; *Reimer Schmidt*, bei *Soergel-Siebert* Anm. 12 ff. vor § 305; *Thomä*, Typenwidrige Zwecksetzung S. 14 ff.; *H. P. Westermann*, Typengesetzlichkeit S. 105 ff.

[2] *Charmatz*, Vertragstypen, hat sich zwar eine Untersuchung „des Wesens und der Bedeutung der Aufstellung schuldrechtlicher Vertragstypen" vorgenommen, doch ist seine Arbeit nicht sehr ergiebig: sie beschränkt sich im wesentlichen auf die These, daß „die Bedeutung der Vertragstypen durch die Aufnahme zwingender Bestimmungen in die Regelung einzelner Typen ... eine grundlegende Änderung erfahren" habe (a.a.O. S. 226); hierzu unten unter 3.

[3] Aus dem älteren Schrifttum vgl. *Bekker*, Pandekten, Bd. II, S. 118.

[4] Vgl. auch *Betti*, Typenzwang S. 265, 274 f.; *L. Raiser*, Rechtsschutz S. 163; *P.-H. Naendrup*, Teilnichtigkeit S. 64 f. (mit Hinweis auf *Kohler*); *Thomä*, Typenwidrige Zwecksetzung S. 20; *H. P. Westermann*, Typengesetzlichkeit S. 30.

Akte geschehen könne, „welche als Aktstypen rechtsgeschäftlicher Gestaltung von der Rechtsordnung anerkannt sind“[5]. *Flume* erklärt zwar ausdrücklich, auch für das Schuldrecht gelte, „daß die privatautonome Gestaltung nach Form und möglichem Inhalt durch die Rechtsordnung bestimmt“[6] sei, diese Aussage wird ihm jedoch nur durch eine in sich nicht einheitliche Bestimmung des „Aktstyps“ möglich. Während *Flume* teilweise[7] als Beispiele konkreter Aktstypen neben „Forderungsabtretung, Eigentumsübertragung, Verlöbnis, Eheschluß, Testament“ auch den Kaufvertrag nennt, also offenbar die konkreten im Gesetz geregelten besonderen Vertragsverhältnisse als „Aktstypen“ ansieht, greift er im Rahmen der These, daß auch im Schuldrecht die privatautonome Gestaltung nach Form und möglichem Inhalt durch die Rechtsordnung bestimmt sei, auf „den allgemeinen Vertragstyp des Schuldvertrages“ zurück und bezeichnet „die einzelnen in den §§ 433 ff. geregelten Schuldverträge“ nur als „Erscheinungen des allgemeinen Vertragstyps Schuldvertrag“[8]. Die Frage, ob dieser Kunstgriff *Flumes* Aktstypenlehre für den Bereich des Vertragsrechts nicht jede Substanz nimmt, mag hier dahinstehen[9] — in unserem Zusammenhang ist nur von Bedeutung, daß die mit einem „numerus clausus“ notwendig verbundene *begriffliche* Festsetzung von Vertragsarten[10] auch nach der Ansicht von *Flume* nicht gefordert wird.

2. Im übrigen ist zwischen dispositivem und zwingendem Recht zu unterscheiden.

a) Was zunächst das dispotive Recht angeht, so wird dessen Funktion vor allem in einer *Erleichterung des Rechtsverkehrs* gesehen: Das Gesetz halte für die wichtigsten Geschäftszwecke „Muster“[11] bereit, auf die pauschal Bezug genommen werden könne, oder die nur in einzelnen Punkten modifiziert werden müßten; dispositives Recht wolle „in typischen Fällen autonome Gestaltung entlasten“[12], indem es „eine von den Parteien gerade nicht vorausbedachte Haftungs- und Abwicklungsregelung“[13] bereithalte. Diese Funktion stellt gewiß hohe Anforderun-

---

[5] *Flume*, Allgemeiner Teil S. 2.

[6] *Flume*, Allgemeiner Teil S. 12.

[7] Vgl. *Flume*, Allgemeiner Teil S. 23.

[8] *Flume*, Allgemeiner Teil S. 13. Um einen „Typus“ im hier zugrunde gelegten Sinn handelt es sich nicht. Wenn *Flume* (a.a.O. S. 23) „das Rechtsgeschäft“ als „Abstraktionsbegriff“ bezeichnet, so kann vom „Schuldvertrag schlechthin“ nichts anderes gelten, der insoweit lediglich eine niedrigere Abstraktionshöhe aufweist.

[9] Vgl. zur Kritik *Larenz*, Allg. Teil S. 92 bei und in Anm. 2.

[10] Vgl. *Mengiardi*, Strukturprobleme S. 105.

[11] Vgl. *H. J. Wolff*, Typen S. 202; *Esser*, Schuldrecht, Bd. 1, S. 6.

[12] *Lüderitz*, Auslegung S. 454.

[13] *Esser*, Schuldrecht, Bd. 1, S. 100 f.; ähnlich *Ehrlich*, Zwingendes Recht S. 47, 51; *v. Tuhr*, Allgemeiner Teil, Band 2, Teil 1, S. 180; *Reimer Schmidt*

gen an die technische Qualität der Regelung von Vertragsverhältnissen: eine unklare, den Parteien ein erhebliches Prozeßrisiko aufbürdende Regelung gibt dem Verkehr Steine statt Brot[14]. Ebensowenig ist dem Verkehr aber mit einer im technischen Sinn *begrifflichen* Regelung von Vertrags*arten* gedient: Da sich ein begrifflich fixierter Tatbestand mit dem Wertungsbezugspunkt der dispositiven Regeln nicht decken kann[15], müßte der Verkehr in den vielen vom zugrunde liegenden Typus abweichenden (aber in den „begrifflichen" Merkmalen mit den gesetzlichen Vertragsarten übereinstimmenden) Fällen Zusätze in die vertragliche Regelung aufnehmen, die das insoweit unpassende Gesetzesrecht ausschließen, oder die Rechtsanwendung müßte von sich aus den Anwendungsbereich der dispositiven Vorschriften entsprechend einschränken.

Die erste Alternative scheidet wegen des offenbaren Widerspruchs zur gerade vorausgesetzten Aufgabe der gesetzlichen Regelung aus. Die gesetzliche Regelung zielt nicht auf eine „Kanalisierung" im oben[16] gekennzeichnetem Sinn ab. „Die begrifflich scharfe Erfassung dieser Typen ... und ihre sachgemäßge Regelung dient der Erleichterung des Rechtsverkehrs, darf aber nicht dazu führen, ihn einzuengen[17]." *Larenz* entscheidet sich daher für die zweite Möglichkeit: Bei der Auslegung der gesetzlichen Bestimmungen wie bei ihrer Anwendung auf den einzelnen Vertrag sei „auf den der Regelung zugrunde liegenden ‚Lebenstypus' oder ‚Verkehrstypus'[18] zurückzugehen, der, im Gegensatz zu der oft zu sehr verallgemeinernden gesetzlichen Regelung, Abwandlungen, Übergangs- und Zwischenformen aufzuweisen vermag, denen die Rechtsanwendung Rechnung tragen muß"[19]. Das dispositive Recht der einzelnen gesetzlich geregelten Vertragsverhältnisse sei nur auf solche Verträge anzuwenden, die nicht nur „den allgemeinen gesetzlichen Merkmalen eines bestimmten Vertragstypus", sondern darüber hinaus auch „dem vom Gesetzgeber vorgestellten Lebenstypus" entsprechen. Weiche der konkrete Vertrag in einer wesentlichen Hinsicht von letzterem ab, so sei im Wege der ergänzenden Vertragsauslegung

---

bei *Soergel-Siebert*, Anm. 12 vor § 305; *Dilcher*, Typenfreiheit S. 1040; *Sandrock*, Ergänzende Vertragsauslegung S. 33 f.; *Larenz*, Allg. Teil S. 26.

[14] Das Bedürfnis des Verkehrs danach, daß „jeder mögliche Konflikt durch eine bestimmte und im voraus erkennbare Norm entschieden wird", betont *Heck*, Rechtsgewinnung S. 5. Den Zweck der „meisten dispositiven Bestimmungen des Rechts der Rechtsgeschäfte" aber nur in diesem „allgemeinen Ordnungszweck" (*Heck*, a.a.O. S. 32) zu sehen, ist verfehlt. Vgl. sogleich unter b.

[15] Vgl. oben § 9, 1 b und 2 c.

[16] § 9, 2 c, dd.

[17] *Larenz*, Schuldrecht, Bd. 2, S. 2.

[18] Vgl. aber oben § 7, 2.

[19] *Larenz*, Schuldrecht, Bd. 2, S. 2.

die ihm gemäße Regelung zu finden, „die ihm durch die gesetzliche Dispositivregelung nicht zuteil werden kann“[20].

Hieraus lassen sich Schlüsse auf die begriffliche oder typologische Qualität der die gesetzliche Regelung eines Vertragsverhältnisses jeweils einleitenden Normen ziehen, deren Sinn nach *Larenz* gerade darin liegt, „das Anwendungsgebiet der folgenden Vorschriften abzugrenzen“[21]. Ist das (weitaus überwiegende)[22] dispositive Recht nur „typgemäß“ anwendbar, dann liegt es nahe, die einleitenden Bestimmungen nicht als begriffliche Definitionen aufzufassen, die nur *typgemäß auszulegen* seien, sondern unmittelbar als „eine vorläufige und rohe Umschreibung der betreffenden Vertragstypen“[23]. Das aber bedeutet, daß im Bereich des Vertragsrechts die Unterscheidung von (begrifflich formuliertem) Gesetz und dem Gesetz (nur) *zugrunde liegenden* Typus aufzugeben ist: Dem Typus, auf den die Einzelausgestaltung des Gesetzes bezogen und allein anwendbar ist, einen im Umfang weiteren „durch abstrakte begriffliche Merkmale festgelegten Gesetzestypus“[24] gegenüberzustellen, ist durch die verkehrserleichternde Funktion des dispositiven Rechts nicht gefordert. Größere Sicherheit der Rechtsanwendung, die durch *begriffliche* Definitionsnormen angestrebt wird, wird keineswegs gewonnen, wenn Begrifflichkeit zwar postuliert, der Anwendungsbereich der nachfolgenden Vorschriften aber typologisch „korrigiert“ wird.

b) Die Ordnungsfunktion des dispositiven Rechts, die nicht nur darin liegt, *überhaupt* eine subsidiäre Regelung bereit zu halten, sondern darüber hinaus für einen „gerechten und zweckmäßigen Ausgleich der sich entgegenstehenden Parteiinteressen“[25] Sorge zu tragen, wird in neuerer Zeit immer stärker betont, insbesondere um damit einer generellen Ausschaltung des dispositiven Rechts durch Allgemeine Geschäftsbedingungen (AGB) entgegenzutreten[26]. Diese Entwicklung hat den Gegensatz von dispositivem und zwingendem Recht abgeschwächt: auch das dispositive Recht wird nicht mehr als schlechthin abdingbar angesehen, sondern es werden besondere Gründe für die rechtliche

---

[20] *Larenz*, Ergänzende Vertragsauslegung S. 737 ff.; *ders.*, Allgemeiner Teil S. 526 f.

[21] *Larenz*, Methodenlehre S. 195.

[22] Zur Frage, ob die selteneren *zwingenden* Vorschriften ein begriffliches Verständnis gebieten, sogleich unten unter 3.

[23] *Larenz*, Methodenlehre S. 196.

[24] *Larenz*, Ergänzende Vertragsauslegung S. 740.

[25] So schon 1911 das LG München I in einer von *Haupt*, Vertragsfreiheit S. 84 Anm. 1 mitgeteilten Entscheidung.

[26] Siehe *L. Raiser*, Das Recht der allgemeinen Geschäftsbedingungen S. 293 ff. *Sandrock*, Ergänzende Vertragsauslegung S. 46 Anm. 99 (daselbst S. 34 ff. zur geschichtlichen Entwicklung); eingehend (und kritisch) jetzt *H. P. Westermann*, Typengesetzlichkeit S. 40 ff.

Anerkennung eines solchen Ausschlusses in AGB verlangt. Die Einzelheiten der Begründung vermögen in mehrfacher Hinsicht die Bedeutung typologischen Denkens für das Verständnis des dispositiven Vertragsrechts zu beleuchten:

aa) Ausgangspunkt der Argumentation bildet verschiedentlich die Feststellung, daß „der echte Individualvertrag ... das Leitbild (sei), in Ansehung dessen das Vertragsrecht ... kodifiziert worden ist“[27]. So habe es beispielsweise § 476 BGB „entsprechend den tatsächlichen und wirtschaftlichen Verhältnissen im Ausgang des 19. Jahrhunderts mit dem individuellen Haftungsausschluß zu tun, der auf Grund der in Betracht kommenden Gegebenheiten des jeweiligen Einzelfalls zwischen dem Verkäufer und dem Käufer besonders ausgehandelt wird“[28]. Der anonym-generelle Ausschluß des dispositiven Rechts in einseitig ausgearbeiteten AGB entspreche demnach nicht dem typischen Leitbild, auf das hin der nur dispositive Charakter der meisten Vorschriften des besonderen Vertragsrechts konzipiert worden sei.

bb) Die genannte gesteigerte Verbindlichkeit des dispositiven Rechts soll nicht etwa für alle die begrifflichen „essentialia“ eines gesetzlich geregelten Vertragsverhältnisses aufweisenden Verträge gelten. Vielmehr wird betont, daß die dispositiven Vorschriften „aus der *normalen* Interessenlage der Parteien geschaffen“ seien[29], daher „die Grundlage für die gerechte Abwägung der Interessenlage in dem den Tatbestand treffenden *typischen* Fall“ darstellten[30]. Die auf solche *typische* Fallgestaltungen ausgerichtete Gerechtigkeitsentscheidung des Gesetzes soll nicht ohne Not beiseite geschoben werden können. Eine Abweichung wird daher dann und nur dann als gerechtfertigt anerkannt, wenn dafür sachliche Gründe „namentlich aus der *besonderen, vom Gesetz nicht zugrunde gelegten* Sach- und Interessenlage“ vorliegen[31], der völligen Umgestaltung des dispositiven Rechts durch AGB soll die Anerkennung zu versagen sein, wenn „keine besonderen Umstände und keine atypische Interessenlage gegeben sind“[32]. Die Zitate machen deutlich, daß die Lehre von der gesteigerten Verbindlichkeit des dispositiven Rechts auf der Unterscheidung von begrifflichem Gesetz und zugrunde liegendem Typus basiert, ohne jedoch der Verbegrifflichung eine eigene Funktion beizumessen[33]; vielmehr dient gerade die Erkenntnis, daß der im Begriff liegenden Tatbestandserweiterung keine Wertungserstrekkung entspricht, als Erklärung für das Bedürfnis nach und als Recht-

[27] *Haupt*, Vertragsfreiheit S. 86.
[28] BGHZ 22, 90, 97.
[29] *Enn. - Nipp.* S. 301, 1011; Hervorhebung von mir.
[30] *Reimer Schmidt* bei *Soergel* Anm. 12 vor § 305. Hervorhebung von mir.
[31] *Enn. - Nipp.* S. 301 m. w. N.; Hervorhebung von mir.
[32] *Reimer Schmidt* bei *Soergel* Anm. 12 vor § 305.
[33] Besonders deutlich bei *Sandrock*, Ergänzende Vertragsauslegung S. 46 f.

fertigung für die Zulässigkeit von abweichenden AGB[34]. Erst die Heraushebung eines Typus, auf den das dispositive Recht wertungsmäßig ausgerichtet ist[35], macht es möglich, für *diesen* Bereich eine gesteigerte Verbindlichkeit anzunehmen, die sich für den Begriffsumfang der essentialia sicher nicht postulieren läßt.

cc) Typologisches Denken zeigt sich schließlich auch darin, daß der BGH die *Grenzen* der Abdingbarkeit *abstufend* je nach dem stärkeren oder geringeren Gerechtigkeitsgehalt der dispositiven Vorschriften enger oder weiter zieht[36] und bei der Prüfung von AGB unter diesem Aspekt auf die typische Interessenlage der typisch beteiligten Personenkreise abstellt[37]. Auch das gewandelte Verständnis der Verbindlichkeit des dispositiven Rechts nötigt demnach nicht zur Annahme „begrifflicher" Vertragsarten, sondern setzt im Gegenteil eine typologische Betrachtungsweise voraus.

3. Es bleibt die Frage, ob die Funktion der vereinzelten *zwingenden* Vorschriften einer typologischen Struktur des Vertragsrechts entgegensteht. *Charmatz* hat die These aufgestellt, daß durch die Aufnahme zwingender Rechtsfolgen „die Bedeutung der Vertragstypen als feste Tatbestände mit ganz bestimmten Rechtsfolgen" hervorgetreten sei, der „Begriff" der Vertragstypen eine zuvor nicht bekannte Bedeutung erlangt habe[38]. Daß zwingendes Recht „klare Abgrenzung" fordere[39] — womit die klare Abgrenzbarkeit des Begriffs i. e. S. gemeint ist — ist verbreitete Auffassung[40]. Sie hält jedoch — zumindest in dieser allgemeinen Form — einer Kritik nicht stand.

Privatautonomie ist ohne einen Grundbestand unabdingbarer technischer Regelungs- und sozialer Schutznormen nicht denkbar. Die Beschränkungen dürfen jedoch einerseits nicht weiter gehen als von den zugrunde liegenden Wertungen her erforderlich; anderseits sollen keine Lücken offenbleiben, durch die sich der Verkehr den Mindestanforderungen entziehen kann. Beiden Aufgaben vermag der Begriff i. e. S. nur sehr unvollkommen zu genügen, da er stets Gefahr läuft, zu viel oder zu wenig, ja meist: zu viel *und* zu wenig zu erfassen[41]. Daher

---

[34] Vgl. *Haupt*, Vertragsfreiheit S. 85.

[35] *H. P. Westermann* nennt (Typengesetzlichkeit S. 96) den Typus „geradezu die charakteristische Kategorie nachgiebiger Rechtsnormen".

[36] BGHZ 41, 151, 154.

[37] BGHZ 22, 90, 98; BGH MDR 65, 200.

[38] *Charmatz*, Vertragstypen S. VIII, 226 ff., 245, 260, 349 ff.

[39] *Ehrenzweig*, zit. bei *Charmatz*, a.a.O. S. 350 Anm. 26 c.

[40] Vgl. *Mengiardi*, Strukturprobleme S. 103; *Raisch*, Normqualität S. 164.

[41] Bei vielen zwingenden Normen ist freilich eine sekundäre Wertentscheidung für eine begriffliche Ausgestaltung verantwortlich (vgl. das Beispiel des § 554 Abs. 2 Nr. 1, oben § 6, 3 a, cc). Der Text wendet sich nur gegen die Vorstellung, zwingendes Recht enthalte *notwendig* eine sekundäre Wertentscheidung.

dürfte es weder Zufall noch gar ein Mangel sein, daß gerade die zwingenden Normen des Rechts der einzelnen Schuldverträge keineswegs durch besondere „begriffliche" Exaktheit auffallen: Die wesentlichen Wertungsfragen sind häufig nicht begrifflich „vorentschieden", sondern durch die Verwendung wertausfüllungsbedürftiger Begriffe richterlicher Konkretisierung aufgegeben.

Die §§ 443, 476 BGB erklären den vertraglichen Ausschluß von Mängelgewähransprüchen für unwirksam, wenn der Verkäufer den Mangel „arglistig" verschweigt[42]. § 544 BGB gewährt zwingend ein Recht zur fristlosen Kündigung, wenn die Benutzung eines Wohnraums mit einer „erheblichen Gefährdung" der Gesundheit verbunden ist. § 549 Abs. 2 BGB reiht nicht weniger als fünf wertausfüllungsbedürftige Begriffe aneinander („berechtigtes Interesse", „wichtiger Grund", „übermäßig belegt", „zumutbar", „angemessene Erhöhung"), um die unabdingbaren Rechte zur Untervermietung einzugrenzen. § 617 BGB enthält das abstufende Tatbestandsmerkmal, daß das Dienstverhältnis die Erwerbstätigkeit „vollständig oder hauptsächlich" in Anspruch nimmt. Die §§ 617 und 618 BGB knüpfen an das typologische Merkmal der Aufnahme in die „häusliche Gemeinschaft" an.

Wie der Tatbestand der einzelnen zwingenden Norm nicht i. e. S. „begrifflich" gefaßt sein muß, verlangt auch die teilweise zwingende Regelung von einzelnen Vertragsverhältnissen als Ganzes keinen begrifflich definierten Ausgangstatbestand. Nicht die klassenlogisch-strenge Verknüpfung von „begrifflich" verstandener Definitionsnorm und nachfolgendem, teilweise zwingendem Recht verbürgt die wirkungsvollste Durchsetzung der Ordnungsaufgaben des zwingenden Rechts; vielmehr ist häufig gerade um dieses Zieles willen eine Ausweitung oder Einschränkung des Anwendungsbereichs gegenüber dem Wortlaut der „Definitionsnormen" geboten.

Die Rechtsprechung enthält anschauliche Beispiele. Zu § 567 BGB hat das RG entschieden[43], daß „um dem in der angeführten Vorschrift zum Ausdruck gelangten Rechtsgrundsatz[44] eine wirksame Durchführung zu sichern, ... eine entsprechende Anwendung ... auf miet- oder pachtähnliche Vertragsverhältnisse zulässig und geboten" sei. § 566 BGB gilt nicht nur „für Mietverträge im eigentlichen Sinn"[45], sondern auch für Verträge, durch die der Vermieter für länger als ein Jahr auf Kündigung verzichtet[46]. Anderseits hat der BGH § 566 BGB auf einen Automatenaufstellvertrag nicht angewandt[47], obwohl der Vertrag sich „auf eine Fläche in einem Gebäude bezieht, sei es einen Teil des Fußbodens oder einer Wand, auf dem oder an der der Automat aufgestellt oder angebracht werden" soll. Daß § 618 Abs. 1 und 3 BGB „beim Vorliegen entsprechender Bedingungen" auch auf Werk-

---

[42] Entsprechend § 540 BGB.

[43] RGZ 121, 11, 13.

[44] Nämlich: „die Erbmiete oder ein dieser ähnliches Verhältnis auszuschließen", RG a.a.O.

[45] *Palandt - Putzo*, Anm. 1 zu § 566 BGB.

[46] BGH LM Nr. 5 zu § 566 BGB.

[47] BGHZ 47, 202.

verträge[48] und Aufträge[49] anzuwenden sind, wird verschiedentlich als Schulbeispiel einer Analogie genannt[50]. Insgesamt läßt sich in der Gebräuchlichkeit von Analogie und Restriktion zwischen dispositivem und zwingendem Recht kaum ein Unterschied feststellen. Dies wäre schlechthin unverständlich, würde das zwingende Recht im Gegensatz zum dispositiven „strikte" Festlegung von begrifflich definierten Tatbeständen fordern.

4. Die anerkannten Funktionen der gesetzlichen Regelung einzelner Vertragsverhältnisse lassen somit — in der Terminologie dieser Arbeit — keine sekundäre Wertentscheidung erkennen. Alle Eigenheiten einer begrifflichen Regelungstechnik sind mit unserem Verständnis von Privatautonomie unvereinbar: die *sichere* Anwendbarkeit des Rechts kann nicht schlechthin höher gewertet werden als die sachliche Angemessenheit der Rechtsfolgen. Ein Wertungsmonopol des Gesetzgebers, wie oben am Beispiel des Strafrechts erörtert, ist im Bereich des Vertragsrechts weder angebracht noch durchführbar; das Gesetz ist angesichts der vielfältigen Neubildungen des Verkehrs in besonderem Maße auf richterliche Rechtsfortbildung angewiesen. Endlich ist auch ausgeschlossen, daß der Verkehr durch die bewußte Verbegrifflichung typorientierter Regelungen in vorgegebene Muster gedrängt werden soll.

Das Scheitern des Versuches, eine sekundäre Wertentscheidung nachzuweisen, schließt nach unseren Überlegungen[51] aus, die an Typen orientierte Regelung von Vertragsverhältnissen als in eine begriffliche umgeformt anzusehen. Wir haben daher die These von der *typologischen Struktur des Vertragsrechts* aufzustellen. Diese These soll nunmehr am Prüfstein der Rechtsfindung im Bereich des besonderen Vertragsrechts gemessen werden: es gilt festzustellen, ob sich die wichtigsten Eigenheiten typologischen Denkens in der Praxis der Rechtsanwendung nachweisen lassen; zum anderen, ob sich durch begriffliches Denken aufgeworfene Schwierigkeiten der Rechtsanwendung aufzeigen lassen, die indirekt die typologische Struktur zu bestätigen vermögen.

§ 13: Abstufendes Denken in der Anwendung des Vertragsrechts

Die wohl bedeutsamste Konsequenz eines typologischen Verständnisses des Vertragsrechts ist die Möglichkeit, ja Notwendigkeit, abgestufte Erscheinungen ordnend zu erfassen, durch Reihenbildung „Zwischen-

---

[48] BGHZ (Gr. S.) 5, 62, 65.
[49] BGHZ 16, 265.
[50] *Larenz*, Methodenlehre S. 361 f.; *Canaris*, Lückenfeststellung S. 73, 148 f., 183.
[51] Oben § 10.

formen", unterschiedliche Ausprägungsgrade zu berücksichtigen, wo klassenlogisches Trennungsdenken kontradiktorische Gegensätze vorspiegelt oder doch nur alternative Entscheidungen treffen kann. Es liegt auf der Hand, unter dieser Fragestellung das Problem *gemischter Verträge* im Schuldrecht anzugehen.

„Die gemischten Verträge" bilden in sich — sieht man von der Gemeinsamkeit ab, daß sie „als solche" im Gesetz nicht geregelt sind — keine einheitliche Gruppe. Es ist das Verdienst *Hoenigers*, „Grundformen" gemischter Verträge herausgearbeitet und die Strukturunterschiede klar aufgezeigt zu haben. Dies gilt vor allem für die Grundform „gemischter Entgeltlichkeit", deren Besonderheit *Hoeniger* gerade von der Abstufbarkeit der Übergänge her zu erfassen sucht. Seine diesbezüglichen Thesen bieten ein ebenso eindrucksvolles Beispiel für die Möglichkeiten abstufenden Denkens wie für die Gefahren einer Überschätzung dieser Methode. Wir wollen daher beim Problem gemischt-entgeltlicher Geschäfte einsetzen.

1. Nach der zu *Hoenigers* Zeit absolut herrschenden und heute immer noch überwiegenden Auffassung stellen Entgeltlichkeit und Unentgeltlichkeit begriffliche, sich ausschließende Gegensätze dar. Die Schwierigkeiten dieser begrifflichen Auffassung zeigen sich in der Beurteilung gemischt-entgeltlicher Geschäfte, in der sich „Trennungstheorie"[1] und „Einheitstheorie"[2] gegenüberstehen. Vom Ausgangspunkt der wie „Wasser und Öl"[3] geschiedenen Entgeltlichkeitsformen ist es in der Tat konsequent anzunehmen, daß beide — wie dies *Staudinger - Ostler* heute noch formulieren[4] — im einzelnen Rechtsgeschäft „nicht zu einer inneren Einheit verbunden werden können." Freilich muß diese Ansicht vor der Tatsache vom Verkehr als einheitlich aufgefaßter[5] gemischt-entgeltlicher Geschäfte kapitulieren und sich in Widersprüche verstricken: *Staudinger - Ostler* definieren gleichwohl die gemischte Schenkung als eine „Schenkung, die mit einem anderen Rechtsgeschäft, häufig vor allem mit Kauf" — also: mit einem *entgeltlichen* Rechtsgeschäft — „*untrennbar verbunden* ist"[6]. Das logisch Unmögliche, die „untrennbare Verbundenheit" „sich ausschließender Gegensätze" soll der Parteiwille leisten: „Die gemischte Schenkung muß somit in der Regel als ein zusammengesetztes Rechtsgeschäft angesehen werden, das im Einzelfall lediglich durch den Parteiwillen zum einheitlichen Ganzen zusammengefaßt ist[7]."

---

[1] Vertreten vor allem von der Rechtsprechung: vgl. RGZ 148, 236 (mit ausführlichen Nachweisen); 163, 257 (260 f.).

[2] Hauptvertreter *W. Müller*, JhJb 48, 209 ff.; *Hoeniger*, Gemischte Verträge S. 292 ff.

[3] Vgl. *Otto Schreiber*, Gemischte Verträge S. 185.

[4] *Staudinger - Ostler*, Anm. 23 zu § 516.

[5] Selbstverständlich besteht *auch* die Möglichkeit getrennter Geschäfte: vgl. die Beispiele bei *Larenz*, Schuldrecht, Bd. 2, S. 129 f.

[6] *Staudinger - Ostler*, Anm. 21 zu § 516; Hervorhebung von mir.

[7] *Staudinger - Ostler*, Anm. 23 zu § 516.

Der begriffsjuristische Schluß von dem kontradiktorisch verstandenen Gegensatz der Entgeltlichkeitsformen auf die Unmöglichkeit eines einheitlichen gemischt-entgeltlichen Rechtsgeschäfts stellt das Rangverhältnis von privatautonomer Regelung und dogmatischer Erfassung auf den Kopf. Ausgangspunkt der rechtlichen Beurteilung hat die Tatsache zu bilden, daß die lebensmäßig abgeschlossenen Geschäfte *rein* entgeltlich, *rein* unentgeltlich sein, aber auch jeden beliebigen Ausprägungsgrad von Entgeltlichkeit zwischen diesen beiden Polen aufweisen können[8]. Entgeltlichkeit und Unentgeltlichkeit sind, in den Worten *Hoenigers,* „als extreme Endpunkte einer fortlaufenden Reihe" anzusehen, innerhalb derer „die Verbindung von Entgeltlichkeit und Unentgeltlichkeit unzählige Abstufungen aufweisen kann"[9]. Eine solche abstufend-typologische Sicht führt dazu, die im Gesetz geregelten Vertragsverhältnisse als „reine Typen", als Endpunkte einer Typenreihe aufzufassen[10]; „Zwischenformen" sind in derselben Weise wie die „reinen" Formen als *einheitliche* Rechtsgeschäfte möglich, lediglich die Frage des anzuwendenden Rechts ist zunächst offen.

Diese Frage nach dem anwendbaren Recht sucht *Hoeniger* durch eine radikale Durchführung des Gedankens der Abstufbarkeit zu beantworten, wobei er zwei Möglichkeiten sieht: Einmal lasse sich „eine wandelbare und sich abstufende Art der Kombinierung der Rechtsfolgen" derart denken, „daß, je näher der gemischte Vertrag dem Kaufe steht, und je weiter er sich von dem anderen Extreme, der Schenkung, entfernt, auch desto mehr Regeln des Kaufes und desto weniger der Schenkung zur Anwendung kommen und umgekehrt". Erheblich bedeutsamer noch sei folgende Möglichkeit einer differenzierten rechtlichen Beurteilung: Soweit unter den für Kauf und Schenkung angeordneten Rechtsfolgen sich solche befänden, „die sich in stetiger Abstufung wie die Tatbestände selbst von der einen extremen Rechtsfolge zur anderen führen lassen", müsse „auf jede Zwischenstufe der Tatbestände genau die entsprechende Zwischenstufe der Rechtsfolgen angewendet werden"[11].

Letzteren Gedanken erläutert *Hoeniger* zunächst am Beispiel der Fahrlässigkeit: Da beim Kauf für leichte, bei der Schenkung nur für grobe Fahrlässigkeit gehaftet werde, beide aber „genauso Endglieder einer zusammenhängenden Kette wie Entgeltlichkeit und Unentgeltlichkeit" seien, müßten beide Reihen derart in Beziehung gesetzt wer-

---

[8] Vgl. oben § 4, 1 c.

[9] *Hoeniger,* Gemischte Verträge S. 171.

[10] Wobei zwischen den Endpunkten durchaus *qualitative* Unterschiede bestehen können. Die Abstufbarkeit des Entgeltlichkeitsgrades hat keineswegs, wie *Otto Schreiber* (Gemischte Verträge S. 187) *Hoeniger* unterstellen möchte, das Paradoxon eines „unentgeltlichen Kaufs" zur Folge: quantitative Unterschiede können in qualitative übergehen!

[11] *Hoeniger,* Gemischte Verträge S. 171 f.

den, „daß etwa bei Mischung von Entgeltlichkeit und Unentgeltlichkeit von halb und halb auch nur für mittelschwere Fahrlässigkeit und überhaupt jeweils nur für den Culpagrad gehaftet wird, der dem Maß der Mischung im Tatbestande entspricht“[12]. Als *allgemeines* Kriterium dafür, wann eine derartige abstufende Verknüpfung möglich sei, zieht *Hoeniger* die Unterscheidung von „Werttatbestand“ und „Begriffstatbestand“ heran[13]: „Innerhalb begrifflicher Tatbestände ist eine Abstufung regelmäßig nicht möglich. Es kann sich immer nur um die Alternative handeln, ob die konkrete Erscheinung dem Begriffe eingeordnet werden kann oder nicht; ein Drittes gibt es nicht. Bei den Werttatbeständen dagegen ist regelmäßig eine im Maße verschiedene Bewertung möglich und damit eine Abstufbarkeit des Tatbestandes gegeben.“ Damit bietet sich *Hoeniger* eine Fülle weiterer Abstufungsreihen an: „Wenn beim Kaufe schon beim objektiven Vorhandensein, bei der Schenkung dagegen erst bei *arglistigem Verschweigen* des Mangels gewährleistet werden muß“, so lasse sich eine Abstufung der rechtlichen Beurteilung in der Weise denken, „daß man bei den Zwischenstufen der Entgeltlichkeitstatbestände die Mängelgewähransprüche bei einem entsprechend abgestuften Maße der Verschuldung eintreten lassen würde[14].“ Ähnliche Reihen will *Hoeniger* hinsichtlich der *Erheblichkeit* eines Mangels als Voraussetzung der Mängelgewähr, sowie hinsichtlich des Erfordernisses *groben* Undanks und *schwerer* Verfehlungen als Voraussetzungen des Widerrufrechts aufstellen[15].

So erstaunlich diese Thesen auf den ersten Blick anmuten und so Gewichtiges letztlich gegen sie zu sagen ist, es liegt ihnen ein im Ansatz richtiger Gedanke zugrunde, der lediglich zu einseitig verfolgt wird. Die „parallele“ Verknüpfung von abstufbaren Tatbestandsmerkmalen und abstufbaren zugeordneten Rechtsfolgen stellt den radikalen Versuch dar, das Postulat der inneren Stimmigkeit und der Folgerichtigkeit der Rechtsordnung für die Rechtsfindung fruchtbar zu machen. Wenn im Gesetz nur die „Pole“ einer Abstufungsreihe geregelt sind, Zwischenformen aber in derselben Weise wie die „reinen“ Formen als einheitliche Geschäfte möglich sind, dann erscheint es folgerichtig, das für diese maßgebliche Recht jedenfalls insoweit durch Einordnung in die Abstufungsreihe gewissermaßen zu „interpolieren“, als die für die Extrempunkte angeordneten Rechtsfolgen untereinander durch stufenlose Übergänge verbunden sind.

Daß sich nach *Hoenigers* Theorie der abstufenden Verknüpfung von Tatbestand und Rechtsfolge systemkonformere Ergebnisse erzielen lassen als

---

[12] *Hoeniger*, Gemischte Verträge S. 174.
[13] *Hoeniger*, Gemischte Verträge S. 301.
[14] *Hoeniger*, Gemischte Verträge S. 303.
[15] *Hoeniger*, Gemischte Verträge S. 303 f. bzw. 308 f.

nach der h. M., zeigt das Beispiel der Haftung beim gemischt-entgeltlichen Geschäft. Auch nach der Einheitstheorie ist hier eine Aufteilung vorzunehmen — zwar nicht im Rechtsgeschäft selbst, wohl aber in der *Höhe der Schadensersatzverpflichtung:* Der Empfänger des verschenkt-verkauften Gegenstandes könne Schadensersatz nach Kaufrecht nur in der Höhe verlangen, die dem entgeltlichen Anteil entspreche; hinsichtlich des Anteils, der unentgeltlich gegeben werden sollte, hafte der Veräußerer dagegen nur nach Schenkungsrecht[16]. Diese Quotelung des Schadensersatzanspruches weicht insofern vom Gesetz ab, als dieses für die Pole des rein entgeltlichen bzw. unentgeltlichen Geschäfts jeweils Haftung auf den *gesamten* Schaden vorsieht, lediglich in den Haftungs*voraussetzungen* differenziert; letztere sieht *Hoeniger* deshalb als den gegebenen Anknüpfungspunkt für die Berücksichtigung von Zwischenformen an. Wenn dennoch das insofern „inkonsequente" Ergebnis der h. M. eher befriedigt, so deshalb, weil das Alles-oder-nichts-Prinzip heute zu Recht kritisiert wird und darum eine sich bietende Gelegenheit zur Korrektur gerne ergriffen wird.

Freilich lassen sich auch bei *Hoeniger* selbst Zweifel an der Systemkonformität anmelden. So muß gefragt werden, ob unser Recht tatsächlich eine kontinuierliche Abstufung der Fahrlässigkeit erlaubt, oder ob nicht das Kontinuum aus Gründen der Praktikabilität in zwei[17] Abschnitte zerlegt ist, deren innere Abstufung von Rechts wegen unbeachtlich ist. *Hoeniger* versucht, diesem Einwand mit dem Hinweis auf § 254 BGB zu begegnen, wo die Abwägung innerhalb gleicher Verschuldensgrade offenbar eine innere Abstufung derselben voraussetze. Die Abwägung nach § 254 BGB vollzieht sich aber durch einen unmittelbaren Vergleich zweier Verhaltensweisen, erfordert keine absolute Aussage über den Grad der Abstufung[18]; außerdem ist der Beweis noch zu führen, daß die Rechtsprechung tatsächlich bei beiderseitiger grober oder leichter Fahrlässigkeit Differenzierungen innerhalb der Verschuldensgrade vornimmt und nicht einfach gleiche Quoten ansetzt. Bei den übrigen Beispielen *Hoenigers* lassen sich zwar teilweise Abstufungsreihen — wie *Hoeniger* selbst formuliert — *„denken"*, doch bleibt *Hoeniger* den Nachweis schuldig, daß diese Abstufungsreihen für die Rechtsfindung *verbindlich* sind.

Es wird festzuhalten sein: Der Versuch einer strengen Koppelung von abstufbaren Tatbestandsmerkmalen und abstufbaren Rechtsfolgen überdehnt einen im Ansatz richtigen Gedanken. Der Wert typologisch-abstufenden Denkens liegt vor allem darin, die adäquate Beschreibung der zu beurteilenden Phänomene zu liefern und begriffliche Scheinprobleme auszuschalten, wie der verfehlte Streit um die „Möglichkeit" einheitlicher gemischt-entgeltlicher Geschäfte gezeigt hat. Weiter er-

---

[16] Vgl. *Larenz*, Schuldrecht, Bd. 2, S. 130.

[17] Oder — nimmt man die im Arbeitsrecht wieder bedeutsam gewordene „culpa levissima" hinzu (hierzu *Mayer-Maly* AcP 163, 114 ff.) — *drei* Abschnitte.

[18] Vgl. schon *Otto Schreiber*, Gemischte Verträge S. 205 f.

möglicht die Aufstellung von Typenreihen eine Einordnung in die an reinen Formen orientierten Wertungen des Gesetzes, in die sich die Zwischenform einfügen muß. Damit ist aber nicht gesagt, daß dieses „Sich-Einfügen" nach Art und Exaktheit einer mathematischen Funktion erfolgen muß oder auch nur kann: Das Recht hat zwischen den Idealen strengster sachlicher Folgerichtigkeit und sicherer Anwendbarkeit abzuwägen und sich daher häufig mit Annäherungen zu begnügen. Die Aufstellung von Typenreihen vermag nicht „von selbst" die Rechtsfolgen für Zwischenformen zu liefern, sondern nur eine sachliche und rechtstechnische Gesichtspunkte umfassende, wertende Entscheidung *vorzubereiten*.

Die Notwendigkeit der Ergänzung typologischer durch teleologische Erwägungen und der Nutzen typologisch-abstufenden Denkens trotz letztlich alternativer Entscheidungen zeigt sich besonders deutlich in den weitaus überwiegenden Fällen, in denen eine nicht abstufbare Rechtsfolge eine Zerteilung der tatbestandlichen Abstufungsreihe verlangt. Bis zu welchem Grad von Unentgeltlichkeit eines gemischtentgeltlichen Geschäfts die Form des § 518 BGB zu wahren ist, läßt sich aufgrund rein typologischer Erwägungen nicht entscheiden, sondern verlangt nach der am Schutzzweck des § 518 BGB und an möglicherweise eingreifenden rechtstechnischen Wertmaßstäben orientierten Wertung, die darüber entscheidet, wie weit die zunächst auf rein unentgeltliche Geschäfte zugeschnittene Vorschrift entlang der Abstufungsreihe zum entgeltlichen Geschäft hin zu erstrecken ist. Eine Unterteilung der Reihe je nach *überwiegendem* Charakter wäre geboten, wenn der Praktikabilität der Anwendung der Vorrang gegenüber der Durchsetzung des sachlichen Schutzzweckes gebührte; allein aus der zwingenden Natur des § 518 BGB kann dies aber, wie oben gezeigt, nicht hergeleitet werden. Überwiegt aber der Schutzzweck, so ist die Erstreckung auf alle gemischtentgeltlichen Geschäfte geboten, bei denen das Zuwendungsmoment für die Vertragspartner nicht völlig unerheblich war, was nur bei sehr nahe am Pol der reinen Entgeltlichkeit stehenden Geschäften anzunehmen ist.

Die h. M. gelangt zum selben Ergebnis dadurch, daß sie das Geschäft in einen entgeltlichen und einen unentgeltlichen Teil zerlegt, nur auf letzteren § 518 BGB anwendet, den Zusammenhang zwischen beiden Teilen aber durch eine entsprechende Anwendung des § 139 BGB wieder herstellt. Diese analoge Anwendung des § 139 BGB, der wir noch öfter begegnen werden, hat keine andere Funktion als die, die Folgen begrifflichen Trennungsdenkens dort zu korrigieren, wo an sich eine typologisch-ganzheitliche Beurteilung geboten ist. Daß die Zerlegung eine den Parteivorstellungen nicht entsprechende Hilfskonstruktion ist, zeigt sich hier auch darin, daß die Vertragspartner kaum je *nur* „den unentgeltlichen Teil" des Versprechens beurkunden lassen werden, sondern stets die ganze Erklärung!

2. Fließende Übergänge komplizierterer Art bestehen zwischen *Austauschverträgen* und der *Gesellschaft*, oder, in der Terminologie *Hoenigers*, zwischen *unmittelbarer* und *mittelbarer* Entgeltlichkeit[19].

Dies liegt zum einen daran, daß der Gegenpol der mittelbaren Entgeltlichkeit nicht, wie bei den direkt entgeltlichen bzw. unentgeltlichen Geschäften, jeweils in verschiedenen typischen Ausgestaltungen selbständig normiert ist. Vielmehr haben die §§ 705 ff. BGB die an sich in das allgemeine Schuldrecht gehörende Frage der mittelbaren Entgeltlichkeit in der Form eines einzelnen typischen Schuldverhältnisses geregelt[20], wobei der Regelung selbst der praktisch bedeutsamste, „typische" Fall der vermögensrechtlichen Gesellschaft zugrunde liegt[21]. Diese an *einem* Typus der Gesellschaft orientierte Regelung der mittelbaren Entgeltlichkeit ist sodann durch die stark abstrahierende Erläuterungsnorm des § 705 BGB über den typischen Fall hinaus bedeutend erweitert worden[22]: Beiträge können alle Leistungen sein, die innerhalb der Austauschverträge gesondert normiert sind, die nähere Ausgestaltung des Rechts der Gesellschaft ist aber nicht auf alle diese Fälle möglicher Beiträge zugeschnitten[23].

Der zweite und bedeutsamere Unterschied zu den unter 1) besprochenen gemischt-entgeltlichen Geschäften besteht darin, daß sich der Übergang zur mittelbaren Entgeltlichkeit nicht nur in *einer*, sondern in mehreren Dimensionen vollzieht: Mehrere abstufbare typologische Züge vermitteln im Zusammenspiel ihrer verschiedenen Ausprägungsgrade den „fließenden" Übergang von einem Typus zum anderen. Dies sei anhand der wissenschaftlich viel erörterten[24] Abgrenzungsprobleme zwischen *partiarischem Rechtsgeschäft* und *stiller Gesellschaft* — den auch praktisch bedeutsamsten Zwischenformen zwischen Austauschvertrag und Gesellschaft — erläutert.

---

[19] *Hoeniger*, Gemischte Verträge S. 269; *Hoeniger* erkennt allerdings nur an, „daß sich das Maß der Kombination von Synallagma und entgeltlicher Soziatät nach Belieben verschieben kann" (a.a.O. S. 279, 185), während zwischen den Komponenten selbst ein *begrifflicher* Gegensatz bestehe je nachdem, „ob die Entgeltleistungen unmittelbar von einer Partei zur anderen übergehen oder nicht"; indessen läßt sich ein begrifflicher Gegensatz auf diese Merkmale — wie sogleich im Text zu zeigen ist — nicht stützen.

[20] Vgl. *Hoeniger*, Gemischte Verträge S. 18, 269 ff.; *Otto Schreiber*, Gemischte Verträge S. 191.

[21] Vgl. BGHZ 46, 313; unten S. 165.

[22] Ein Überblick über die „rechtlich und soziologisch völlig verschiedenartigen Gebilde", die „von der gesetzlichen Begriffsbestimmung des § 705 BGB" gedeckt sind, bei *H. P. Westermann*, Tpyengesetzlichkeit S. 14.

[23] Vgl. *Hoeniger*, Gemischte Verträge S. 47.

[24] *Lang*, Typen der stillen Gesellschaft, pass.; *Koenigs*, Die stille Gesellschaft S. 28 ff.; *Rasner*, Die atypische stille Gesellschaft S. 38 ff.; *Ballerstedt*, Gemeinsamer Zweck S. 261; *Kühnle*, Partiarisches Darlehen pass.; zur typischen und atypischen stillen Gesellschaft auch *H. P. Westermann*, Typengesetzlichkeit S. 307 ff.

Sicher ist, daß das — in ähnlicher Weise wie bei den gemischt-entgeltlichen Geschäften — beliebig abstufbare Mischungsverhältnis von fest vereinbarter Gegenleistung (Austauschmoment) und Gewinnbeteiligung (Gesellschaftsmoment) für sich kein hinreichendes Unterscheidungskriterium abgibt; man wird allenfalls sagen können, daß höhere Beteiligungsquoten in die Richtung der Gesellschaft weisen — aber auch bei reiner Gewinnbeteiligung kann das Geschäft *seiner ganzen Ausgestaltung nach* noch mehr Austauschvertrag als Gesellschaft sein. Diese *weiteren* Merkmale, auf die es demnach wesentlich ankommt, sind aber nichts anderes als die sonstigen Züge des Typus Austauschvertrag bzw. Gesellschaft, die an den Polen deutlich unterschieden, unter sich aber durch fließende Übergänge verbunden sind, und ebenso je für sich nur indizielle Bedeutung haben. So ist für die Gesellschaft das *Mitbestimmungsrecht* der Gesellschafter typisch (§§ 709 ff. BGB); dem stillen Gesellschafter räumt § 338 HGB schwächere *Kontrollrechte* ein. Diese Rechte können jedoch vertraglich eingeschränkt oder auch ganz ausgeschlossen werden, ohne daß allein deshalb die Möglichkeit einer stillen Gesellschaft entfiele. Anderseits können bei auf längere Geschäftsverbindung angelegten Austauschverträgen wirtschaftlich bedeutsamer Art gesteigerten Treu- und Aufklärungspflichten Informations- und Mitspracherechte des Vertragspartners entsprechen. Bei partiarischen Rechtsgeschäften werden solche Mitsprache- und Kontrollrechte regelmäßig, nach *Rasner* sogar notwendigerweise[25], eingeräumt. Es zeichnet sich eine weitere Steigerungsreihe ab, die regelmäßig, doch nicht notwendig mit dem abgestuften Übergang von partiarischem Rechtsgeschäft zur stillen Gesellschaft gleichläuft, indizielle, aber nicht schlechthin entscheidende Bedeutung für die Unterscheidung beider hat: „Wenn dem Geldgeber *geringere* Kontrollrechte als die in § 338 HGB vorgesehenen zustehen, so weist das *in hohem Maße* auf ein partiarisches Darlehen hin[26]."

Diese hier an zwei abstufbaren Zügen dargelegten Eigenheiten verallgemeinernd hat der BGB in einer grundlegenden Entscheidung[27] festgestellt, „daß die Übergänge zwischen den verschiedenen Ausgestaltungen der stillen Gesellschaft und der partiarischen Rechtsverhältnisse fließend sind und für ihre Abgrenzung ein äußerlich klares Unterscheidungsmerkmal jedenfalls dann fehlt, wenn im einzelnen Fall für den Geldgeber eine Gewinnbeteiligung vorgesehen und eine Verlustbeteiligung ausgeschlossen ist". Umso überraschender ist, daß der BGH dennoch alternativ zu entscheiden sucht, „ob sich die Parteien durch den Abschluß des Vertrages zur Erreichung eines gemeinsamen

---

[25] *Rasner*, Die atypische stille Gesellschaft S. 38.

[26] *Koenigs*, Die stille Gesellschaft S. 32 mit Rechtsprechungsnachweisen.

[27] BGH LM Nr. 1 zu § 335 HGB.

Zweckes verbunden haben und ihre schuldrechtlichen Beziehungen ein gesellschaftsrechtliches Element in sich tragen oder ob die Parteien ohne jeden (!) gemeinsamen Zweck mit dem Abschluß des Vertrages lediglich (!) ihre eigenen Interessen verfolgen und demgemäß ihre Rechtsbeziehungen zueinander ausschließlich (!) durch die Verschiedenheit ihrer beiderseitigen Interessen bestimmt werden." Auch das Kriterium des „gemeinsamen Zweckes" vermag eine begriffliche Unterscheidung nicht zu tragen. Zumindest *ein* gleichgerichtetes Interesse, das der Gewinnerzielung, ist *allen* Zwischenformen zwischen reinem Austauschvertrag und Gesellschaft eigen; alle Versuche, insofern „Egoismus zu zweien"[28] vom „gemeinsam" verfolgten Gesellschaftszweck abzugrenzen, führen wiederum nur zu quantitativen Unterscheidungen[29]. Dies gilt für die Entscheidung des 4. Zivilsenats des BGH[30], wonach zwar nicht der „Endzweck" einer Gesellschaft, wohl aber „ein diesem Endzweck dienenes Mittel von den Vertragsschließenden als gemeinsamer Zweck verfolgt werden" müsse, ebenso wie für die Schlagwortpaare Interessendeckung und Interessenkonvergenz[31], Zweck im engeren und weiteren Sinn bzw. mittelbarer und unmittelbarer Zweck[32], gemeinschaftliches Ziel und Gemeinschaft des Zweckes[33].

Die Versuche von Rechtsprechung und Schrifttum, alternativ zu entscheiden, ob ein gemeinsamer Zweck vorliege oder nicht, sind nicht nur *dogmatisch* zweifelhaft; auch der *methodische* Sinn einer solchen Klassifizierung ist schwer einzusehen, hängt von ihr doch keineswegs eine streng alternative Anwendung von ausschließlich Gesellschafts- oder Austauschvertragsrecht ab. Vielmehr wird durch diese Einstufung nur entschieden, welches Recht *grundsätzlich* zur Anwendung kommt; daneben kann *ergänzend* das Recht des anderen Vertragstyps heranzuziehen sein, so daß sich die Gesamtheit des tatsächlich anwendbaren Rechts als eine der tatbestandlichen Zwischenstellung angepaßte Kombination von Gesellschafts- und Austauschvertragsrecht darstellt. Wird in der Abgrenzung von partiarischem Rechtsgeschäft und stiller Gesellschaft das Vorliegen eines gemeinsamen Zweckes verneint, so ist zwar grundsätzlich das Recht des betreffenden Austauschvertrages

---

[28] Vgl. *Rasner*, Die atypische stille Gesellschaft S. 39.

[29] Im Hinblick hierauf wie auf die oben getroffene Feststellung, daß die Erläuterungsnorm des § 705 weit über das zugrunde liegende Leitbild hinausreicht und sich mit dem tatsächlichen Anwendungsbereich der nachfolgenden Vorschriften nicht deckt, wird man sich kaum dem Urteil *Ballerstedts* (Gemeinsamer Zweck S. 253) anschließen können, „daß diese Vorschrift ein hervorragendes Beispiel für den Wert der Abstraktion in der juristischen Begriffsbildung bietet".

[30] NJW 51, 308.

[31] Vgl. *Rasner*, Die atypische stille Gesellschaft S. 40 im Anschluß an *Gierke*.

[32] *Kühnle*, Partiarisches Darlehen S. 35 bzw. 40.

[33] *Soergel - Siebert - Schultze - v. Lasaulx*, Anm. 13 vor § 705.

maßgebend; der „gesellschaftsähnliche" Einschlag rechtfertigt aber nach der herrschenden Meinung die entsprechende Anwendung einzelner Vorschriften des Gesellschaftsrechts. Es leuchtet ohne weiteres ein, daß der Umfang des anwendbaren Gesellschaftsrechts um so größer sein wird, je stärker der gesellschaftsähnliche Einschlag ist, bis schließlich der Gesellschaftscharakter überwiegt. Wir haben demnach ein Beispiel für den von *Hoeniger* geäußerten Gedanken vor uns, daß mit zunehmender Annäherung rechtlicher Zwischenformen an die reinen Formen mehr und mehr deren Recht anzuwenden ist.

So gesehen, subsumiert die Rechtsprechung nicht, sondern nimmt eine Zuordnung je nach dem Schwerpunkt vor, die auch die weniger bedeutsamen Züge zu berücksichtigen vermag, statt sie als vom „Begriff" nicht erfaßt zu eliminieren. Dies wird durch das Verfahren bestätigt, das der BGH für die Entscheidung über das Kriterium des gemeinsamen Zweckes vorsieht: es handelt sich um ein typologisches Verfahren der Gesamtbetrachtung, das im nächsten Kapitel näher zu erläutern sein wird[34]. Wir können aber jetzt schon festhalten, daß die Rechtsanwendung im Grenzbereich von partiarischem Rechtsgeschäft und stiller Gesellschaft (und damit in der Abstufungsreihe vom Austauschvertrag zur Gesellschaft) *der Sache nach* typologisch abstufend, nicht begrifflich-alternativ verfährt.

Wenden wir uns nach den Grundstrukturen der Entgeltlichkeit nunmehr einzelnen Leistungsbeziehungen zu. Auch hier lassen sich in ähnlicher Weise fließende Übergänge feststellen. Sie beruhen zum einen darauf, daß die in den gesetzlichen Erläuterungsnormen genannten Merkmale selbst Zwischenformen zulassen, zum andern darauf, daß die Ausgestaltung des konkreten Geschäfts in den sonstigen Zügen nicht der Gesamtregelung des Geschäfts entspricht, dessen Hauptmerkmale es aufweist, sondern mehr oder weniger Geschäften angenähert ist, deren Hauptmerkmale nicht vorliegen. Auch hierzu Beispiele.

3. *Kauf und Miete* sind dem „Begriff" nach dadurch unterschieden, daß beim (Sach-)Kauf Übertragung des Eigentums als des umfassenden Herrschaftsrechts, bei der Miete nur Gewährung des Gebrauchs geschuldet wird. Die scharfe Trennung erscheint gelockert, wenn beim Ratenkauf die Sache unter Eigentumsvorbehalt übergeben wird (§ 455 BGB): der Erwerbstatbestand ist gestreckt, deutlich veranschaulicht in der allmählichen Auffüllung des Anwartschaftsrechts als der Übergangsstufe zum Vollrecht. Bis zum Eintritt der Bedingung vollständiger Bezahlung hat der Vorbehaltskäufer eine dem Mieter bzw. Pächter insofern ähnliche Stellung, als er gegen Entrichtung von Raten sofort zu Gebrauch bzw. Nutzung berechtigt wird; im Unterschied zum

[34] Siehe unten § 14, 2.

Mieter bzw. Pächter trägt er insbesondere die Gefahr zufälligen Untergangs und hat kaufrechtliche Gewährleistungsansprüche.

Ist in solchen Fällen die Ratenzahlung über einen Zeitraum erstreckt, der der voraussichtlichen Nutzungsdauer des Objekts entspricht, so kann die Anwendbarkeit von Kauf- oder Miet- bzw. Pachtrecht äußerst zweifelhaft werden, wie ein Beispiel von *Jahr* zeigt[35]: Der Händler A hat eine Werkzeugmaschine geerbt, will aber deshalb seinen Beruf nicht aufgeben. Der Produzent B will eine Produktion aufnehmen, für die er die Maschine benötigt. Die Maschine hat eine voraussichtliche Lebensdauer von 10 Jahren. A und B werden sich einig: A gibt dem B die Maschine; er soll dafür 12 000 DM in monatlichen Raten von 100 Mark oder in Jahresraten von 1200 Mark zahlen. Mehr wird nicht gesagt. Hier läßt sich, wie *Jahr* mit Recht betont, rein *begrifflich* nicht entscheiden, ob ein Ratenkauf der Maschine selbst, des Nießbrauchs an der Maschine, oder Miete/Pacht vorliegt[36].

Wir sind zur Erläuterung der Zwischenformen zwischen Kauf und Miete nicht auf fiktive Beispiele angewiesen. Vor dem Inkrafttreten von AbzG und BGB war es üblich, die Wirkungen eines in der Zulässigkeit umstrittenen Eigentumsvorbehalts beim Abzahlungskauf durch sog. *Mietkaufverträge* herbeizuführen, die in die „Begriffsform" der Miete eingekleidet doch die typischen Zwecke des Kaufes zu erreichen suchten[37]. Heute spielt der „Erwerbsersatz durch Nutzungsverträge"[38] in der Form des *Leasing* eine wirtschaftlich bedeutende Rolle[39].

Genauer kann nicht von „der" Form des Leasing, sondern muß von „den Formen" oder Typen des Leasing gesprochen werden, da unter der Bezeichnung „Leasing" eine Fülle von Spielarten zusammengefaßt wird, die, wie der Bundesfinanzhof (BFH) zutreffend ausgeführt hat[40], „vom normalen Mietvertrag bis zum verdeckten Ratenkaufvertrag reichen". Ohne daß es hier möglich wäre, alle Stufen dieser von der Miete zum Kauf führenden Reihe näher zu beschreiben, kann gesagt werden, daß das sog. „Operational

---

[35] *Jahr*, Funktionsanalyse S. 18.

[36] Wohl aber ergibt eine „Funktionsanalyse", eine Würdigung insbesondere der interessegemäßen Rechtsfolgen (Risikoverteilung!), nähere Anhaltspunkte für Kauf. Eine solche umfassende Würdigung geht aber über eine rein begriffliche Subsumtion hinaus, stellt sich im unten (§ 14) näher zu erläuternden Sinn als Zuordnung aufgrund einer typologischen Gesamtbetrachtung dar.

[37] Näheres bei *Ostler - Weidner*, Abzahlungsgesetz, Anm. 28 ff. zu § 6; vgl. auch *Schmucki*, Mietkaufvertrag pass.

[38] Vgl. die gleichnamige Studie zum Leasing von *Lwowski*.

[39] Die auf der Zwischenstellung des Leasing beruhenden Schwierigkeiten der zivilrechtlichen und steuerrechtlichen Beurteilung haben eine Flut von Veröffentlichungen hervorgerufen; Übersichten bei *W. G. Franken*, Bibliographie zum Leasing, Hamburg 1966, sowie im Leasing-Handbuch, hrsg. von K. F. *Hagenmüller*, S. 355 ff. Unter den Dissertationen sind — außer der bereits genannten Arbeit von *Lwowski* — hervorzuheben: *Binder*, Leasing-Vertrag; *Dieter Krause*, Leasing-Verfahren; *Plathe*, Leasing-Geschäft. Zur Rechtsprechung vgl. die ausführliche jüngste Entscheidung des Bundesfinanzhofs in BB 70, 291 und 332 ff. = NJW 70, 1148.

[40] BB 70, 332 (im Anschluß an die vom BFH eingeholte Stellungnahme des Instituts der Wirtschaftsprüfer e. V.).

Leasing"[41] *näher* an der Miete steht, im Einzelfall wohl auch mit ihr identisch ist[42], während das „Financial-Leasing" — die häufigere und rechtlich vor allem problematische Form, die im folgenden näher dargestellt wird[43] — näher beim Kauf einzuordnen ist.

Seltener vom Hersteller selbst[44], meist von besonderen Leasing-Gesellschaften werden beim „Financial-Leasing" Dritten (meist Firmen) langlebige Wirtschaftsgüter, die typischerweise von der Leasing-Gesellschaft aufgrund und gemäß der Bestellung des Leasing-Nehmers besorgt werden[45], zu Gebrauch bzw. Nutzung, nicht jedoch zu Eigentum überlassen. Der (meist nicht als „Leasing", sondern als „Miete" oder „Pacht" bezeichnete) Vertrag ist auf eine *Grundlaufzeit* ausgerichtet, während deren er nicht gekündigt werden kann und der Leasing-Nehmer in Raten einen Betrag erbringt, der der Summe aus Anschaffungskosten einschließlich Verzinsung, Verwaltungskosten und Gewinnzuschlag des Leasing-Gebers entspricht, obwohl die Grundlaufzeit in aller Regel kürzer ist als die betriebsgewöhnliche Nutzungsdauer des Leasing-Objekts. Die Gewährleistungsansprüche des Leasingnehmers sind auf die dem Leasinggeber gegen den Lieferanten zustehenden kaufrechtlichen Mängelgewähransprüche beschränkt[46]. Der Leasingnehmer trägt die Gefahr zufälligen Untergangs bzw. zufälliger Verschlechterung[47] und meist auch alle Instandhaltungs-, Reparatur- und Versicherungskosten[48]. Der wichtigste Grund, warum das Leasing für den Leasingnehmer dennoch attraktiv sein kann, wird erst aus dem Zusammenhang mit den Vereinbarungen deutlich, die die Abwicklung nach dem Ende der Grundlaufzeit betreffen: Hier wird gewöhnlich die Möglichkeit einer Vertragsverlängerung mit um mehr als 90 % verringerten Raten vorgesehen, oder eine Kaufoption unter weitgehender Anrechnung der Mietraten eingeräumt, oder ein erheblicher Teil (bis zu

---

[41] Wichtigste Kennzeichen: der Vertrag ist grundsätzlich kurzfristig kündbar; der Leasing-Geber trägt die Gefahr zufälligen Untergangs und zufälliger Verschlechterung und übernimmt die (bei Datenverarbeitungsanlagen bedeutsame) Wartung; der Leasing-Nehmer ist nicht am endgültigen Wirtschaftswert, sondern am Gebrauchswert der stets neuesten Ausrüstung (Überalterungsgefahr von Datenverarbeitungsanlagen!) interessiert. Näheres siehe *Plathe*, Leasing-Geschäft S. 93 ff.

[42] Die Bezeichnung als „Leasing" dient häufig lediglich Werbezwecken.

[43] Dabei handelt es sich um eine typologische Beschreibung, nicht um eine Angabe aller notwendigen und hinreichenden Merkmale. Auch der BFH verfährt nach dieser Methode: Vgl. BFH BB 70, 333.

[44] Das Hersteller-Leasing wollen einige Autoren überhaupt nicht als Leasing gelten lassen; vgl. *Plathe*, Leasing-Geschäft S. 17, 34 ff.

[45] Diesen Gesichtspunkt betonen besonders *Koch* und *Haag*, Die Rechtsnatur des Leasing-Vertrages, BB 68, S. 93 ff.

[46] Einzelheiten s. *Plathe*, Leasing-Geschäft S. 26, 55 f.; *Binder*, Leasing-Vertrag S. 63 ff.; *Krause*, Leasing-Verfahren S. 55 ff.

[47] *Plathe*, Leasing-Geschäft S. 68 ff.; *Binder*, Leasing-Vertrag S. 60 ff.

[48] *Plathe*, Leasing-Geschäft S. 58; *Lwowski*, Erwerbsersatz S. 76; *Krause*, Leasing-Verfahren S. 65 f., 99 ff.

90 %!) des nach Rücknahme und Veräußerung durch den Leasinggeber erzielten Erlöses erstattet bzw. auf einen neu abzuschließenden Vertrag angerechnet[49].

Es sollte nicht zweifelhaft sein, daß ein solcher Vertrag weder als reine Miete, noch als reiner Kauf angesehen werden kann. Zwar scheinen auf den ersten Blick die „begrifflichen" Erfordernisse der *Miete* bzw. *Pacht* erfüllt zu sein: das Leasing-Objekt wird auf Zeit gegen Entgelt zu Gebrauch bzw. Nutzung zur Verfügung gestellt. Die Höhe der Raten während der Grundlaufzeit im Zusammenhang mit der Abwicklungsregelung zeigt aber, daß die Raten kein reines Entgelt für die Überlassung zu Gebrauch bzw. Nutzung während der Grundlaufzeit darstellen; sonst könnte für den endgültigen Erwerb des Vollrechts oder doch für die weitere Überlassung des noch erheblichen Wirtschaftswertes[50] nicht nur eine Anerkennungsgebühr zu entrichten sein. In dem Maße, in dem in den Raten mehr enthalten ist als ein reines Entgelt für die zeitweilige Gebrauchsüberlassung, entfernt sich der Leasing-Vertrag in der für die *begriffliche* Qualifizierung allein entscheidenden Art der Leistungsbeziehung von der Miete und rückt in die Nähe des Kaufes. Hinzu kommt, daß der Vertrag in allen wichtigen Fragen der Ausgestaltung, insbesondere hinsichtlich der Gewährleistung und Gefahrtragung, dem Kauf angenähert ist, wobei der Grad der Annäherung je nach Umfang und Bedeutung der vom Mietrecht abweichenden, dem Kaufrecht entsprechenden Vereinbarungen verschieden sein kann. Welche Bedeutung dies für die rechtliche Beurteilung hat, wird im nächsten Kapitel zu untersuchen sein[51]; hier kam es zunächst nur darauf an, die trotz der scheinbar klaren begrifflichen Abgrenzung von Kauf und Miete bestehende Möglichkeit von Zwischenformen deutlich zu machen.

4. Die modernen Finanzierungsformen, zu denen auch das Financial-Leasing zu rechnen ist, haben nicht nur die Grenze zwischen Kauf und Miete, sondern vor allem zwischen *Kauf* und *Darlehen* verfließen lassen; viele verkehrstypische Finanzierungsgeschäfte sind nur durch ihre Zwischenstellung zwischen diesen im Gesetz geregelten Geschäften zu erfassen. Die über diese Zwischenformen vom Kauf zum Darlehen führende Reihe weist die Besonderheit auf, daß dem kreditbedürftigen Erwerber teilweise zwei Vertragspartner gegenüberstehen, wobei wiederum die Intensität der inneren Beziehung der Verträge zueinander

---

[49] Zu den einzelnen Varianten s. *Plathe*, Leasing-Geschäft S. 81 ff.; *Lwowski*, Erwerbsersatz S. 62 f., 87 ff.; *Binder*, Leasingvertrag S. 76 ff. Zu den steuerlichen Gründen und Problemen dieser Aufteilung vgl. *Thiel*, BB 67, 325.

[50] Bei erheblich kürzerer Grundlaufzeit als betriebsgewöhnlicher Nutzungszeit, wie typischerweise vereinbart.

[51] Unten § 14, 4 a.

abstufbar ist. Als Glieder dieser Reihe sind stichwortartig zu nennen: „typischer" Barkauf i. S. der §§ 433 ff. BGB — Kauf mit Stundung eines Kaufpreisrestes — Ratenkauf mit Eigentumsvorbehalt und „reguläres" Abzahlungsgeschäft i. S. des § 1 AbzG — Abzahlungsgeschäft mit *Absatz*finanzierung durch eine mit dem Verkäufer in Geschäftsbeziehung stehende Bank (sog. „Abtretungskonstruktion")[52] — von einem Finanzierungsinstitut aufgrund eines Rahmenvertrages mit dem Verkäufer „finanzierter Kauf", bei dem der Käufer als Darlehensnehmer auftritt, die Kaufpreis/Darlehenssumme unmittelbar an den Verkäufer („für Rechnung des Käufers") ausbezahlt wird gegen Sicherungsübereignung des Kaufgegenstandes an das Finanzierungsinstitut (sog. „Darlehenskonstruktion"[53]) — Kauf mit Hingabe von „Warenschecks" (sog. „A-Geschäft")[54] — Anschaffungsdarlehen[55] — Kleinkredit[56] — Darlehensaufnahme „auf eigene Faust", d. i. „typisches" Darlehen i. S. der §§ 607 ff. BGB. Für einzelne Stufen innerhalb dieser Reihe ist auch in der Rechtsprechung anerkannt, daß begrifflich klare Unterscheidungskriterien fehlen; erinnert sei an die oben[57] besprochene Entscheidung des BGH zur Abgrenzung von Finanzierungsdarlehen im Rahmen eines finanzierten Kaufes (das dem AbzG unterstellt wird) und Anschaffungsdarlehen (das ausschließlich nach den §§ 607 ff. BGB beurteilt wird)[58].

---

[52] Abtretungskonstruktion (des „B-Geschäftes") deshalb, weil der Verkäufer den (Rest-)Kaufpreis gegen Abtretung der Kaufpreisforderung kreditiert bekommt. Näheres bei *Marschall von Bieberstein*, Abzahlungsgeschäft S. 14 ff.; *Hörter*, Abzahlungskauf S. 91 ff.

[53] Hauptfall des „B-Geschäftes"; bezweckt ist „eine Absatzfinanzierung, die jetzt aber als Kundenfinanzierung aufgezogen ist" (*Esser*, B-Geschäft S. 89). Näheres bei *Larenz*, Schuldrecht, Bd. 2, S. 94 ff.; *Marschall v. Bieberstein*, Abzahlungsgeschäft S. 21 ff.; *Hörter*, Abzahlungskauf S. 125 ff. jeweils m. w. N.

[54] Heute selten; der Käufer/Darlehensnehmer erhält von einer Warenkreditbank gestückelte Zahlungsanweisungen, mit denen er bei allen Firmen, die einen entsprechenden Rahmenvertrag mit der Warenkreditbank geschlossen haben, beliebige gekaufte Waren bezahlen kann. Näheres bei *Marschall v. Bieberstein*, Abzahlungsgeschäft S. 35 ff.; Esser, B-Geschäft S. 88; *Hörter*, Abzahlungskauf S. 67 ff. m. w. N.

[55] Das Anschaffungsdarlehen wird regelmäßig zweckgebunden gewährt, daher direkt an den Verkäufer für Rechnung des Käufers/Darlehensnehmers ausbezahlt gegen Sicherungsübereignung des Kaufgegenstandes. Vom Finanzierungsdarlehen des B-Geschäftes unterscheidet es sich vor allem dadurch, daß regelmäßig der Käufer/Darlehensnehmer sich selbständig an (s)eine Bank wendet; die Zweckbindung kann daher gelockert sein, Sicherheit auch durch Gehaltsabtretung, Bürgschaft etc. geleistet werden. Näheres bei *Hörter*, Abzahlungskauf S. 56 ff.

[56] Eine Verwendungserklärung wird zwar meist verlangt, doch wird damit „nur noch der Anschein der Zweckgebundenheit gewahrt" (*Hörter*, Abzahlungskauf S. 54).

[57] § 6, 3 c, cc.

[58] BGHZ 47, 253; vgl. auch BGHZ 37, 94 (101) und BGH NJW 70, 701, sowie *Pagendarm* WM 67, 434 ff.; *Esser*, B-Geschäft S. 94 ff.

5. In dieser Weise lassen sich zwischen die meisten gesetzlich geregelten „reinen" Formen besonderer Vertragsverhältnisse Übergangsformen reihenförmig einordnen. Hier sei nur mehr auf ein weiteres, literarisch oft behandeltes Beispiel hingewiesen: Die Abgrenzung von Dienst- und Werkvertrag[59] anhand der den „Definitionsnormen" der §§ 611 bzw. 631 BGB entnommenen Alternative, ob eine bloße „Tätigkeit" *oder* ein „Erfolg" geschuldet werde, verkennt, daß kaum eine Tätigkeit ohne „finale" Ausrichtung auf einen Erfolg hin vorgenommen wird[60]. Versteht man aber „Erfolg" in diesem Sinne des „näheren" oder „Arbeitserfolgs"[61], so ist offenbar zumeist das Vorliegen beider Kriterien zu bejahen: „daß der Prozeß geführt, der Patient operiert, der Wagen abgeschleppt, der Bewerber photographiert wird"[62], ist in diesem Sinne ebenso geschuldete Tätigkeit wie geschuldeter Erfolg. Es kann sinnvoll nicht alternativ nach Tätigkeit *oder* Erfolg, sondern nur abstufend danach gefragt werden, *welches Moment im Vordergrund steht*[63]. Für die Rechtsanwendung scheint damit wenig gewonnen, die Unterscheidung lediglich verunsichert zu sein. Um dennoch in der Mehrzahl der Fälle mit der h. M. zu relativ gesicherten Ergebnissen zu kommen, müssen offenbar noch *andere Kriterien* maßgebend sein, die in das Merkmalpaar „Erfolg" bzw. „Tätigkeit" integriert werden, aber *der gesamten Ausgestaltung des Vertrages entnommen* sind. Diesem Komplex haben wir uns nunmehr im Hinblick auf die neben dem abstufenden Denken wohl wichtigste Eigenheit der Typologik, die *ganzheitliche* Betrachtung, näher zuzuwenden[64].

---

[59] Schrifttumsnachweise bei *Staudinger - Nipperdey - Mohnen - Neumann* Vorbem. 141 vor § 611.

[60] Vgl. *G. Rümelin*, Dienst- und Werkvertrag S. 14; *Esser*, Schuldrecht, 2. Bd., S. 144.

[61] Terminologie von *Esser*, Schuldrecht, 2. Aufl. S. 95 f. und Schuldrecht, 2. Bd., S. 144; darüber, daß der „fernere" Erfolg (d. i. der vom Gläubiger verfolgte Zweck, dessen Erreichung häufig nicht in der Macht des Schuldners steht) als Kriterium zu weit ist, besteht heute Einigkeit: vgl. *Enn. - Leh.* S. 602; *Esser*, Schuldrecht, 2. Bd., S. 144.

[62] Beispiele von *Esser*, Schuldrecht, 2. Bd., S. 95.

[63] Der Werkvertrag selbst nimmt wiederum eine Zwischenstellung zwischen Dienst- und Kaufvertrag ein: „Je nachdem, ob der Einzelvertrag mehr das Umsatz-Element von herzustellenden Produkten betont (Werklieferungsvertrag) oder das Arbeitselement mit persönlichem Einsatz, nähert sich der Vertrag mehr dem Kaufrecht oder dem Dienstvertragsrecht", wodurch „die Abgrenzung sehr erschwert" wird (*Esser*, Schuldrecht, 2. Bd., S. 163).

[64] Nur angemerkt seien noch zwei Beispiele dafür, wie heute generell in der schuldrechtlichen Literatur abstufendes Denken im Vordringen ist: *Gernhuber* hat in einem Aufsatz über „Drittwirkungen im Schuldverhältnis kraft Leistungsnähe" (in: Festschrift für *Arthur Nikisch*, Tübingen 1958, S. 249 ff.) das in seiner Sozialwirkung nur Gläubiger und Schuldner treffende Schuldverhältnis als einen „Grenzfall" bezeichnet, dem als Extrem in der anderen Richtung das allgemein erfahrene Schuldverhältnis entspreche. „Zwischen diesen beiden polaren Möglichkeiten erstreckt sich ein weites Feld, das den Großteil der Schuldverhältnisse in sich aufnimmt in allmäh-

§ 14: Das Verfahren der „Gesamtbetrachtung" in der Anwendung des Vertragsrechts

1. Wenngleich „der begriffliche Unterschied zwischen dem Dienstvertrage und dem Werkvertrage aus dem Gesetze mit genügender Deutlichkeit erhellt", ist in den Motiven zu lesen[1], so werde „doch in manchen Fällen tatsächlich zweifelhaft bleiben, wie der vorliegende Vertrag zu verstehen ist". Darin liege „ein erheblicher, aber nicht zu beseitigender Übelstand"; man dürfe indes darauf vertrauen, daß „*bei verständiger Würdigung aller Umstände* die richtige Entscheidung nicht verfehlt werden kann"[2].

Diese Anweisung muß vom Ausgangspunkt *begrifflicher* Gesetzesanwendung her überraschen, denn Subsumtion fragt nach dem Vorliegen oder Nichtvorliegen der zur Begriffsbildung vom Gesamtkomplex abstrahierten Merkmale und sieht von der Fülle der sonstigen Merkmale gerade ab. Die Vermutung liegt nahe, daß bei der von den Motiven geforderten „Gesamtwürdigung" entweder offen auf die in die §§ 611, 631 BGB nicht eingegangenen Züge des Typus von Dienst- und Werkvertrag rekurriert wird, oder doch zumindest das Ergebnis einer solchen typologischen Würdigung dem begrifflich verstandenen Gesetz zu imputieren gesucht wird. Im ersten Fall bestimmt typologisches Denken unmittelbar die Rechtsfindung, im zweiten Fall verdeckt eine abschließende „Subsumtion" die eigentlich maßgeblichen Zuordnungskriterien.

Um dieser Vermutung nachzugehen, sei an die Beschreibung des Typus von Werk- und Dienstvertrag angeknüpft, die *Larenz* gegeben

---

licher Entfernung von dem einen Extrem und langsamer Näherung an das andere." Auch dem Intensitätsgrad nach sei abzustufen: „Der flüchtigen Berührung ohne nachhaltige Wirkung steht über viele mögliche Zwischenstufen hinweg das Dritte mit voller Gewalt im guten oder schlechten Sinn treffende Schuldverhältnis gegenüber." — *Ludwig Raiser* hat dargelegt (Vertragsfunktion S. 126), daß sich „für die rechtliche Bewertung der Übergang vom Tatbestand der Willenserklärung zu dem eines normierten Verhaltens so unmerklich (vollziehe), daß an dieser Übergangsstelle nicht wohl zugleich auch die Grenze für die Anwendung von Vertragsrecht im funktionalen Sinn liegen kann". In der Tat dürfte die Erkenntnis des fließenden Übergangs von rechtsgeschäftlicher Willenserklärung und gesetzlich normiertem Verhalten sich äußerst gewinnbringend für „Zwischenformen" wie die Lehre vom „sozialtypischen Verhalten" (hierzu *Larenz,* Allg. Teil S. 515 ff.), Anscheinsvollmacht, Schweigen auf kaufmännisches Bestätigungsschreiben (hierzu *Diederichsen,* JuS 66, 129 ff. m. Nachw.) verwerten lassen.

[1] Mot. II, S. 471 f.; *Mugdan* II S. 263.

[2] Hervorhebung von mir; vgl. auch *Staudinger - Nipperdey - Mohnen - Neumann* Anm. 142 vor § 611: Die Entscheidung müsse „alle Momente würdigen, die für die Auslegung in Betracht kommen, namentlich die etwaige Gestaltung der Rechte und Pflichten der Vertragsparteien, den wirtschaftlichen Zweck der Arbeit, Art, Entwicklung und Kapital des Betriebes des Arbeitenden, die Risikotragung".

hat: „Typologisch gesehen, ist der Werkvertrag der Lohnvertrag des selbständig, auf eigene Rechnung und eigene Gefahr (hinsichtlich des Gelingens des Werkes) Tätigen, der an Weisungen des Bestellers hinsichtlich seiner Arbeitsweise nicht gebunden ist, ihm aber für das gute Gelingen einzustehen hat... Dagegen ist der Dienstvertrag, typologisch gesehen, der Vertrag des unselbständig Tätigen, der seine Arbeitskraft einem anderen für eine bestimmt geartete Tätigkeit gegen Entgelt auf Zeit zur Verfügung stellt, nach dessen Weisungen tätig zu sein hat, aber nicht für das Gelingen, sondern nur für sorgfältiges Arbeiten einzustehen hat und für dieses entlohnt wird[3]." Will man noch etwas weiter gehen, wird man „höhere Dienste" und „Speziesarbeit" zum Leitbild des Werkvertrages, „niedere Dienste" und „Gattungsarbeit" zum Leitbild des Dienstvertrags rechnen können[4].

Im Schrifttum ist verschiedentlich versucht worden, die in der vorstehenden typologischen Beschreibung hervorgehobenen Züge isoliert und verbegrifflicht an die Stelle des Merkmalpaars „Tätigkeit oder Erfolg" zu setzen: G. *Rümelin* wollte allein auf die Frage der Gefahrtragung abstellen, *Hoeniger* nach Gattungs- oder Speziesarbeit unterscheiden, um nur zwei wichtige Beispiele zu nennen[5]. Die hiergegen stets erhobene Kritik, keines dieser Merkmale sei „schlechthin" für die Abgrenzung entscheidend, ist ebenso richtig wie aus typologischer Sicht selbstverständlich: Kein einzelner typologischer Zug kann, als Begriff gesetzt, den wertungsmäßig zugrunde liegenden Typus genau treffen[6]. Insofern sind alle Versuche, ein einzelnes für die Abgrenzung geeigneteres Merkmalpaar zu finden, von vornherein zum Scheitern verurteilt. Als Ausgangspunkt ist an den Kriterien „Tätigkeit oder Erfolg" festzuhalten.

Es läßt sich aber unschwer nachweisen, daß die skizzierten, zur „Begriffsbildung" unmittelbar nicht verwendeten typologischen Züge bei der angeblich nur an dem begrifflichen Merkmalpaar von „Tätigkeit" oder „Erfolg" ausgerichteten Gesetzesanwendung eine ganz erhebliche Rolle spielen. Im Zusammenhang der Kritik an den von G. *Rümelin*, *Hoeniger* u. a. vorgeschlagenen Ersatzkriterien wird jeweils darauf hingewiesen, daß diese doch als wichtige „Anhaltspunkte"[7] für die Entscheidung der Frage dienen könnten, ob eine bloße Tätigkeit oder ein

[3] *Larenz*, Methodenlehre S. 442 f.

[4] Da es sich insoweit um weniger kennzeichnende Züge handelt, ist selbstverständlich nicht ausgeschlossen, daß die Leistung höherer Dienste, spezieller Arbeit im Einzelfall mehr den Charakter des Dienstvertrags trägt.

[5] Vgl. im einzelnen die Übersicht bei *Enn. - Leh.*, § 145 I 1; *Esser*, Schuldrecht, 2. Bd., S. 144; *Staudinger - Nipperdey - Mohnen - Neumann*, Anm. 141 vor § 611.

[6] Vgl. oben § 9, 1 b.

[7] *Enn. - Leh.*, S. 603; *Staudinger - Nipperdey - Mohnen - Neumann*, Anm. 141 vor § 611.

Erfolg geschuldet werde. So sei etwa die Regelung der *Gefahrtragung* als Kriterium zwar „weder zwingend, noch verläßlich", sie weise „jedoch auf den entscheidenden Unterschied in der Interessenlage hin"[8], so daß, „wenn die Gefahrtragung vereinbart oder aus den Umständen zu entnehmen ist, in Zweifelsfällen daraus auf die Natur der gewollten Verpflichtung zurückgeschlossen werden" könne[9].

Wenn auch in seiner methodischen Besonderheit nicht erkannt, beherrscht dieses Verfahren einer typologischen Gesamtwürdigung auch die Rechtsprechung und führt im Einzelfall sogar zu einer den angeblich „begrifflichen" Anknüpfungspunkten des Gesetzes widersprechenden Rechtsfindung, wie eine Entscheidung des BGH veranschaulicht[10]: ein Student hatte es als Gelegenheitsbeschäftigung übernommen, gegen einen Pauschalbetrag, mit dem Aufwendungen und Entlohnung ohne nähere Spezifizierung abgegolten wurden, ein Kraftfahrzeug auf eigener Achse vom Hersteller zum Händler zu überführen. Der BGH räumt ein, daß des Studenten „Tätigkeit auf einen bestimmten Erfolg gerichtet war und mit dessen Erreichung endete", nimmt aber dennoch nicht Werk-, sondern Dienstvertrag an: Die Überführung eines Kraftfahrzeugs könne zwar als Werkvertrag zu beurteilen sein, „wenn ein selbständiger Unternehmer sie ausführt". Der Student sei jedoch im Grunde nur aushilfsweise für die eigenen Leute des Händlers tätig geworden; bei derartigen Gelegenheitstätigkeiten sei die Qualifizierung als Dienstvertrag häufig. Allein in den *Begriffen* „Tätigkeit" oder „Erfolg" steckt sicher nicht die Unterscheidung, ob *dieselbe Tätigkeit* von einem Studenten als Gelegenheitsbeschäftigung oder von einem Unternehmer ausgeführt wird. Die Begründung arbeitet deutlich weniger mit dem Begriffspaar Tätigkeit/Erfolg, als mit den hinter diesem Paar stehenden typologischen Zügen: Der BGH führt einen *typologischen Vergleich* zwischen „unternehmerischer Tätigkeit" und „Dienstleistungstätigkeit" durch und ordnet die Gelegenheitsbeschäftigung des Studenten bei letzterer ein.

Ein weiteres Charakteristikum typologisch-ganzheitlichen Denkens besteht in der Notwendigkeit, die Frage der Angemessenheit der Rechtsfolge zur näheren Umgrenzung des Tatbestandes mit heranzuziehen. Der Grund hierfür wurde oben näher aufgewiesen:[11] Da im Typus tatbestandliche Züge und in der Rechtsfolge sich ausdrückende Bewertung noch unvollkommen getrennt sind, der Typus auf die Zusammenfassung des unter einem bestimmten Wertaspekt Gleichsinnigen zielt, kann die tatbestandliche Präzisierung eines Typus nicht ohne Rückgriff auf die

---

8 *Esser*, Schuldrecht, 2. Bd., S. 144.
9 *Enn.* - *Leh.*, S. 602.
10 BGH LM Nr. 21 zu § 611 BGB.
11 Siehe § 4, 2.

Rechtsfolge geschehen. Typologische Rechtsfindung geht zwar nicht so weit, die Angemessenheit der Rechtsfolge zum allein entscheidenden Kriterium zu machen, etwa nach der Formel: „Dienstvertrag ist derjenige Vertrag, der in angemessener Weise den Regeln über den Dienstvertrag, Werkvertrag derjenige Vertrag, der in angemessener Weise den Regeln des Werkvertrages unterstellt wird[12]." Anderseits stellt die Frage nach der Angemessenheit der Rechtsfolge, nach dem Wert des Ergebnisses, für typologische Rechtsfindung doch mehr dar als nur ein letztes Korrektiv einer auf anderem Wege gewonnenen Tatbestandspräzisierung[13]: Zum Werkvertrag werden auch Fälle gerechnet, „in denen ein *‚Erfolg' schon in der Ausführung der Tätigkeit* gesehen werden kann"[14]; Schulbeispiel ist die Vornahme einer Operation. Der „in der Ausführung der Tätigkeit" liegende Erfolg jedoch ist der „Arbeitserfolg", der die Annahme eines Dienstvertrages nicht hindert[15]. Wenn dennoch mit dieser Formel einige Fälle von geschuldetem Arbeitserfolg — wie die Vornahme einer Operation, die Erteilung einer Rechtsauskunft — als Werkvertrag angesehen werden[16], einige — wie die geschilderte Überführung eines KFZ auf eigener Achse durch einen Studenten als Gelegenheitstätigkeit — aber nicht, so müssen andere Kriterien als die in der Formel genannten für die unterschiedliche Beurteilung maßgeblich sein: es wird nicht subsumiert, sondern typologisch zugeordnet[17]. Die Zuordnung orientiert sich nicht zuletzt an der Frage, ob Dienst- oder Werkvertragsrecht die angemessenere Regelung enthält; insbesondere ist es das Kündigungs- und Gewährleistungsrecht, „auf dessen Anwendbarkeit oft die Qualifikation eines Vertragsverhältnisses als Dienst- oder Werkvertrag abzielt"[18].

2. Die Notwendigkeit einer Gesamtbetrachtung wird von der Rechtsprechung ausdrücklich für die Abgrenzung der *stillen Gesellschaft* vom *partiarischen Rechtsgeschäft* hervorgehoben[19]: Da „ein äußerlich klares

---

[12] *G. Rümelin*, Dienstvertrag S. 3; *Rümelin* macht sich diese These jedoch nicht zu eigen, sondern möchte grundsätzlich nach der Gefahrtragung unterscheiden — was auch eine Abgrenzung von den Rechtsfolgen her ist.

[13] Vgl. zur „Gerechtigkeit der Fallentscheidung als Kontrolle der Auslegung" *Larenz*, Methodenlehre S. 323 ff.; *Esser*, Vorverständnis S. 65 ff.

[14] *Larenz*, Methodenlehre S. 443.

[15] Vgl. oben § 13, 5.

[16] Vgl. *Enn. - Leh.* S. 643; *Staudinger - Nipperdey - Mohnen - Neumann* Anm. 146 vor § 611; *Palandt - Putzo* Anm. 2 a dd und ee vor § 611.

[17] *Larenz*, Methodenlehre S. 443.

[18] *Esser*, Schuldrecht, 2. Bd., S. 145; vgl. auch *Enn. - Leh.* S. 603, wo die Feststellung, daß auch dann ein „herbeizuführender Erfolg" versprochen sein kann, wenn sich die Vergütung nach der benötigten Zeit richtet, u. a. damit begründet wird, daß „die Anwendung der Vorschriften über den Dienstvertrag, z. B. über Kündigung, Gefahrtragung usw., zu unerträglichen Ergebnissen führen" würde, während „die Anwendung des Werkvertragsrechts durchaus der Billigkeit" entspreche.

[19] BGH LM Nr. 1 zu § 335 HGB.

Unterscheidungsmerkmal" fehle[20], komme es „nicht allein auf einzelne Bestimmungen oder Vereinbarungen des Vertrages an", vielmehr seien diese „im Zusammenhang mit dem gesamten Vertragszweck und mit den von den Parteien verfolgten wirtschaftlichen Zielen einer umfassenden rechtlichen Beurteilung und Würdigung zu unterziehen". Einzelbestimmungen wie die Einräumung von Kontroll- und Überwachungsrechten für den Geldgeber, Sicherung seiner Geldeinlage durch Sicherungsübereignung, Bezeichnung des Vertrages, empfängen „ihren entscheidenden Sinn erst durch den Vertragszweck, erst durch eine Würdigung und Berücksichtigung aller Umstände, die die Parteien zum Abschluß des Vertrages veranlaßt haben und die für die Parteien zum maßgeblichen Inhalt des Vertrages geworden sind".

Deutlicher kann das Wesen einer nicht auf isoliert-begriffliche Merkmale, sondern auf die Gesamtheit sinnhaft aufeinander bezogener typologischer Züge abstellenden Gesamtbetrachtung kaum beschrieben werden. Zu bemängeln ist nur, daß das Ergebnis einer solchen Gesamtbetrachtung und typologischen Einordnung in eine begriffliche aut-aut-Entscheidung verkürzt wird: Der BGH will auf Grund der Berücksichtigung und Würdigung aller Umstände entscheiden, „ob sich die Parteien durch den Abschluß des Vertrages zur Erreichung eines gemeinsamen Zweckes verbunden haben ... oder ob die Parteien ohne jeden (!) gemeinsamen Zweck mit dem Abschluß des Vertrages lediglich ihre eigenen Interessen verfolgen und demgemäß ihre Rechtsbeziehungen zueinander ausschließlich (!) durch die Verschiedenheit ihrer beiderseitigen Interessen bestimmt werden". Die krasse Alternative wird der Besonderheit der partiarischen Geschäfte als *Zwischenform* nicht gerecht und kann bei der rechtlichen Beurteilung nicht aufrecht erhalten werden. Trotz der grundsätzlichen Subsumtion der partiarischen Geschäfte unter die Austauschverträge ist doch der „gesellschaftsähnliche"[21] Einschlag insofern zu berücksichtigen, als Gesellschaftsrecht teilweise analog heranzuziehen ist[22]. Damit wird auch in den Rechtsfolgen die tatbestandliche Zwischenstellung beachtet — ein Ergebnis, das sich ohne den Umweg über die begriffliche Alternativentscheidung wesentlich zwangloser erreichen und begründen läßt.

3. Typologische Gesamtbetrachtung versucht nicht nur alle für die Bewertung relevanten Züge zu erfassen, sondern diese auch untereinander in ihrem Gewicht zu werten, während begriffliches Denken, streng durchgeführt[23], eine konkrete Vertragsgestaltung nur auf das Vorliegen

[20] Zur Abstufungsreihe siehe oben § 13, 2.

[21] Hierzu *Silberschmidt* ZHR 79, 465 ff.; *Lang*, Typen der stillen Gesellschaft S. 50.

[22] Zu den Voraussetzungen vgl. BGH LM Nr. 6 zu § 723.

[23] Freilich wird heute auch für die Subsumtion gesagt, sie habe auf die wesentlichen, charakteristischen, „typischen" Merkmale abzustellen — doch

der Begriffsmerkmale schlechthin befragen kann und, wenn sich nur überhaupt das betreffende Merkmal findet, zu subsumieren hat. Begriffslogische Rechtsanwendung läuft Gefahr, unter den vielfältigen Zügen eines konkreten Vertrages diejenigen als besonders bedeutsam anzusehen, die sich für eine Subsumtion unter eine gesetzliche Vertragsart eignen, und dabei den besonderen Sinn und Zweck eines seiner ganzen Ausgestaltung nach vom Gesetz abweichenden Vertrages zu verfehlen. Auch hierzu ein Beispiel:

In den letzten Jahren haben *Verträge über die Aufstellung von Automaten,* insbesondere von Spiel- und Zigarettenautomaten in Gaststätten, erhebliche Bedeutung erlangt[24]. Ein Unternehmer stellt derartige Geräte in einer Gaststätte auf und sorgt insbesondere für Nachfüllung und Wartung. Der Gastwirt hat vor allem durch den Betrieb der Gaststätte und den damit verbundenen Publikumsverkehr dem Aufsteller Verkaufschancen zu eröffnen. Der Gastwirt ist am Verkaufserlös beteiligt; bei erheblichem Umsatzrückgang ist meist ein Kündigungsrecht des Aufstellers vorgesehen.

Über die Rechtsnatur dieser Verträge ist noch keine Einigkeit erzielt[25]; wie *Raisch* zutreffend hervorhebt, ist „Grund dieses Meinungsstreits die Unsicherheit über das methodische Vorgehen, wenn es gilt, Rechtsfolgen für Verträge zu finden, die nicht zu den im BGB geregelten Vertragstypen gehören". Hieran ist bereits die *Vorentscheidung,* daß der Vertrag im BGB *nicht geregelt* ist, von größter Bedeutung, denn für begriffliches Denken läge eine Subsumtion unter die Miete (dem Aufsteller wird eine bestimmte Wand- oder Bodenfläche zur Verfügung gestellt)[26], u. U. auch unter die Gesellschaft[27] nahe. Beide Subsumtionen greifen ein (wenn auch nur als „überwiegend" angesehenes) Element aus dem Vertragsinhalt heraus, das einem gesetzlich geregelten Vertragsverhältnis entspricht, und verfehlen den besonderen Inhalt, Sinn und Zweck dieser Verträge, den weder Miete noch Gesellschaft je für sich wiederzugeben vermögen. Der BGH hat zu Recht die Unterstellung unter die §§ 535 ff. BGB abgelehnt, denn „die Zurverfü-

---

zeigt dies nur einmal mehr, daß in die Lehre von der Subsumtion Elemente typologischer Zuordnung Eingang gefunden haben. Strenge Begriffslogik enthält nicht das Instrumentarium für eine solche wertende Beurteilung des Gewichts verschiedener Merkmale.

[24] S. hierzu *Raisch,* Zur Rechtsnatur des Automatenaufstellvertrages, BB 68, 526 ff. (daselbst S. 532 ein Vertragsmuster); *Dally,* Rechtsfragen des Automatenaufstellvertrages, Diss. iur. Köln 1969.

[25] Nachweise über die verschiedenen Auffassungen bei *Raisch* a.a.O. S. 526 f.; BGHZ 47, 202; *Roquette,* Mietrecht Anm. 166 zu § 535.

[26] Mietvertrag nehmen an: OLG Hamm JMBl NRW 65, 29 = ZMR 65, 143; OLG Düsseldorf BB 65, 267 Nr. 2; OLG Celle NJW 67, 1425.

[27] Das Vorliegen eines gemeinsamen Zweckes bejaht OLG Köln JMBl NRW 62, 269; da aber Gesellschaftsrecht nur teilweise anwendbar sei, liege ein gesellschaftsähnlicher Vertrag vor (a.a.O. S. 270).

gungstellung der von dem Automaten beanspruchten Fläche (sei) nicht das entscheidende und den Vertragstyp charakterisierende Merkmal eines Automatenaufstellvertrages"; den wichtigsten typologischen Zug sieht der BGH vielmehr — im Anschluß an *Roquette* — in der „Eingliederung des Automaten in den gewerblichen Betrieb . . ., der in dem Raume ausgeübt wird, in dem der Automat aufgestellt wird"[28]. Dieses Merkmal der Eingliederung in einen gewerblichen Betrieb, wodurch Verkaufschancen eröffnet werden, ist als solches im Gesetz nicht normiert; es enthält aber mietrechtliche und gesellschaftsähnliche Elemente, die es erlauben und zur Aufgabe machen, aufgrund einer wertenden Erstreckung oder Einschränkung der „nächstgelegenen" Vorschriften sowie deren sinnvoller Abstimmung untereinander der tatbestandlichen Zwischenstellung gerecht zu werden.

Eine Erstreckung der Formvorschrift des § 566 BGB hat der BGH als von dessen ratio nicht gefordert abgelehnt (BGHZ 47, 202). In BGHZ 51, 55 mißt der BGH einen vom Automatenaufsteller einseitig zu eigenem Vorteil ausgestalteten Formularvertrag an dem vor allem durch gesellschaftsrechtliche Momente geprägten „Leitbild" des Automatenaufstellvertrages, dem es in hohem Maße widerspreche, wenn dem Aufsteller „die Möglichkeit zu schwerwiegenden und unangemessenen Eingriffen in den Gastwirtschaftsbetrieb des Vertragsgegners" eröffnet werde.

4. Mit der Bewertung des unterschiedlichen Gewichts der einzelnen Züge eines Geschäfts hängt eng die Würdigung von deren *Bezogenheit* aufeinander zusammen. Man wird in dieser Möglichkeit, Sinnzusammenhänge zu erfassen, den wohl größten Vorzug und eigentlichen Kern typologischer Gesamtbetrachtung zu sehen haben.

a) Es wurde bereits darauf hingewiesen[29], daß die Stellung des *Finanzierungsleasing* im Hinblick auf Miete (bzw. Pacht) und Kauf nur erfaßt werden kann, wenn über die „essentialia" hinaus wirtschaftliche Zielsetzung[30] und die gesamte Ausgestaltung des Vertrages gewürdigt werden[31], insbesondere wenn die Vereinbarungen hinsichtlich der Grundlaufzeit im Zusammenhang mit der Abwicklungsregelung gesehen werden. Eine solche verknüpfende Betrachtung wertet zu-

---

[28] BGHZ 47, 202 (203); 51, 55 (56).

[29] Oben § 13, 3.

[30] Hierzu *Thomä*, Typenwidrige Zwecksetzung S. 148.

[31] Nach dieser Methode verfährt *Lwowski*, demzufolge für die Frage der rechtlichen Qualifikation „von einem Vergleich der *Ausgestaltung* des Vertrages mit der dem Gesetz bekannten Muster auszugehen" sei. Als der Miete entsprechendes Merkmal stelle sich „lediglich der nicht auf Eigentumsübertragung gerichtete Wille der Parteien dar, den Gebrauch der Sache . . . zu gewähren". Das Vorliegen dieses (begrifflich allein entscheidenden!) Merkmals rechtfertigt nach *Lwowski* angesichts der besonderen wirtschaftlichen Situation, des Vertragszwecks, der kaufmäßigen Bestimmung des Entgelts „und infolge der von der gesetzlichen Regelung abweichenden Ausgestaltung" nicht, das Finanzierungsleasing als Miet- (bzw. Pacht-)vertrag anzusehen.

nächst die von den Parteien äußerlich bewußt „heruntergespielte" (in den AGB niedergelegte oder nur in mündlichen Absprachen getroffene)[32] Abwicklungsregelung zu einem mit den Vereinbarungen hinsichtlich der Grundlaufzeit gleichwertigen Vertragsbestandteil auf und erschließt ihre enge Bezogenheit aufeinander: Da der tatsächliche Nutzungswert des Leasing-Objekts nach Ablauf der Grund„miet"zeit meist noch erheblich größer ist als die um über 90 % reduzierten Raten ausweisen, wird dieser Teil des Vertrages nur im Zusammenhang mit der Tatsache verständlich, daß während der Grundlaufzeit eine erheblich höhere Leistung erbracht worden ist, als der bloßen Vergütung für die Gebrauchsüberlassung während dieser Zeit entspricht: In ihrer inneren Verbundenheit weisen die Regelungen darauf hin, daß durch die „Mietraten" der Wirtschaftswert des Leasing-Objekts vom Leasingnehmer erworben wird[33]; der Vertrag rückt damit in die Nähe der für den Kauf[34] typischen Geschäftszwecke. In diese Beurteilung fügt sich passend die „kaufrechtliche" Ausgestaltung hinsichtlich Gewährleistung und Gefahrtragung ein. Sie erscheint der Gesamtbetrachtung weniger als atypische Vereinbarung eines Mietvertrages, d. h. als Mietrecht ausschließendes „accidentale", denn als „naturale" innerhalb des durch den Zusammenhang von Grund- und Abwicklungsregelung aufgewiesenen kaufähnlichen Vertragszwecks des Finanzierungsleasing. Das Fehlen der — für den *Begriff* des Kaufes schlechthin maßgeblichen — Übereignung besagt nur, daß keine reine Form i. S. des Gesetzes, sondern ein Vertrag „sui generis" vorliegt, läßt aber angesichts der gesamten Ausgestaltung zu, diesen in näherer Verwandtschaft zum Kauf als zur Miete zu sehen.

b) Ging es beim Finanzierungsleasing darum, den Sinnzusammenhang verschiedener Regelungspunkte eines unstreitig einheitlichen Vertrages zu erfassen, so stellen moderne Finanzierungsgeschäfte teilweise auch vor das Problem, die „innere Verbundenheit", „wirtschaftliche Einheit" der Form nach selbständiger Verträge zu berücksichtigen. Paradigma ist der *„finanzierte Kauf"*, der ebenfalls in letzter Zeit Rechtsprechung[35] und Schrifttum[36] ausführlich beschäftigt hat.

Zur tatsächlichen Ausgestaltung dieser Geschäfte genügen Stichworte: Bei der heute üblichen „Darlehenskonstruktion" des B-Geschäftes leistet der Käufer eines Gegenstandes eine Anzahlung an den Verkäufer und beantragt in Höhe des Restbetrages durch Vermittlung des Verkäufers ein Kaufpreis-

---

[32] Vgl. *Lwowski*, Erwerbsersatz S. 63 f.

[33] Vgl. *Lwowski*, Erwerbsersatz S. 89; *Binder*, Leasing-Vertrag S. 26, 36 f.

[34] Genauer: für einen primär auf Nutzung durch Gebrauch, nicht auf Weiterveräußerung abzielenden Kauf.

[35] Vgl. die acht Urteile BGHZ 47, 207 bis 253.

[36] Vgl. die Besprechungen der genannten Entscheidungsserie von *Möllers*, NJW 67, 1782; *Weitnauer*, JZ 68, 201; sowie *Esser*, B-Geschäft.

restdarlehen bei einem mit dem Verkäufer in Geschäftsverbindung stehenden Finanzierungsinstitut; dieses zahlt, gesichert durch eine antizipierte Sicherungsübereignung des Kaufgegenstandes und (meist) eine Mithaftung des Verkäufers, die Darlehenssumme für Rechnung des Käufers direkt an den Verkäufer zur Tilgung der Kaufpreisschuld aus. Der Käufer zahlt das Finanzierungsdarlehen ratenweise an das Finanzierungsinstitut zurück.

Die den BGH bei der rechtlichen Beurteilung dieser Geschäfte leitenden Grundsätze hat der Vorsitzende des erkennenden Senats, *Pagendarm*, authentisch erläutert[37]: Der BGH gehe davon aus, daß kein einheitliches Geschäft vorliege, sondern das „Zusammenspiel mehrerer selbständiger Rechtsgeschäfte", die durch eine gemeinsame Zielrichtung miteinander verbunden seien; diese gemeinsame Zielrichtung lasse „jeden Vertrag — trotz seiner rechtlichen Selbständigkeit — als Teil eines wirtschaftlich einheitlichen Vorgangs erscheinen" und gebe jedem Vertrag erst seinen Sinn im Zusammenhang mit dem anderen. Die Berücksichtigung dieses inneren Zusammenhangs bilde den Ausgangspunkt für alle anderen Beurteilungen. Methodisch bedeutet dies: Der BGH geht zwar vom Grundsatz getrennter Geschäfte *(„Trennungstheorie")* aus, bleibt aber nicht bei einer isolierten Beurteilung stehen, sondern würdigt die Beziehungen im Dreiecksverhältnis in einer „Gesamtbetrachtung", wobei er die Aufeinanderbezogenheit, ja Verflechtung der in den einzelnen Verträgen enthaltenen Regelungen, deren Ausrichtung auf ein einheitliches Ziel besonders hervorhebt. Die Gesamtwürdigung schält den der „formalen" Aufspaltung zugrunde liegenden Typus heraus, den der BGH als dem regulären Abzahlungsgeschäft i. S. des AbzG ähnlich ansieht[38]. Ist aufgrund der „Gesamtbetrachtung" die typologische Zuordnung des „aufgespaltenen" Geschäfts zum Leitbild „Abzahlungsgeschäft", wie es dem AbzG zugrunde liegt, vollzogen, ergibt sich die Übertragung der Wertungen des Abzahlungsgesetzes zwingend aus dessen § 6, der, wie oben dargelegt[39], alle dem *Typus* nach gleichen, wenn auch in der „Rechtsform" verschiedenen Geschäfte erfassen will[40]. Der Grundsatz des BGH, daß dem Käufer durch die formale Aufspaltung der Schutz des AbzG nicht verloren gehen soll, ist demnach methodisch gerechtfertigt.

---

[37] *Pagendarm*, Das finanzierte Abzahlungsgeschäft, in: WM 67, S. 434 ff.

[38] Anders *Weitnauer* a.a.O., der seine Kritik teilweise auf einen Vergleich mit der Darlehensaufnahme „auf eigene Faust" stützt. Wenn auch Vergleiche in einer Abstufungsreihe (zur hier vorliegenden Reihe siehe oben § 13, 4) und darauf basierende typologische Zuordnungen niemals stringent begründet werden können, dürften hier doch die Ähnlichkeiten mit dem Abzahlungskauf deutlich überwiegen; vgl. *Esser*, Schuldrecht, 2. Bd. S. 74; *ders.*, B-Geschäft S. 113.

[39] Vgl. § 6, 3 c, cc.

[40] Dieses Verständnis des § 6 AbzG bleibt innerhalb des „möglichen Wortsinns" der Vorschrift, die demnach auf das finanzierte Abzahlungsgeschäft *direkt* anzuwenden ist.

Freilich ist der BGH über die Gewährung des im AbzG verankerten Schutzes hinausgegangen, indem er den Käufer auch von Risiken freigestellt hat, die spezifische Gefahren gerade der „Aufspaltung" des Abzahlungsgeschäftes sind: Über letztere Risiken sagt das AbzG direkt nichts aus, denn keineswegs sind alle Risiken der Aufspaltung durch das Abzahlungsgesetz abgesichert, vielmehr ist lediglich hinsichtlich der im AbzG abgesicherten Risiken die Aufspaltung unbeachtlich. Die Probleme des finanzierten Abzahlungsgeschäfts liegen „auf zwei Ebenen"[41], die es zu trennen gilt. Zur ersten Ebene, die im Schutzbereich des AbzG liegt, gehört etwa die Frage, ob der Käufer bei Ansichnahme des Kaufgegenstandes durch das Finanzierungsinstitut die dem Verkäufer geleistete Anzahlung bei der Abrechnung mit dem Finanzierungsinstitut in Rechnung setzen kann[42]; zur zweiten Ebene, die im Gefahrenbereich der Aufspaltung, aber außerhalb des engeren Schutzbereichs des AbzG liegt, gehören insbesondere die Risiken einer „Vorausquittung" sowie eines Verkäuferkonkurses, der die Durchsetzung von Mängelgewähransprüchen ausschließt. Auch den Risiken der zweiten Ebene, *nur* weil sie „Gefahren der Aufspaltung" sind, mit dem Schutzgedanken des Abzahlungsgesetzes begegnen zu wollen[43], ist verfehlt; wenn auch insoweit das Ziel des Käuferschutzes die Rechtsprechung leitet, handelt es sich um Wertungen, die eine *Weiterführung* der Grundgedanken des AbzG darstellen.

5. Kann man von der Rechtsprechung des BGH zum finanzierten Abzahlungsgeschäft sagen, daß sie der Form nach begrifflich, der Sache nach typologisch verfährt, so bietet eine neuere Entscheidung des BGH zum *Kauf eines Neuwagens mit Inzahlungnahme eines Altwagens*[44] gerade das umgekehrte Bild: Obwohl der BGH in den Mittelpunkt seiner Begründung stellt, daß es sich um „ein typisches Geschäft des Alltags" handle, verfällt er dennoch in begriffliche Konstruktionen, die typologische Zusammenhänge zerstören. Die Entscheidung sei daher als Gegenbeispiel erörtert.

Der Beklagte bestellte beim klagenden KFZ-Händler mit schriftlichem „Kaufantrag" einen fabrikneuen PKW zum Preis von 14 400 DM. In den „Zahlungsbedingungen" heißt es, daß der „unfallfreie" Altwagen des Bekl. mit 4800 DM in Zahlung genommen werde. Nach Auslieferung des Neuwagens stellt sich heraus, daß der hereingenommene Altwagen, den der Bekl. seinerseits gebraucht gekauft hatte, beim Vorbesitzer einen Totalschaden erlitten hat. Der Kl. erklärt daraufhin Wandlung hinsichtlich des Altwagens und verlangt Zahlung von 4800 DM Zug um Zug gegen Herausgabe des Altwagens.

Der BGH entschied, daß das in Frage stehende Geschäft grundsätzlich als Kauf anzusehen, die vom Erwerber geschuldete Leistung grundsätzlich in voller Höhe[45] Geldschuld sei. Der Erwerber habe jedoch die

---

[41] *Esser*, B-Geschäft S. 91, 93.

[42] Zutreffend bejaht von BGHZ 47, 241; s. a. schon BGHZ 3, 257.

[43] BGHZ 22, 90, 95; 37, 94, 99; 47, 207, 210 st. Rspr.

[44] BGHZ 46, 338; Hierzu *Pfister*, MDR 68, 361; *Dubischar*, JZ 69, 175; *Bernd-Dietmar Krüger*, Inzahlungnahme.

[45] d. h. in Höhe des im Vertrag ausgewiesenen Listenpreises einschließlich Nebenkosten.

Möglichkeit, an Stelle eines Teiles der ausbedungenen Geldschuld zum Zwecke der Erfüllung seinen gebrauchten Wagen in Zahlung zu geben. Dieses Recht des Käufers wertet der BGH als „Ersetzungsbefugnis“[46], die zu einer Leistung an Erfüllungs Statt führe (§ 364 BGB)[47]. Hieraus folgert der BGH weiter, daß der Verkäufer bei Mangelhaftigkeit des Altwagens gemäß den §§ 365, 459 ff. BGB wandeln, d. h. Wiederherstellung der ursprünglichen Kaufpreisforderung in voller Höhe verlangen könne; der Käufer habe daher den für die Inzahlungnahme angesetzten Betrag in bar nachzuleisten.

Die Entscheidung befriedigt nicht. Das unbefriedigende Ergebnis beruht darauf, daß der BGH seine zutreffende Bemerkung, es handle sich um ein „typisches Geschäft des Alltags“ (unten a) nicht beim Wort nimmt: Weder überzeugt seine Analyse des typischen Gehalts dieser Geschäfte (unten b), noch wird seine rechtliche Würdigung dem besonderen Geschäftstypus gerecht (unten c).

a) Die Charakterisierung als „*typisches* Geschäft des Alltags“ rechtfertigt sich auch und gerade im Hinblick auf die hier zugrunde gelegte technische Bedeutung des Typus. Die dem BGH vorgelegten Vereinbarungen finden sich in ähnlicher Form im Verkehr häufig wiederkehrend. Eine begriffliche Definition läßt sich nicht geben, da die Grenzen zu reinem Kauf und reinem Tausch je nach dem Wertverhältnis von Geld und Sachleistung, aber auch je nach dem mehr oder minder starken Interesse gerade an der Hereinnahme des Altwagens, fließend sind. Wie noch zu zeigen sein wird, sind die einzelnen Vereinbarungen zu einer charakteristischen Einheit verknüpft, die nur durch eine Gesamtwürdigung aller Vereinbarungen in ihrer Bezogenheit aufeinander erfaßt werden kann. Die Kennzeichnung als typisches Geschäft *des Alltags* bringt zum Ausdruck, daß das Geschäft als solches im Gesetz nicht geregelt, also *verkehrs*typisch, nicht aber *gesetzes*typisch ist.

b) Der BGH ist der Ansicht, daß dem *Wortlaut* des Vertrages, der die Bezeichnung „Kaufvertrag“ trägt und die Hereinnahme des Altwagens lediglich als „Zahlungsmodalität“ regelt, auch die typische Interessenlage entspreche: Das Interesse des Kraftfahrzeughändlers sei, dem Erwerber erkennbar, auf Veräußerung gegen Geld gerichtet und nicht auf den Erwerb eines gebrauchten Wagens; der Händler lasse sich auf

---

[46] Ebenso OLG Karlsruhe NJW 65, 111; *Krüger*, Inzahlungnahme S. 35 ff.

[47] Letzteres ist schon konstruktiv nicht einzusehen: Bei vertraglich vereinbarter Ersetzungsbefugnis steht die Ersatzleistung der geschuldeten gleich (*Larenz*, Schuldrecht Bd. 1, S. 126; RGZ 94, 58, 60), d. h. dem Schuldner ist das Recht eingeräumt, durch eine nicht geschuldete Leistung zu erfüllen; es bedarf daher keiner *zusätzlichen* vertraglichen Vereinbarung, daß der Händler mit dem Altwagen eine andere als die geschuldete Leistung (§ 364 Abs. 1) an Erfüllungs Statt annimmt. Vgl. *Krüger*, Inzahlungnahme S. 37 f. (m. w. N.).

die Hereinnahme des Altwagens nur ein, um das von ihm erstrebte (Neuwagen-)Geschäft abschließen zu können.

Richtig ist daran, daß der Wortlaut des Vertrages nicht schlechthin maßgeblich ist, vielmehr zu fragen ist, ob hinter dem Wortlaut ein entsprechender Regelungswille beider Parteien steht. Die zu diesem Zweck erforderliche Interessenprüfung hat auf die Verkehrssitte (§ 157 BGB), und das heißt: auf den verkehrstypischen Sinn solcher Geschäfte Rücksicht zu nehmen.

Für die nähere Kennzeichnung des Verkehrstypus „Kauf mit Inzahlungnahme" bildet der Wortlaut der Formularverträge, die dem Geschäft regelmäßig zugrunde liegen, nur ein Indiz, bei dessen Würdigung zudem zu beachten ist, daß die Formulare einseitig vom Verkäufer aufgestellt werden und daher dem Geschäft eine für den Verkäufer günstige rechtliche Einkleidung zu geben suchen. Dem BGH ist vorzuwerfen, daß er den Wortlaut des Vertrages (und damit die Interessen des Verkäufers) überbewertet, die Interessen des Käufers dagegen (die naturgemäß im Wortlaut des Vertrages nur unvollkommen Ausdruck finden) unterbewertet. Angesichts der vom BGH selbst anerkannten Tatsache, daß die Hereinnahme des Altwagens dem Partner „den Erwerb des Neuwagens erleichtert, unter Umständen sogar erst möglich macht"[48], ist die Inzahlungnahme-Vereinbarung verkehrstypisch Ausdruck des Interesses des Verkäufers, lieber den Neuwagen gegen Hereinnahme des Altwagens und eine entsprechend geringere Barleistung als gar nicht zu veräußern. Umgekehrt ist der Erwerber meist nicht an einem regulären Kauf zum Listenpreis, sondern daran interessiert, nur einen erheblich geringeren Betrag in bar aufbringen zu müssen, auf dem Weg über die übliche Höherbewertung des Altwagens einen versteckten Rabatt gewährt zu bekommen, sowie nicht fortan zwei Wagen zu besitzen bzw. sich erst selbst um einen Verkauf des Altwagens kümmern zu müssen.

Wägt man die von den Parteien verfolgten Interessen gegeneinander ab, so stellt sich der verkehrstypische Sinn solcher Inzahlungnahme-Verträge durchaus anders dar als vom BGH angenommen: Beide Parteien sind sich bei Abschluß des Vertrages im klaren, daß die Leistung des Käufers in der Hingabe des Altwagens und der Bezahlung eines entsprechend geminderten Listenpreises des Neuwagens bestehen wird[49].

---

[48] BGH a.a.O. S. 341.

[49] Vgl. *Thomä*, Typenwidrige Zwecksetzung S. 107 ff.; *Pfister*, MDR 68, S. 362, der hieraus für die rechtliche Beurteilung folgert, daß — wenn überhaupt eine Ersetzungsbefugnis anzunehmen sei — es näher liege, „daß die Hingabe des Altwagens die Primärleistung, die Geldzahlung hingegen die Ersatzleistung ist".

c) Die rechtliche Würdigung muß der Verknüpfung von Sach- und Geldleistung, die dem Vertrag das besondere Gepräge gibt, gerecht werden. Da die Verbindung als solche im Gesetz nicht geregelt ist, kann eine unmittelbare Lösung aus dem Gesetz nicht erwartet werden. Vielmehr ist im Wege der ergänzenden Vertragsauslegung zu fragen, welche Regelung für den konkret zu beurteilenden Störungsfall im Sinne der vertraglichen Regelung liegt, wobei besonders der innere Zusammenhang der Vereinbarungen zu berücksichtigen ist.

Beispielhaft ist die Methode, der der BGH in den ähnlich gelagerten Fällen folgt, daß der Erwerber eines Grundstücks auf diesem ruhende Fremdbelastungen in Anrechnung auf den Kaufpreis übernimmt. Hier hat sich der BGH[50] ausdrücklich der Rechtsprechung des Reichsgerichts angeschlossen, wonach ein solcher Vertrag „nicht in der Weise zerlegt werden (kann), wie wenn zunächst das Entstehen einer Geldforderung und dann an Stelle dieser geschuldeten Leistung die Annahme einer anderen verabredet worden wäre.“ Vielmehr sei eine derartige Vereinbarung „in der Regel nicht wohl anders zu deuten als dahin, daß die Übernahme selbst die vertraglich geschuldete Leistung sein soll. In diesem Umfang soll nach dem Willen der Vertragschließenden gar keine Geldforderung des Verkäufers entstehen; der in Geld ausgeworfene Kaufpreis ist demgemäß nur eine Rechnungsgröße“[51]. Es handelt sich nach der Auffassung des Reichsgerichts wie des BGH also um einen *modifizierten Kauf*vertrag, bei dem die Gegenleistung nicht voll in Geld zu erbringen ist. Geht die Übernahme fehl[52], so kann jedenfalls nicht ohne weiteres auf eine ursprüngliche Kaufpreisforderung zurückgegriffen werden[53]. Vielmehr ist im Wege der ergänzenden Vertragsauslegung zu fragen, ob und in welcher Weise der Vertrag aufrechterhalten werden kann, oder ob gemäß der Auslegungsregel des § 139 BGB Unwirksamkeit des ganzen Vertrages anzunehmen ist[54].

In diese Richtung gehen auch die Lösungsvorschläge des *Schrifttums* zu den Fällen des Kaufes mit Inzahlungnahme. In dem vom BGH zu entscheidenden Konfliktsfall möchte *Dubischar* mit einer „verkehrsgemäßen Auslegung des Gesamtgeschäfts helfen“, derzufolge „die Mängelrechte geschäftstypisch dahin zu beschränken“ seien, „daß sich eine Wandelung so lange verbietet, als der Händler nicht zugleich damit anbietet, die neue Sache zurückzunehmen“[55]. *Pfister* hat eine Gesamtanalogie zu den §§ 139, 280 Abs. 2, 325 Abs. 1 Satz 2, 346, 356 BGB vor-

---

[50] BGH WM 1961, 505 mit Rechtsprechungsnachweisen.

[51] RGZ 120, 166, 169. Das Schrifttum hat sich dem weitgehend angeschlossen: vgl. *Enn. - Leh.*, § 65, 4; *Soergel - Siebert - Reimer Schmidt*, Anm. 6, *Palandt - Heinrichs*, Anm. 4 b jeweils zu § 364; *Palandt - Putzo*, Anm. 3 A zu § 433.

[52] Etwa: weil die Belastung und/oder die zugrunde liegende Forderung nicht besteht.

[53] Vgl. BGH WM 61, 505, 506 f.

[54] Letzteres wird nur in Ausnahmefällen interessengerecht sein; regelmäßig wird der Vertrag in der Weise aufrechterhalten werden können, daß der Erwerber in den Modalitäten der zu übernehmenden Forderungen bzw. Belastungen Leistungen an den Verkäufer erbringt.

[55] *Dubischar*, JZ 69, 175, 177.

geschlagen, denen er den allgemeinen Grundsatz entnimmt, daß „gewöhnlich ein einheitlicher Vertrag auch nur einheitlich stehen oder fallen soll, wenn eine Partei daran ein Interesse hat"[56].

Da *Pfister* davon ausgeht, daß bei dem einheitlichen Vertrag „Neuwagen einerseits, Geld sowie Altwagen anderseits" im Austauschverhältnis stehen, bedarf es dieser Gesamtanalogie m. E. nicht: der bei Wandlung der Hereinnahme des Altwagens verbleibende Geschäfts„rest" ist als selbständiges Rechtsgeschäft nicht einmal denkbar; damit scheidet eine isolierte Aufrechterhaltung ohne weiteres aus. Auch davon abgesehen verdient die Lösung *Dubischars* den Vorzug, da sie besser jeweils auf die Besonderheiten des Vertrages abzustellen erlaubt; methodisch dürfte sie als ergänzende Auslegung des besonderen Vertragstypus im Sinne der auch hier vertretenen Lösung anzusehen sein.

Der BGH dagegen zerlegt das einheitliche Geschäft in isolierte Bestandteile, die begrifflichen (genauer: vom BGH begrifflich verstandenen) Kategorien des Gesetzes entsprechen. Mit dieser Zerreißung ist der besondere Typus zerstört; was der BGH im folgenden mit dem Maß der gesetzlichen Kategorien mißt, ist nicht mehr „das typische Geschäft des Alltags", das dem BGH zur Beurteilung vorliegt. Ist der den Wortlaut des Vertrages modifizierende sinnhafte Zusammenhang der Vereinbarungen gelöst, steht einer Subsumtion unter „reinem Kauf" mit „Ersetzungsbefugnis" einschließlich der konstruktiv daraus folgenden Möglichkeit einer Wandlung lediglich der Hereinnahme des Altwagens nichts im Wege. Den Einwand der Revision, daß „nach dem Inhalt und Zweck der getroffenen Vereinbarung ... der Bestand des gesamten Rechtsgeschäfts von der Möglichkeit der Erfüllung der Käuferschuld durch Hingabe des Gebrauchtwagens (habe) abhängen sollen", weist der BGH ausdrücklich zurück, wobei er die aufschlußreiche Frage stellt, „ob eine Abmachung dieses Inhalts überhaupt mit der Ersetzungsbefugnis des Käufers hinsichtlich der Kaufpreisschuld vereinbar wäre". Deutlicher als in dieser Formulierung kann kaum mehr zum Ausdruck kommen, daß der BGH nicht nur das „typische Geschäft des Alltags" in eine diesem nicht gerecht werdende Konstruktion umformt, sondern dieser begrifflichen Konstruktion in der Folge sogar selbständigen Erkenntniswert beimißt: Der BGH fragt, ob angesichts der von ihm gewählten begrifflichen Konstruktion ein geltend gemachter typischer Parteiwille überhaupt möglich ist, statt zu überlegen, ob die begriffliche Konstruktion mit dem typischen Sinn und Zweck des Vertrages — und das heißt insbesondere: mit dem inneren Zusammenhang der Regelungen — vereinbar ist.

Fassen wir zusammen: Übereinstimmend mit der Feststellung[57], daß sich für das besondere Vertragsrecht eine sekundäre Wertentscheidung

---

[56] *Pfister*, MDR 68, 361, 363.

[57] Oben §§ 11 und 12.

nicht nachweisen läßt, die zu einem begrifflichen Verständnis der gesetzlichen Regelung nötigen würde, hat die Untersuchung einzelner Rechtsprechungsbeispiele gezeigt, daß typologisches Denken in weit größerem Maße den Rechtsfindungsprozeß bestimmt, als angesichts des Selbstverständnisses der Rechtswissenschaft, sich um exakte „Begriffsbestimmungen" der einzelnen Vertragsverhältnisse bemühen zu sollen[58], zu vermuten wäre[59]. Das Streben nach wertungsmäßig befriedigenden Lösungen verlangt häufig abstufendes Denken, Einordnung von Zwischenformen in Reihen, Vergleich mehrerer trotz verschiedener begrifflicher Merkmale ähnlicher Gestaltungen, Gesamtbetrachtung der einzelnen Vereinbarungen in ihrer Bezogenheit aufeinander — Verfahren, die nur typologischem Denken zugänglich sind. Der typologische Charakter des eigentlich entscheidungserheblichen Denkprozesses wird allerdings häufig dadurch verdeckt, daß die auf diesem Wege gefundenen Wertungen und Lösungen nachträglich in begriffliche Konstruktionen umgesetzt werden.

Kehren wir nunmehr zu unserer Grundfrage der typologischen oder begrifflichen Struktur des besonderen Vertragsrechts zurück.

§ 15: Die typologische Struktur des besonderen Vertragsrechts

1. Einen interessanten Beitrag zu unserer Grundfrage hat jüngst *Medicus* mit einer Abhandlung über „Modellvorstellungen im Schuldrecht"[1] beigesteuert, in der er zu zeigen versucht, „wie der Blick auf bestimmte Schuldtypen die ihrem Anspruch nach allgemeine Regelung beeinflußt hat". So habe das BGB die „Vorschriften über die Gattungsschuld an dem Modell der Sachleistungsschuld ausgerichtet"[2], das allerdings selbst nicht alle Sachleistungsschulden umfasse, wie die Nichtberücksichtigung der Eigenarten der Gattungsschuld bei Mietvertrag und Werkleistungsschuld zeige. Wir können sagen: Das Modell ist nicht begrifflich vollständig gedacht, sondern selbst auf den typischen, wichtigsten Fall bezogen. Die Aufdeckung von Modellvorstellungen stellt sich für *Medicus* nicht als bloße „Gedankenspielerei" dar, sondern habe „praktischen", nämlich methodischen Wert: Sie erleichtere das Auffinden von — durch die abstrakte Fassung des Gesetzes verdeckten — Regelungslücken, die sich „von vornherein für alle Gestaltungen erwarten" ließen, „die nicht durch die Modellvorstellung gedeckt wer-

---

[58] Vgl. *H. P. Westermann*, Typengesetzlichkeit S. 105 bei und in Anm. 57.

[59] Eine indirekte Bestätigung für die Notwendigkeit typologisch ganzheitlichen Denkens lieferte das zuletzt erörterte Gegenbeispiel.

[1] in: Festschrift für *Felgentraeger*, Göttingen 1969, S. 309 ff.

[2] *Medicus*, a.a.O. S. 311.

den"[3]. Statt „von vornherein" die notwendige Spannung zwischen Typus und abstraktem Begriff als Regelungslücke zu deuten, ist nach unserer Auffassung zwar zunächst die Frage nach einer etwaigen sekundären Wertentscheidung zu stellen; da diese Frage für das besondere Vertragsrecht aber zu verneinen ist, kann der Beitrag von *Medicus* als weiterer Beleg dafür gewertet werden, daß das Vertragsrecht nicht begrifflich gemäß dem sprachlich möglichen Wortsinn, sondern gemäß den typischen Leitbildern anzuwenden ist.

Das Arbeiten mit Modellvorstellungen wird teilweise vom Gesetz selbst explizit gemacht; die sinngemäße Übertragung der am „Modell" entwickelten Wertungen ist dann ausdrücklich der Rechtsfindung aufgegeben. Technisch geschieht dies meist durch Verweisungsnormen, die die „entsprechende" Anwendung des „Modell"-Rechts anordnen: Vgl. etwa die §§ 515 BGB (Tausch/Kauf), 681 Abs. 2 BGB (Pacht/Miete), § 675 BGB (Geschäftsbesorgung/Auftrag). Näher erläutert findet sich diese Regelungstechnik in den Materialien zu den §§ 445, 493 BGB. Während im Ersten Entwurf des BGB die Vorschriften über Rechts- und Sachmängelgewähr noch innerhalb der *allgemeinen* Vorschriften über Verträge angeordnet waren, beschloß die II. Kommission, „Vorschriften über die Gewährleistung wegen Mangels im Rechte des Veräußerers zunächst für den Fall des Kaufes aufzustellen, und demnächst zu prüfen, ob und inwieweit die für den Kauf gegebenen Rechtssätze auf andere entgeltliche Veräußerungsverträge auszudehnen seien". Die Kommission hoffte einerseits, daß „die Anschaulichkeit, die Verständlichkeit und die praktische Handhabung des Gesetzes gewinnen werden, wenn man die Rechtssätze vorerst auf den Kauf beschränke, auf dessen Gebiet die Hauptanwendungsfälle liegen", zog anderseits die Konsequenz daraus, daß auch der abstrakter gefaßte Erste Entwurf „doch nicht zu einer alle Fälle ausschöpfenden Regelung gelangt" war[4]. Für die der Rechtsanwendung aufgegebene Erstreckung folgt hieraus, daß der Anwendung „jeweils eine Prüfung in der Richtung vorausgehen (muß), wie weit die Eigenart des betreffenden Geschäfts abweichende Folgerungen gebietet"[5]. Diese Einschränkung weist auf die für die „entsprechende" Anwendung charakteristische Berücksichtigung typologischer Besonderheiten hin[6].

Was für das Kaufrecht ausdrücklich im Gesetz gesagt ist, muß für die übrigen Vertragsverhältnisse entsprechend gelten, da der Regelung des Kaufes insoweit methodisch keine Sonderstellung zukommt: Obwohl dem Mietrecht eine den §§ 445, 493 BGB entsprechende Vorschrift fehlt,

---

[3] *Medicus*, a.a.O. S. 322.
[4] *Mugdan* II S. 646; vgl. auch Prot. II, 62.
[5] *Soergel - Siebert - Reimer Schmidt*, Anm. 2 zu § 445.
[6] Vgl. oben § 9 bei Anm. 52 f.

bestimmt sich die Mängelhaftung für in eine Gesellschaft zum Gebrauch („quoad usum")[7] eingebrachte Sachen in entsprechender Anwendung der §§ 537 ff. BGB[8].

Das Denken in Modellvorstellungen mit sich anschließender Erstrekkung der am Modell entwickelten Wertungen läßt sich teilweise bis in die Fassung der Erläuterungsnormen selbst verfolgen. So sagt § 631 Abs. 2 BGB, Gegenstand eines Werkvertrages könne „sowohl die Herstellung oder Veränderung einer Sache als ein anderer durch Arbeit oder Dienstleistung herbeizuführender Erfolg sein". Im ersten Teil des Satzes klingt der Typus an, auf den die nachfolgende Regelung bezogen ist[9]; der zweite Satzteil stellt den Versuch einer Ausweitung der am Typus entwickelten Wertungen dar, die jedoch in der Abstraktion zu weit geht, so daß ihr keine uneingeschränkte Anwendbarkeit des nachfolgenden Rechts entspricht. Die zu pauschale Erstreckung hat zur Notwendigkeit von Sonderregelungen und zur Praxis umfangreicher Allgemeiner Geschäftsbedingungen geführt, so daß heute „das sachliche Schwergewicht in den einzelnen Lebenstypen liegt. Die formal als Grundtypus herausgestellte blasse Einheitsfigur des BGB-Werkvertrages faßt so Verschiedenes zusammen, daß die Regeln, die auf die eine Gruppe (z. B. Handwerkerverträge) passen, für eine andere (z. B. Bühnenverträge) unbrauchbar sind"[10].

Die Rechtsanwendung hat demnach im Bereich des Vertragsrechts nicht nur an einem Typus entwickelte Wertungen zu erstrecken; wo die vom Gesetz selbst vorgenommene Erstreckung zu weit ausgefallen ist, sind im nachfolgenden Recht häufig typologische Einschränkungen erforderlich. Zwei Beispiele aus der Rechtsprechung des BGH mögen dies verdeutlichen. Das erste betrifft § 452 BGB[11]:

Der Kläger, Erfinder eines Verfahrens zur Herstellung eines pharmazeutischen Präparates, hatte durch Vertrag die Rechte aus dem ihm erteilten Patent auf die Beklagte übertragen. Die Beklagte verpflichtete sich zur Zahlung einer einmaligen Entschädigung und räumte darüber hinaus dem Kläger eine Beteiligung am Umsatz ein. Der Vertrag sah weiter vor, daß beide Vertragsteile sich alle Erfahrungen, Verbesserungen und Erfindungen, die sich auf den Vertragsgegenstand beziehen, mitteilten; der Kläger unterwarf sich einer strengen Geheimhaltungspflicht und einem Konkurrenzverbot. Mit der Klage macht der nach Vertragsschluß ins Ausland übergesiedelte Kläger unter anderem Ansprüche mit der Behauptung geltend, die Beklagte habe ihm die laufenden Umsatzbeteiligungen seit 1947 schuldhaft vorenthalten. Die Revision des Klägers rügt insbesondere Verletzung des § 452 BGB.

Der BGH sieht in § 452 BGB eine „für typische Kaufverträge getroffene, eng auszulegende Vorschrift", die auf den in Frage stehenden

---

[7] Vgl. *Enn. - Leh.*, S. 737 f.
[8] Vgl. *Enn. - Leh.*, S. 738.
[9] Zum Leitbild des Werkvertrags vgl. oben § 14, 1.
[10] *Esser*, Schuldrecht, Bd. 2, S. 163.
[11] BGHZ 26, 7.

Vertrag nicht anzuwenden sei. Dieser sei zwar „in den Grundzügen Kaufvertrag", könne aber „seiner ganzen Ausgestaltung nach nicht zu den typischen Kaufverträgen gerechnet werden, die dem Gesetzgeber vorgeschwebt haben". Der BGH läßt also das Vorliegen der begrifflichen Merkmale eines (Rechts-)Kaufes nicht genügen, sondern stellt aufgrund einer Gesamtbetrachtung fest, daß kein typischer Kaufvertrag, sondern ein „Dauerrechtsverhältnis mit gesellschaftsartigem Einschlag" vorliege. Zur Begründung, warum § 452 BGB nur auf typische Kaufverträge anzuwenden sei, zieht der BGH die historische Methode heran: Wie aus den Motiven[12] hervorgehe, habe der Gesetzgeber „bewußt davon abgesehen, den dieser Vorschrift zugrunde liegenden Gedanken, daß kein Vertragsteil die Sache und zugleich den Gegenwert nutzen solle, auf Geschäfte ähnlicher Art auszudehnen".

Die zweite Entscheidung betrifft die Frage, inwieweit § 708 BGB auf eine Gelegenheitsgesellschaft anwendbar ist, die zum Zwecke einer gemeinsamen KFZ-Fahrt eingegangen wird[13]. Der BGH hält nunmehr[14], soweit zu den Pflichten eines Gesellschafters das Lenken eines Kraftfahrzeugs gehört, eine Haftungsbeschränkung gemäß § 708 BGB für ausgeschlossen: Bei § 708 BGB handele es sich um „eine Norm, die nur die Regelung der vermögensrechtlichen Beziehungen zwischen den Gesellschaftern im Auge" habe. An eine „Ausdehnung der Vorschrift" auf den Bereich des Straßenverkehrs als „ein noch weithin unbekanntes Gebiet, das seiner Natur nach keinen Spielraum für individuelle Sorglosigkeit erlaubt", könne bei der Aufnahme der Bestimmung in das BGB „schlechterdings nicht gedacht worden sein". Danach verbiete es sich, „der Vorschrift ein weites und ganz andersartiges Anwendungsfeld zu eröffnen, wo die körperliche Unversehrtheit der Gesellschafter auf dem Spiele steht und sich die Bestimmung deshalb in nicht gewollter Weise völlig unangemessen auswirken müßte". Die Entscheidung zeigt das charakteristische Zusammenspiel typologischer und sachlich-teleologischer Erwägungen: Hinter der Reduzierung der Norm auf das typische Leitbild steht die *Wertung*, daß die Haftungserleichterung — wenn überhaupt[15] — nur für diesen engeren Bereich zu rechtfertigen ist.

2. Bei beiden Entscheidungen ging es nicht um eine typologische Einschränkung der Erläuterungsnormen[16], sondern einzelner Vorschriften

---

[12] Mot. II, 329; *Mugdan* II S. 183.

[13] BGHZ 46, 313.

[14] Vgl. noch BGH VersR 60, 802.

[15] Zur Kritik des § 708 BGB vgl. *Rother*, Haftungsbeschränkung im Schadensrecht S. 192 m. w. N.

[16] Im zweiten Fall bejaht der BGH ausdrücklich das Vorliegen einer Gesellschaft (a.a.O. S. 315), im ersten Fall bejahte der BGH den „Grundzügen" nach (das aber sind die in § 433 BGB genannten Merkmale) das Vorliegen eines Kaufvertrages.

des nachfolgenden Rechts. Da jedoch der Sinn der Erläuterungsnormen, deren begriffliche Qualität uns vor allem interessiert, darin gesehen wird, den Anwendungsbereich des nachfolgenden Rechts festzulegen[17], wird uns auch die Frage der strengen Koppelung von Erläuterungsnorm und nachfolgendem Recht bedeutsam. In dieser Hinsicht muß als Zwischenergebnis festgehalten werden, daß durch die die Regelung eines besonderen Vertragsverhältnisses jeweils einleitenden Vorschriften jedenfalls nicht streng ein Bereich festgelegt wird, auf den alle nachfolgenden Vorschriften ohne Einschränkungen und ausschließlich anzuwenden wären. Den in den einleitenden Normen aufgeführten Merkmalen kommt nur ein — häufig sehr hoher — Hinweiswert auf den Anwendungsbereich des nachfolgenden Rechts zu: Dessen Anwendbarkeit ist indiziert, nicht präjudiziert[18]. Der tatsächliche Anwendungsbereich der nachfolgenden Normen ist untereinander wie im Verhältnis zur Einleitungsnorm durchaus verschieden. Stellt man daher nicht auf die als „begrifflich" postulierte „Definitionsnorm", sondern auf den tatsächlichen Anwendungsbereich des gesamten für das jeweilige Vertragsverhältnis gegebenen Rechts ab, berücksichtigt man also alle einschränkenden bzw. ausdehnenden Auslegungen und Rechtsfortbildungen, alle typologischen Einschränkungen und Erstreckungen, so zeichnet sich als Regelungsbereich nicht das geschlossene Rechteck einer allseits fest begrenzten Klasse ab; es entsteht vielmehr das Bild einer unregelmäßigen Fläche, deren Ränder einmal nach innen eingeengt, einmal vom Kern weg ausgeweitet sind. Dehnt man den Blick auf andere Vertragsverhältnisse aus, so sind die Regelungen auch untereinander nicht scharf getrennt, vielmehr ergeben sich an den ausladenden Stellen vielfältige Überlappungen. Dies wiederum bedeutet im Hinblick auf die einzelne nachfolgende Norm, daß ihr Anwendungsbereich Ausschnitte aus mehreren Typen umfassen kann, wobei das Vertragsverhältnis, dem sie der ausdrücklichen gesetzlichen Regelung nach angehört, nur den Schwerpunkt ausmacht.

3. Die Erkenntnis, daß zwischen Einleitungsnorm und den nachgeordneten Vorschriften keine strenge Koppelung besteht, letzteren vielmehr ein je eigener Anwendungsbereich zukommen kann, ist nicht neu. Sie liegt bereits *Rümelins* Untersuchung zu „Dienstvertrag und Werkvertrag"[19] und der darauf aufbauenden Arbeit von *Hoeniger* über die „gemischten Verträge" zugrunde, ist von *Otto Schreiber* ausdrücklich aufgenommen und näher erläutert worden[20]. Für unsere Frage der

---

[17] Vgl. *Larenz*, Methodenlehre S. 194 ff.

[18] Näher sogleich unter 4.

[19] *G. Rümelin*, Dienstvertrag S. 304, 311.

[20] *O. Schreiber*, Gemischte Verträge S. 151 ff., insbesondere S. 161. Vgl. auch *Charmatz*, Vertragstypen S. 258, 348 m. w. N.; *H. P. Westermann*, Typengesetzlichkeit S. 106 f.

begrifflichen Qualität des Vertragsrechts überaus aufschlußreich sind die unterschiedlichen Folgerungen, die *Rümelin* und *Hoeniger* einerseits, *Schreiber* anderseits hieraus für die rechtliche Behandlung gemischter Verträge gezogen haben.

a) *Rümelin* und *Hoeniger* haben die These vertreten[21], daß das Vertragsrecht überhaupt nicht als Regelung von je in sich geschlossenen einzelnen Vertragstypen anzusehen sei, sondern als Regelung einer Vielfalt von Tatbestandsstücken, die zwar dort, wo sie am häufigsten[22] vorkommen, im Gesetz geregelt seien, in Wirklichkeit aber überall, wo sie überhaupt vorkommen, gleichgültig innerhalb welchen Vertragsverhältnisses, in der im Gesetz bestimmten Weise geregelt sein sollten. *Hoeniger* sah geradezu die „Zertrümmerung und Auflösung der gesetzlichen Vertragstypen“[23] als Aufgabe der Rechtswissenschaft: Es sei notwendig, daß die „gesetzlichen Tatbestandskonglomerate entwirrt und auf ihre Elemente zurückgeführt werden“; sodann sei zu untersuchen, „nach welchen Gesetzen sich diese einzelnen Tatbestandsstücke zu neuen und dem Gesetz unbekannten Formen kombinieren können“[24].

b) Gegen diese Vorstellung eines abstrakten Zusammenhangs von Tatbestandsstücken und Rechtsfolgen hat *O. Schreiber* eingewandt, sie vergesse, „daß die Gruppen von Rechtsnormen, die sich im Gesetz als ‚Vertragstypus‘ darstellen, nicht zu einer Summe, sondern zu einem Organismus vereinigt sind“[25], ebenso wie „auch die vom Gesetz abweichenden Tatbestände in sich Organismen sind, deren Einheitlichkeit ein Auseinanderreißen ihrer Elemente verbietet“[26]. Die gesetzlichen Definitionen des Schuldrechts seien auch deshalb „in keiner Weise geeignet, einer konstruktiven Jurisprudenz als Grundlage zu dienen“, weil sie „zu weit gefaßt“ und durch den „Inhalt der Rechtsnormen, die ihnen entsprechen sollten, nicht gedeckt“ seien[27]. Aus der Nichtübereinstimmung von Legaldefinition und nachfolgendem Recht könne nur die Konsequenz gezogen werden, „daß die Definition eines gesetzlich geregelten Vertragstypus nicht dem definierenden Paragraphen entnommen werden kann, sondern daß sie aus der Gesamtheit der regelnden Normen zu gewinnen ist“[28]. Tatbestände, die sich mit den derart näher bestimmten Regelungstypen des Gesetzes nicht vollkommen decken, seien „als Ganzes als vom Gesetz nicht geregelt anzusehen“. Um diese

---

[21] *G. Rümelin*, Dienstvertrag S. 303 ff.; *Hoeniger*, Gemischte Verträge S. 382 ff.

[22] *G. Rümelin*, Dienstvertrag S. 313.

[23] *Hoeniger*, Gemischte Verträge S. 387.

[24] *Hoeniger*, Gemischte Verträge S. 384 f.; ähnlich *ders.* in DJZ 1913, Spalte 263 ff.

[25] *O. Schreiber*, Gemischte Verträge S. 208.

[26] *O. Schreiber*, a.a.O. S. 210.

[27] *O. Schreiber*, a.a.O. S. 165.

[28] *O. Schreiber*, a.a.O. S. 162, 209.

abweichenden Geschäfte rechtlich zu beurteilen, sei es nicht zulässig, die vorhandenen Regelungen „in ‚Tatbestandselemente' zu zerlegen und so, gewissermaßen entwurzelt, unmittelbar anzuwenden"; vielmehr komme insoweit nur eine *analoge Rechtsanwendung* in Frage, die „vom Richter nicht die Tätigkeit des Zusammensetzens, sondern die des Nachbildens nach Rechtsähnlichkeit" verlange[29].

Der Kampf um „Kombinationstheorie" *(G. Rümelin, Hoeniger)* oder „Theorie der analogen Rechtsanwendung" *(Schreiber)* stellt sich für den heutigen Leser[30] als Auseinandersetzung um die begriffliche oder typologische Struktur des Vertragsrechts dar. Es ist verblüffend, wie sich der Gegensatz von Begriff und Typus durch die Argumentation hindurchzieht, ohne daß den Autoren die Theorie dieser Denkformen bekannt gewesen wäre. *Hoeniger* geht zwar einen Schritt über ein rein begriffliches Verständnis des Vertragsrechts[31] hinaus, wenn er die rechtliche Beurteilung eines Rechtsgeschäfts nicht allein an einigen wenigen „wesensbestimmenden" Merkmalen ausrichten, sondern auch die besondere Ausgestaltung in den übrigen Zügen berücksichtigen möchte. Er denkt sich aber die Lösung dieser berechtigten Aufgabe der Rechtsanwendung doch ganz mechanistisch-begrifflich, wenn er die gesetzlichen Regelungen in quasi „Einzelteile" zerlegen und diese je neu zusammensetzen will, ohne Rücksicht auf den inneren Zusammenhang der Rechtsfolgen, der das Ergebnis einer Abstimmung der Einzelregelungen im Hinblick auf den Sinn und Zweck des besonderen Geschäftstypus darstellt. *Schreiber* erkennt demgegenüber, daß dem Gesetz nicht nur im Verhältnis zur „begrifflichen" Definitionsnorm *konkretere* und *engere*, sondern vor allem auch *ganzheitliche* Leitbilder zugrunde liegen, ebenso wie auch die sich mit diesen Leitbildern nicht oder nur partiell deckenden Geschäfte des Rechtsverkehrs Ganzheiten darstellen[32]. *Schreiber* setzt damit die wichtigsten Kennzei-

---

[29] *O. Schreiber*, a.a.O. S. 210.

[30] Nachweise der älteren sich mit *Hoeniger* und *Schreiber* auseinandersetzenden Literatur bei *Charmatz* S. IX Anm. 18 und S. 335 Anm. 140.

[31] Wie sie etwa *Lotmars* Absorptionstheorie zugrunde liegt, gegen die sich wiederum *Hoeniger* wendet: Vgl. *Hoeniger*, Gemischte Verträge S. 114, 154, 360 ff.

[32] Diesen Gesichtspunkt der Ganzheitlichkeit betont vor *Schreiber* schon *v. Meerscheidt-Hüllessem* (DJZ 1910 Spalte 854 ff.). *v. Meerscheidt-Hüllessem* nimmt auch die wichtigsten Thesen *Schreibers* zur *rechtlichen Behandlung* gemischter Verträge vorweg, wenn er fordert: „Bei jedem einheitlichen Vertrage, dessen verschiedene Bestandteile unter verschiedene der im BGB geregelten Vertragstypen zu fallen scheinen, ist daher zunächst zu prüfen, wie weit die Verwandtschaft geht. Es ist dann aber nicht so zu verfahren, daß festgestellt wird, insoweit ist der Vertrag Kauf, insoweit Miete, und daß dann die für Kauf und Miete gegebenen Vorschriften ohne weiteres auch angewendet werden, sondern so, daß geprüft wird, ob der gesetzgeberische Zweck dieser Vorschriften auch bei ihnen zutrifft und ihre Anwendung der Eigenart des *ganzen* Vertrages gerecht wird, oder ob aus der

chen typologischen Denkens gegen *Hoenigers* insoweit[33] begriffliche Methode; *Schreibers* Kritik an *Hoeniger* könnte von einem methodisch bewußten typologischen Verständnis des Vertragrechts aus nicht anders geschrieben werden.

Wie die Auseinandersetzung zwischen *Hoeniger* und *Schreiber* zeigt, ist das Problem der „gemischten" Verträge in unserem Zusammenhang deshalb von Bedeutung, weil jede Stellungnahme hierzu ein bestimmtes Vorverständnis zur begrifflichen oder typologischen Qualität des Vertragsrechts voraussetzt. Dies offenbart sich bereits in der Begriffsbestimmung der gemischten Verträge. Hierunter werden einheitliche Verträge verstanden, die zwar als solche im Gesetz nicht geregelt sind, deren „Tatbestandsstücke aber teilweise oder sämtlich bei verschiedenen typischen Vertragsarten geregelt sind"[34]. Was sich einer Qualifikation dieser die „Wesensmerkmale" gesetzlicher Vertragsverhältnisse aufweisenden Verträge als „gesetzestypische" Verträge entgegenstellt, ist die Tatsache, daß die *gesamte Ausgestaltung* anders ist als im Gesetz vorgesehen, sowie, daß die „Gewichte" der „Tatbestandsstücke" untereinander im Hinblick auf den Sinn des Vertragsganzen anders verteilt sind. Dies aber sind begrifflichem Denken unzugängliche, auf typologisches Denken hinweisende Bedenken.

Dasselbe Bild bietet sich bei der *rechtlichen Behandlung* gemischter Verträge. Es ist heute anerkannt, daß weder die Absorptionstheorie, noch die Kombinationstheorie, noch die Theorie der analogen Rechtsanwendung je für sich alle Probleme zu lösen vermag[35]. Während diese Theorien bei einseitiger Durchführung das Bedenken aufweisen, daß sie zu einer Vergewaltigung des einzelnen Vertragsverhältnisses führen können[36], treffen sie doch je für einen Teil der Fälle das Richtige, sind sich zudem untereinander heute weitgehend angenähert. Die Absorptionstheorie bietet sich in den Fällen völlig untergeordneter Nebenleistungen[37] an: Hier kann in der Tat entsprechend der vorrangigen Bedeutung der einem gesetzlich geregelten Vertragstypus entsprechenden Züge in erster Linie dessen Recht angewendet werden, was aber

---

Eigenart des ganzen Vertrages eigentümliche Rechtsfolgen für die einzelnen Vertragsbestandteile abzuleiten sind."

[33] Während *Hoeniger* in anderer Hinsicht („Entgeltlichkeit" eines Rechtsgeschäfts) abstufendes Denken begriffsjuristischem Trennungsdenken entgegengesetzt hat; vgl. oben § 13, 1.

[34] *Enn. - Leh.*, S. 395; vgl. auch *Esser*, Schuldrecht, 1. Bd. S. 102; *Fikentscher*, Schuldrecht S. 371.

[35] Vgl. *Heck*, Schuldrecht S. 244; *Enn. - Leh.*, S. 395 f.; *Soergel - Siebert - Reimer Schmidt*, Anm. 18 vor § 305.

[36] *Enn. - Leh.*, S. 395.

[37] *Enn. - Leh.* sprechen (S. 395) von „typischen Verträgen mit untergeordneten andersartigen Leistungen"; *Larenz* (Schuldrecht Bd. 2, S. 5) will diese Gruppe nicht zu den gemischten Verträgen rechnen, ist sich aber in der rechtlichen Behandlung mit *Enn. - Leh.* einig.

nicht die entsprechende Heranziehung des Rechts der untergeordneten Nebenleistung ausschließt[38]. Damit handelt es sich in Wirklichkeit um eine „kombinierende" Methode, die gegenüber *Hoeniger* sogar den Vorzug aufweist, dem verschiedenen Gewicht der Einzelzüge Rechnung zu tragen[39]. Für die Kombinationsmethode im engeren Sinn[40] dürfte heute nicht mehr zweifelhaft sein, daß die Regeln der einschlägigen Vertragstypen „nicht einfach ohne nähere Prüfung nebeneinander gestellt werden" dürfen, sondern „entsprechend der spezifischen Eigenart des Vertrages und seines Zweckes vernünftig aufeinander abzustimmen und lediglich sinngemäß anzuwenden" sind[41]. Damit aber ist dem Haupteinwand *Otto Schreibers* gegen die Kombinationstheorie Rechnung getragen; es dürfte sachlich kaum mehr ein Unterschied zu seiner Theorie der analogen Rechtsanwendung bestehen[42].

Das die Annäherung der Theorien vermittelnde Moment ist die Berücksichtigung typologischer Anforderungen an die Beurteilung gemischter Verträge. Das Gesetz wird nicht als umfassendes System begrifflicher Klassen von Schuldverträgen aufgefaßt, was die Subsumtion unter einen der gesetzlich geregelten Verträge ausschließt und die Anerkennung als besonderen gemischten Vertrag begründet. Dieser Vertrag sui generis aber wird bei der rechtlichen Beurteilung in die Wertungsbezugspunkte eingeordnet, die das Gesetz mit der Regelung einzelner typischer Verträge gibt[43].

4. Damit dürften genügend Indizien gesammelt sein, um die These der typologischen Struktur des besonderen Vertragsrechts[44] als hinreichend gesichert anzusehen. Fassen wir deren Inhalt daher kurz zusammen:

Das besondere Vertragsrecht[44] stellt keine begriffliche Regelung von Vertragsarten dar, denen Typen lediglich „zugrunde liegen", und auf

---

[38] Vgl. *Enn. - Leh.*, S. 397; *Larenz*, Schuldrecht, Bd. 2, S. 5.

[39] Während *Hoeniger* (Gemischte Verträge S. 105 ff.) aus dem Bedenken heraus, man könne zwischen Haupt- und untergeordneten Nebenleistungen angesichts einer unbegrenzten Zahl möglicher Zwischenstufen (a.a.O. S. 113, 147) nicht sicher unterscheiden, die Unterscheidung ganz verwirft. Das ist hier so unrichtig wie generell bei „fließenden Übergängen" (dazu o. S. 56 f).

[40] Der Zusatz „im engeren Sinn" empfiehlt sich, weil die Absorptionsmethode in ihrer heutigen Gestalt im Grunde einen Sonderfall der Kombinationsmethode für die Fälle ganz überwiegender Bedeutung eines typischen Elements darstellt.

[41] *Canaris*, JuS 70, 219.

[42] Vgl. *Reimer-Schmidt*, bei *Soergel - Siebert* Anm. 18 vor § 305.

[43] Vgl. *v. Meerscheidt-Hüllessem* DJZ 1910, Spalte 854: „Anhaltspunkte zum Finden der Rechtsfolgen". Näheres unten § 17, 4 b, aa.

[44] Soweit hier untersucht; vgl. oben S. 119 Anm. 16. — Anderseits dürfte auch außerhalb des BGB manche Normierung besonderer Vertragsverhältnisse typologisch zu verstehen sein. Vgl. etwa die Motive zum VVG (Neudruck Berlin 1963, S. 69 f.), wonach das VVG nicht versuche, „den Begriff der Versicherung in erschöpfender Weise ... festzustellen", sondern sich darauf beschränke, „die hauptsächlichen Verpflichtungen hervorzuheben", da in

die hin die als begriffliche Definitionsnormen verstandenen Erläuterungsnormen lediglich „auszulegen"[45] wären. Das besondere Vertragsrecht ist vielmehr *unmittelbar* typologisch zu verstehen: In den die Regelung eines besonderen Vertragsverhältnisses jeweils einleitenden Normen werden dessen wichtigste Züge beschreibend hervorgehoben, nicht aber dessen notwendige und hinreichende Merkmale festgelegt[46].

Da den in den Erläuterungsnormen genannten Zügen überragende Kennzeichnungskraft zukommt, ohne daß sie doch allein maßgeblich wären, handelt es sich um weitgehend *verfestigte, nicht aber geschlossene* Typen[47]: Zur näheren Kennzeichnung ist eine Auffüllung mit den aus der jeweils nachfolgenden Regelung[48] ersichtlichen Zügen sowie eine Beurteilung unter der Frage der sachlichen Angemessenheit der Rechtsfolgen erforderlich. Zwischen den derart näher beschriebenen reinen Typen des Gesetzes sind vielfältige Zwischenformen denkbar, die auf der Abstufbarkeit der typologischen Züge wie auf der Möglichkeit vom Gesetz mehr oder weniger abweichender Ausgestaltung beruhen. Im Einzelfall — insbesondere bei zweckentfremdeter Verwendung gesetzlicher Formen — kann ein Geschäft aufgrund der gesamten Ausgestaltung näher bei einem Typus einzuordnen sein, dessen Hauptzüge es nicht aufweist, als bei dem durch diesen Hauptzug gekennzeichneten Typus[49].

Eine Untersuchung wie die vorstehende zur begrifflichen Qualität eines bestimmten Rechtsgebiets stellt keinen Selbstzweck dar, sondern soll der Vorbereitung methodisch geleiteter Rechtsanwendung dienen. Daß dem Vertragsrecht Klärung in dieser Hinsicht nottut, zeigen die verschiedenen Stimmen, die vor einer begrifflichen Anwendung des Vertragsrechts warnen, ohne doch ein genügend gesichertes anderes Verfahren an dessen Stelle zu setzen, insbesondere auf „richterliches Ermessen" verweisen[50]. In einem letzten Teil sollen daher unsere bisherigen Ergebnisse daraufhin untersucht werden, welche Aussagen sie über Voraussetzungen, Verfahren und Grenzen typologischer Rechtsfindung erlauben.

Zweifelsfällen „die Entscheidung besser aufgrund des Gesamtinhalts der gesetzlichen Vorschriften über den Versicherungsvertrag ... als mit Hilfe eines allgemeinen Rechtssatzes gefunden" werde.

[45] Im Sinne einer Verdeutlichung von Begriffen i. e. S.

[46] Vgl. *H. P. Westermann*, Typengesetzlichkeit S. 106.

[47] Zur Möglichkeit der Annäherung von Typen an Begriffe s. o. § 5.

[48] Zur Frage, ob insoweit zwischen dispositivem und zwingendem Recht zu unterscheiden ist, unten § 17, 1 b.

[49] Vgl. das Beispiel des Finanzierungsleasing oben § 13, 3; zur Verzichtbarkeit typologischer Züge oben § 4, 1 a.

[50] Vgl. oben § 1 bei Anm. 43.

Vierter Teil

Typologische Rechtsfindung und juristische Methodenlehre. Zugleich eine Zusammenfassung der wichtigsten Ergebnisse

§ 16: Die Mehrspurigkeit der Rechtsfindungsmethoden

1. Die in den letzten Jahrzehnten geleistete Auffächerung der Denkformen, die sich innerhalb der Rechtswissenschaft in der Unterscheidung von „wertausfüllungsbedürftigen Begriffen", „Typusbegriffen" und „Begriffen i. e. S." ausdrückt[1], findet derzeit in der Lehre von den *Anwendungsverfahren*, also in der engeren Methodenlehre, keine volle Entsprechung[2].

Beispielhaft seien gerade die um die Entwicklung der Typologik besonders verdienten Arbeiten von *Engisch* und *Larenz* herangezogen: *Engisch* hat, wie wir gesehen haben[3], früher einen „Subsumtions"begriff gegeben, der das Verfahren typologischer Zuordnung umschloß, ja an diesem ausgerichtet war, während *Engisch* die Subsumtion nunmehr zwar als begriffslogisches Verfahren anerkennt, die Besonderheiten typologischer Zuordnung aber außer acht läßt. Die Methodenlehre von *Larenz* trennt zwar terminologisch klar zwischen Konkretisierung wertausfüllungsbedürftiger Begriffe, Zuordnung zum Typus, Subsumtion unter den Begriff[4], dem entspricht jedoch keine gleichwertige Darstellung aller drei Verfahren in der Lehre von der „Anwendung der Rechtssätze auf einen Sachverhalt"[5]; hier werden Probleme typologischer Zuordnung nur am Rande, nämlich im Abschnitt über das „Urteilsermessen des Richters", gestreift[6], nicht aber (etwa zwischen Subsumtion und Werturteil) gesondert dargestellt.

Insgesamt wird festzustellen sein, daß die traditionelle juristische Methodenlehre die Besonderheiten der Konkretisierung wertausfüllungsbedürftiger Generalklauseln und -Begriffe erkannt und näher dargestellt hat, im übrigen aber weithin am Begriff i. e. S. ausgerichtet ist; das erst in jüngerer Zeit in seiner Eigenheit erkannte typologische

---

[1] Vgl. oben § 3, 4 b.
[2] Vgl. *Koller*, Grundfragen S. 40.
[3] Oben § 4 bei Anm. 38 ff.
[4] *Larenz*, Methodenlehre S. 440.
[5] *Larenz*, Methodenlehre S. 228 ff.
[6] *Larenz*, Methodenlehre S. 268 ff.

Denken hat sich noch nicht genügend aus seiner Einbettung in die herkömmlichen Denkmuster gelöst.

2. Daß die traditionelle Methodenlehre[7] am Begriff orientiert ist und daher die Besonderheiten der Typologik nicht ohne innere Widersprüche in sich aufnehmen kann, zeigt sich deutlich an einer ihrer zentralen Unterscheidungen, nämlich der von *Auslegung* und *Rechtsfortbildung* an Hand des „möglichen Wortsinns" einer Vorschrift[8]. Der Unterscheidung wird deshalb so hohe Bedeutung beigemessen, weil nur „dem Text des Gesetzes die Autorität des vom Gesetzgeber Angeordneten" zukomme; was mit dem Text, und d. h. mit dessen möglichem Wortsinn nicht mehr vereinbar sei, habe an dieser Autorität keinen Teil[9].

Die Grenze des „möglichen Wortsinns" bildet für typologisches Denken kein sinnvolles Kriterium. Typologische Rechtsfindung kann sich innerhalb des möglichen Wortsinns des zur Kennzeichnung eines hervorgehobenen Zuges verwendeten sprachlichen Ausdrucks halten oder den Wortsinn verlassen, ohne daß damit irgendeine „Schwelle" überschritten, ein Unterschied der methodischen Vorgänge begründet würde[10]. Denn für den Typus hat jeder Zug nur indizielle Bedeutung: im flexiblen und interdependenten Merkmalsgefüge abstufbarer Züge, das den Typus bildet[11], ist jeder Zug letztlich überhaupt verzichtbar, solange nur auf Grund des Ausprägungsgrades der übrigen Züge das „Gesamtbild" unter dem konstitutiven Wertaspekt gewahrt bleibt[12]. Wenn aber jeder Zug sogar *verzichtbar* ist, kann der mögliche Wortsinn des zu seiner Kennzeichnung verwandten Ausdrucks keine Grenze der typgemäßen Rechtsfindung bilden.

Auch das die Unterscheidung von Auslegung und Rechtsfortbildung sachlich tragende Argument, daß nur hinter dem möglichen Wortsinn die Autorität des Gesetzgebers stehe, trifft nur für den Begriff zu. Wird ein Typus in einen Begriff umgesetzt, so deckt eine sekundäre Wert-

---

[7] Genauer ist von der in Deutschland derzeit herrschenden Methodenlehre zu sprechen. Das schweizerische methodologische Schrifttum lehnt den „möglichen Wortsinn" als Grenze der Auslegung überwiegend ab (vgl. *Germann*, Rechtsfindung S. 108 ff., 111 ff.) und setzt die dem Gesetz zu entnehmende *Wertung* an dessen Stelle (Nachweise bei *Canaris*, Lückenfeststellung S. 19 Anm. 4) — eine für typologische Rechtsfindung jedenfalls sinnvollere Unterscheidung.

[8] Vgl. *Larenz*, Methodenlehre S. 304, 342; *Canaris*, Lückenfeststellung S. 21 m. w. N.

[9] *Larenz*, Methodenlehre S. 304; ebenso *Canaris*, Lückenfeststellung S. 20.

[10] Vgl. *Canaris*, Lückenfeststellung S. 21, wo die Abgrenzung von Auslegung und Rechtsfortbildung an Hand des möglichen Wortsinns auch mit „der Verschiedenartigkeit der methodischen Vorgänge, die mit der Überschreitung des Wortlauts beginnen", begründet wird.

[11] Oben § 4, 1 a und 3.

[12] Oben § 4, 2.

entscheidung gerade die durch das Abstellen auf einige wenige begriffliche Merkmale entstehende Spannung im Anwendungsbereich: Diese wird entweder um höherer Ziele willen hingenommen, oder sogar positiv in den Dienst bestimmter Ordnungs- und Gestaltungszwecke gestellt[13]. Bei einem typologisch abgefaßten Gesetz steht die Autorität des Gesetzgebers, wenn man im Bild bleiben will, nicht hinter der isolierten Bedeutung der zur Beschreibung der Züge des Typus verwendeten Sprachzeichen, sondern hinter dem hierdurch nur grob angedeuteten Typus, der unter dem die Typenbildung leitenden Wertgesichtspunkt näher zu bestimmen ist.

Die Ausgliederung des Prozesses typologischer Zuordnung aus der auf den möglichen Wortsinn abstellenden Unterscheidung von Auslegung und Rechtsfortbildung ist auch für diese Unterscheidung selbst von Gewinn. Es wird heute mehr und mehr in Zweifel gezogen, daß die Grenze des „möglichen Wortsinns" überhaupt angebbar ist[14]. Die Theorie hat anerkennen müssen, daß die Grenze zwischen Auslegung und Rechtsfortbildung fließend sei, daß beide Verfahren „nicht wesensverschieden, vielmehr zwei Stufen *eines* gedanklichen Verfahrens sind"[15]. Die Schwierigkeiten der Grenzziehung rühren jedenfalls teilweise daher, daß nicht genügend zwischen Begriffen i. e. S. und Typen unterschieden wird. Für abstufbare Typenbegriffe wie „Nachtzeit" und „Waldung" läßt sich eine sichere Grenze des möglichen Wortsinns in der Tat nicht geben; bei Begriffen im engeren Sinne hingegen ist dies immerhin mit wesentlich größerer Einsichtigkeit möglich[16].

3. Aus dem Gesagten folgt unmittelbar, daß dort, wo „Auslegung" als durch den möglichen Wortsinn begrenzt definiert wird, die typologische Methode der Rechtsfindung nicht als weiteres *Auslegungsverfahren* dem überlieferten Kanon grammatischer, historischer, logisch-systematischer sowie teleologischer Methoden angefügt werden oder gar in eines dieser Verfahren integriert werden kann. Im Hinblick auf die im schweizerischen methodologischen Schrifttum herrschende weitere Bestimmung der Auslegung[17] konnte *Koller* dagegen eine Einordnung unter die Auslegungsverfahren vornehmen[18]. Das sonstige methodologische Schrifttum nimmt zum Verhältnis typgemäßer Auslegung zu den klassischen Auslegungsmethoden nicht Stellung. Daher bleibt offen, ob eine typologische „Auslegung" unmittelbar den Anwendungsbereich der Norm gemäß dem zugrunde liegenden Typus bestimmen, d. h. mit diesem gleichsetzen soll oder ob lediglich im *Rahmen* der klassischen

---

[13] Oben §§ 9 und 10.

[14] Vgl. *Kriele*, Rechtsgewinnung S. 221 ff.

[15] *Larenz*, Olivecrona-Festschrift S. 384 ff., insbes. S. 398 ff.; *ders.*, Methodenlehre S. 342; *Canaris*, Systemdenken S. 91 Anm. 23.

[16] Beispiele oben § 4, bei Anm. 49 ff.

[17] Oben Anm. 7.

[18] *Koller*, Grundfragen S. 156 ff., 158: Müßte das Postulat der typgerechten Auslegung „in den üblichen Topoikatalog der Gesetzesauslegung eingereiht werden, so wäre es wohl dem logischen Element zuzuordnen".

Auslegungsverfahren auch der zugrunde liegende Typus hilfsweise zur Sinnermittlung von Begriffen herangezogen werden soll. Im ersten Fall liegt weder eine Auslegung von Begriffen, noch eine Interpretation gemäß dem nur „zugrunde" liegenden Typus vor, vielmehr wird die Norm *unmittelbar* typologisch verstanden: „Was atypisch ist, gilt von vornherein als nicht geregelt[19]." Im zweiten Fall dagegen kann, insbesondere im Rahmen der teleologischen Methode, der Rückgriff auf den „zugrunde" liegenden Typus durchaus der Sinnermittlung von *Begriffen* dienen, denn diese sind, wie dargelegt[20], durch eine teleologische Schichtung gekennzeichnet, wobei *ein* Wertkomplex, der der sachlichen Wertungen, auf einen Typus bezogen ist; das Hinzutreten einer „sekundären" Wertung ist für die Umsetzung des Typus in einen Begriff verantwortlich. Diesen Prozeß kann die Auslegung legitimerweise nachzuvollziehen suchen[21].

Der tiefere Grund, warum hier auf eine Trennung der Verfahren gedrängt wird, ist nicht ein bloß theoretisches Interesse der Methodenreinheit. Vielmehr ergibt sich die Notwendigkeit einer solchen Trennung zwingend daraus, daß für die Verwendung von Typen oder Begriffen im Recht verschiedene *Wertungen* verantwortlich sind, die wir mit den Bezeichnungen „primäre" und „sekundäre" Wertentscheidung schlagwortartig zu kennzeichnen gesucht haben[22]. Je nachdem, ob hinter dem Gesetz nur primäre Wertentscheidungen stehen oder diese durch sekundäre Wertentscheidungen überlagert sind, ist das Gesetz typologisch oder[23] begrifflich gefaßt: Beides sind gleichberechtigt mögliche Gesetzgebungsverfahren. Daher ist es verfehlt, grundsätzlich von einer begrifflichen Fassung des Gesetzes auszugehen, die „Begriffe" sodann aber — meist unter Berufung auf den sachlichen Zweck des Gesetzes — typologisch zu „korrigieren". Wo wirklich das Gesetz begrifflich gefaßt ist, kommt den Begriffen eine Eigenbedeutung zu, die von der Auslegung zu beachten ist. Es ist nur wissenschaftsgeschichtlich aus den Fehlleistungen der Begriffsjurisprudenz, die eine Überbetonung sachlicher Rechtszwecke herausforderten, zu erklären, daß strikte Anwendung des Gesetzes und teleologische Rechtsfindung vielfach als Gegensätze empfunden werden. In Wirklichkeit liegt eine „nur scheinbare Divergenz" vor, da „strikte Gesetzesanwendung in einem höheren Verstande durchaus sinngemäß, den Wertungen des Gesetzes entsprechend" sein kann, auch „wo sie zu gewissen Härten führen mag"[24].

---

[19] *Schluep*, Methodologische Bedeutung S. 17.

[20] Oben § 10.

[21] Näheres unten § 18.

[22] Oben § 10.

[23] Wegen der an sich erforderlichen abstufenden Ausdrucksweise vgl. oben § 10, 1 a.

[24] *Germann*, Methodische Grundfragen S. 119.

Die Frage, ob strikte Gesetzesanwendung „in einem höheren Verstande" den Wertungen des Gesetzes entsprechend ist, ist die Frage nach einer die primären Wertungen überlagernden sekundären Wertentscheidung, und d. h. nach der im technischen Sinne begrifflichen Qualität des Gesetzes. Die Gabelung der Verfahren setzt also nicht erst bei der Anwendung des grundsätzlich begrifflich verstandenen Gesetzes, sondern bereits bei der Frage ein, ob das Gesetz überhaupt als begrifflich gefaßt zu verstehen ist.

4. Hierfür bietet der Wortlaut der gesetzlichen Regelung kaum je einen sicheren Anhaltspunkt, denn Typus und Begriff haben in aller Regel den sprachlichen Ausdruck gemein[25]. Ebenso selten verspricht der Rückgriff auf die vom historischen Gesetzgeber gemeinte Bedeutung Erfolg — nicht nur, weil dem Gesetzgeber meist die Unterscheidung der Denkformen nicht geläufig war, sondern vor allem deshalb, weil selbst im Einzelfall feststellbare, auf typologische oder begriffliche Bedeutung hinweisende Vorstellungen nicht eo ipso verbindlich sind. Die Frage nach einer sekundären Wertentscheidung ist nicht in einem reinen Erkenntnisprozeß zu beantworten, sondern letztlich wertend zu entscheiden. Diese Entscheidung kann nicht „frei" erfolgen, sondern unterliegt bis zu einem gewissen Grad rational nachprüfbaren Kriterien, die aufzudecken Aufgabe von Rechtsfindung und Rechtswissenschaft ist. Beispielhaft wurde oben[26] die Frage untersucht, ob dem besonderen Vertragsrecht eine auf Begrifflichkeit hinweisende sekundäre Wertentscheidung innewohnt. Dabei hat sich insbesondere gezeigt, daß sich der mögliche Inhalt einer sekundären Wertentscheidung nicht, wie meist angenommen wird, auf Rechtssicherheits- und Praktikabilitätsbedürfnisse beschränkt, vielmehr auch spezifische Ordnungs- und Gestaltungszwecke („Kanalisierung") zu einer begrifflichen Gesetzesfassung Anlaß geben können. Ein geschlossener Katalog aller möglichen, für die Begrifflichkeit einer Norm maßgeblichen Wertungen konnte und sollte nicht gegeben werden; weitere Beschäftigung mit der Frage an Hand anderer Rechtsgebiete mag zusätzliche Gesichtspunkte zu Tage fördern. Sollte dies gelingen, so wäre der Rechtsfindung durch eine Art „Topoi-Katalog" möglicher sekundärer Wertentscheidungen allerdings ein Hilfsmittel an die Hand gegeben, um die Ausgangsfrage zu klären, ob sich die Rechtsfindung jeweils im begrifflichen oder typologischen Bereich bewegt.

5. Der Nachweis, daß eine begriffliche oder typologische Gesetzesfassung je im Dienst spezifischer juristischer *Wertungen* steht, stellt klar, daß der typologischen Methode als solcher ebensowenig ein *selbstän-*

---

[25] Oben § 5, 2.

[26] §§ 11 und 12.

diger, d. h. von den dahinter stehenden Wertungen gelöster, Begründungswert zukommt wie der Argumentation aus dem Begriff. Nur wenn auf die hinter den Denkformen jeweils stehenden *Wertungen* zurückgegriffen wird, kann die „Typenjurisprudenz" den Kardinalfehler der Begriffsjurisprudenz vermeiden, aus bloßen Denkformen materiale Ergebnisse deduzieren zu wollen. Nur so kann auch typologischem und begrifflichem Denken der jedem jeweils legitim zukommende Bereich gesichert werden. Wir haben uns gegen jedes Verfahren zu wenden, das aus dem bloßen Aufzeigen typologischer Verschiedenheit inhaltliche Schlüsse für die Bewertung ziehen will[27]. *Allein* deshalb, weil der zu beurteilende Fall von dem vom Gesetzgeber vorgestellten Normaltypus abweicht, muß das Gesetz noch nicht unanwendbar sein[28]. „Auch das Atypische kann einem gesetzlichen Tatbestand (im weitesten Sinne) unterfallen, sofern es sinngemäß getroffen ist", hat schon *Engisch* zutreffend festgestellt[29]. Das methodologische Problem liegt in der Frage, *wann* auch der atypische Fall „sinngemäß" getroffen ist. Hierfür wertungsmäßige Kriterien aufzuzeigen und damit typologisches wie begriffliches Denken in der Wertungsjurisprudenz zu verankern, war eines der Anliegen dieser Arbeit.

Wie in den *Voraussetzungen*, so ist auch im Verfahren der typologischen oder begrifflichen Rechtsfindung eine stärkere Trennung und eine Betonung je der Besonderheiten jedes Verfahrens notwendig. Daher sollen im folgenden einige Grundzüge typologischer Rechtsfindung, wiederum auf das Beispiel des Vertragsrechts ausgerichtet, aufgewiesen werden. Abschließend ist darzulegen, inwieweit typologischem Denken auch innerhalb *begrifflicher* Rechtsanwendung eine Hilfsfunktion zukommt.

§ 17: Grundzüge typologischer Rechtsfindung im Bereich des besonderen Vertragsrechts

1. Ist als Ausgangspunkt geklärt, daß eine Norm bzw. ein Normenkomplex typologisch zu verstehen ist, so bedarf der Typus, auf den die gesetzliche Regelung bezogen ist, näherer Bestimmung. *Koller* hat im Hinblick auf die gesellschaftsrechtliche typologische Literatur beklagt, daß kaum ein Autor sich darüber äußere, wie er zu den gesetzlichen Gesellschaftstypen gelangt sei[1]. Wie bei der teleologischen Methode konzentriert sich alle Aufmerksamkeit auf die *Folgerungen*, die sich

[27] Vgl. *H. J. Wolff*, Typen S. 202, Anm. 53.
[28] Verfehlt insoweit *Medicus*, Modellvorstellungen S. 322.
[29] *Engisch*, Konkretisierung S. 283.
[1] *Koller*, Grundfragen S. 57.

aus einem angenommenen und meist durch affirmative Zusätze wie „offenbar", „zweifellos" außer Frage gestellten, der Norm zugrunde liegenden Zweck bzw. Typus methodisch „richtig" ergeben; inwieweit auch die Richtigkeit des Ausgangspunktes der Argumentation methodisch aufgezeigt werden kann, gerät darüber in den Hintergrund. So gewiß jede Argumentation irgendwo ihren Anfang nehmen, plausible wenn nicht evidente Sätze zugrunde legen muß, so offenkundig ist auch, daß die einen Verzicht auf weitere Begründung rechtfertigende Stufe der Evidenz keineswegs immer erreicht ist, wo von einem „zweifellos" verfolgten Zweck, einem „offenbar" zugrunde liegenden Typus gesprochen wird. Da die vom Ausgangspunkt her mitgeführten Zweifel durch keine noch so stringente weitere Gedankenführung ausgeräumt werden können, sollte soweit als möglich auf eine methodisch geleitete Prämissenfindung teleologischer Auslegung wie typologischer Rechtsfindung nicht verzichtet werden. Auch für die Ermittlung des Typus, auf den eine gesetzliche Regelung bezogen ist, gilt, daß es sich weder um ein reines Erkenntnisverfahren, noch lediglich um die Setzung vernünftiger Ausgangspunkte des Normverständnisses handelt, sondern um ein wenigstens in gewissem Umfang rational nachprüfbares Verfahren, das erkenntnismäßige und wertende Züge in sich vereinigt. Terminologisch empfiehlt es sich, in Anlehnung an den Begriff der „Rechts*gewinnung*", der den je aufgegebenen Charakter der Rechtsverwirklichung kennzeichnen soll, deren einer Teil die Auslegung ist, von „Typgewinnung" zu sprechen. Im näheren ist zwischen *Ziel* und *Verfahren* der Typgewinnung zu unterscheiden.

a) Hinsichtlich des *Zieles* ist nach empirischem und normativem, historisch feststehendem und in der Zeit sich wandelndem Typus zu differenzieren[2]. Das Ziel der Typgewinnung wird durch deren leitendes Interesse, d. h. durch deren Zweck bestimmt. Wo der Typus um seiner methodologischen Relevanz willen näher zu beschreiben gesucht wird, müssen alle Äußerungen problematisch erscheinen, die auf das „Leitbild, das dem Gesetzgeber vorgeschwebt hat", abstellen wollen: Gegen die Maßgeblichkeit des historisch-subjektiv zugrunde liegenden Typus sprechen alle Argumente, die gegen die subjektiven Auslegungstheorien vorgetragen worden sind[3].

Koller hat dem Verhältnis der typgerechten Auslegung zu den Auslegungstheorien einen eigenen Abschnitt gewidmet und festgestellt, daß sie sich sowohl mit der subjektiven wie der objektiven Theorie vertrage: „Man kann eine Norm typgerecht auslegen, indem man ihren Sinn aus dem Willen des Gesetzgebers oder aus dem ihr innewohnenden Zweck erschließt. Das Postulat der typgerechten Auslegung verlangt nur, daß der Inhalt einer

---

[2] Vgl. oben § 7, 2.

[3] Nachweise bei *Engisch*, Einführung S. 85 ff.; *Larenz*, Methodenlehre S. 31 ff.; *Lüderitz*, Auslegung S. 11 f.; *Keller*, Kritik S. 149 ff.

gesellschaftsrechtlichen Norm stets im Hinblick auf den gesetzlichen Typ bestimmt wird[4]." Diese Sätze verdecken das Problem. Wenn der zugrunde liegende Typus mit dem *vom Gesetzgeber* „angeschauten" identifiziert wird[5], ist die typgerechte Auslegung mit der objektiven Theorie nicht mehr vereinbar.

Wir haben oben aufzuzeigen versucht, daß unter dem Typus, auf den eine Norm oder ein Normenkomplex zugeschnitten ist, nicht der vom Gesetzgeber ins Auge gefaßte *empirische* Typus zu verstehen ist, sondern der der Norm als Bezugspunkt der primären Wertentscheidung dienende *normative* Typus, der zwar selbst regelmäßig an einem empirischen Typus orientiert, mit diesem aber nicht identisch ist. Dieser normative Typus ist im Laufe der Geltungszeit eines Gesetzes ebenso dem Wandel unterworfen, wie es die ihn konstituierenden Wertungen sind, die im Gesetz zwar einen Ausdruck, nicht aber eine endgültige inhaltliche Fixierung gefunden haben. *Einer* der Faktoren für die Veränderung solcher gesetzlicher Wertungen ist dabei der Wandel der sozialen Typen, die die Norm zu regeln unternimmt. Wenn geänderte tatsächliche Verhältnisse zu einer Anpassung der Norm und damit zu einem Sinnwandel führen, kann der Wandel der empirischen Typen indirekt methodologisch bedeutsam werden, insofern sich mit dem Sinnwandel der Norm auch der ihr als Wertungsbezugspunkt zugrunde liegende normative Typus ändert.

b) Aus dem derart präzisierten Erkenntnis*ziel* ergibt sich als Konsequenz für das Erkenntnis*verfahren:* Die Ermittlung des historisch zugrunde liegenden empirischen Typus kann nur ein *Hilfsmittel* für die Gewinnung des heute maßgeblichen normativen Typus sein, insofern dadurch ermöglicht wird, die Entwicklung vom Ausgangspunkt her nachzuzeichnen. Der entscheidende Ansatzpunkt für die Typgewinnung aber muß im Gesetz selbst gesucht werden, der Typus muß „aus dem Sinnzusammenhang der einzelnen Normen (zurück-)gewonnen werden"[6]. Als wichtigste Merkmale dieses Verfahrens der Typgewinnung, für das *Koller* die Bezeichnung „Gesamtbetrachtung" vorgeschlagen hat, sind hervorzuheben:

Die im gesetzlichen Tatbestand oder in besonderen Erläuterungsnormen aufgeführten Merkmale dürfen nicht als abschließende Festlegungen der Rechtsfolgenvoraussetzungen bzw. des Anwendungsbereiches der nachfolgenden Regeln aufgefaßt werden. Wenn diesen Merkmalen auch besondere Kennzeichnungskraft für den gemeinten Typus zukommt, so handelt es sich doch nur um Hinweise, die der Ergänzung und Beschränkung durch weitere Züge bedürfen. Diese Auffüllung

[4] *Koller*, Grundfragen S. 156 f.

[5] Vgl. oben § 7, 1.

[6] *Koller*, Grundfragen S. 58.

erfolgt anhand der aus der *gesamten* Regelung ersichtlichen tatbestandlichen Züge, wobei im Schrifttum meist nur oder doch in erster Linie auf das dispositive Recht verwiesen wird[7]. Diese Sicht ist zu eng.

Gewiß läßt sich vom dispositiven Recht sagen, daß es den typischen Parteiwillen für typische Interessenkonflikte wiederzugeben sucht[8] und daher für die Typgewinnung wichtige Anhaltspunkte enthält. Aber auch das zwingende Recht sucht für das betreffende Vertragsverhältnis typische Interessenkonflikte zu regeln — nur solche besonders drängender Art, deren Regelung das Gesetz dem freien Spiel der Kräfte nicht überlassen zu können glaubt. Typische ungleiche wirtschaftliche und soziale Machtlagen, typische Mißbräuche der rechtsgeschäftlichen Privatautonomie, besondere einem Geschäft innewohnende Gefahren lassen sich nur aus dem zwingenden Recht der jeweiligen Regelung ersehen. Gerade hieraus aber können besonders wichtige Hinweise auf den Typus zu gewinnen sein. Ein aktuelles Beispiel bildet die weitgehend zwingende Novellierung des Abzahlungsgesetzes, die die typischen Gefahren der verkehrsüblichen Abzahlungsgeschäfte und insbesondere die Mißbräuche der Formularpraxis anschaulich verdeutlicht[9]. Die starke Indizkraft des zwingenden Rechts für die Typgewinnung ist die Kehrseite der oben[10] näher begründeten Tatsache, daß auch zwingendes Recht nicht notwendig nach begrifflicher Tatbestandsbildung verlangt, daß vielmehr häufig die enge Bindung an den Typus die größte Effektivität der Schutzzwecke des zwingenden Rechts garantiert.

Die Gesamtbetrachtung hat daher erläuternde Norm wie nachfolgende Regelung, zwingendes wie nachgiebiges Recht zu umschließen und die hieraus zu gewinnenden Züge je in ihrer verschieden starken Kennzeichnungskraft für den Typus zu erfassen. Doch damit nicht genug: Das Bild des Typus setzt sich nicht nur aus den Zügen zusammen, auf die die ausdrückliche Regelung bestimmter Fragen hinweist; ebenso aufschlußreich kann es sein, daß und welche Fragen *nicht* geregelt sind. Insoweit greift die Gesamtbetrachtung über die Grenzen des konkret in Frage stehenden Normenkomplexes hinaus und bezieht den Vergleich mit ähnlichen Instituten sowie die Absetzung von „Gegenpolen" einer denkbaren Abstufungsreihe ein. Läßt sich aus § 618 BGB entnehmen, daß der Regelung des Dienstvertrages der Typus abhängiger Arbeit mit entsprechend gesteigerten Fürsorgepflichten des Dienstherrn zugrunde liegt, deutet das Fehlen einer entsprechenden Vorschrift im Werkvertragsrecht auf selbständige Tätigkeit im eigenen

---

[7] Vgl. *Larenz*, Ergänzende Vertragsauslegung S. 740, Methodenlehre S. 431; *Koller*, Grundfragen S. 58 f.; *H. P. Westermann*, Typengesetzlichkeit S. 107 f.

[8] Wegen der notwendigen Differenzierungen vgl. oben § 12, 2.

[9] Siehe die §§ 1 a, 6 a AbzG, eingefügt d. Gesetz vom 1. 9. 69, BGBl. I 1541.

[10] Oben § 12, 3.

Unternehmensbereich hin; das Tätigwerden im fremden Herrschaftsbereich ist für den Dienstvertrag ein typischer, für den Werkvertrag ein atypischer Zug. Daß dem Käufer ein Nachbesserungsrecht versagt ist, zeigt, daß nach der Ansicht des Gesetzes „der Verkäufer typischerweise Händler oder Verteiler, nicht aber Produzent oder Hersteller und daher zu einer sachgemäßen Ausbesserung regelmäßig gar nicht in der Lage ist“[11].

Darüber hinaus kann die Gesamtbetrachtung nicht nur auf die Tatbestandsseite der Regelung abstellen. Da die Züge des Typus durch einen gemeinsamen Wertbezug aus der Fülle der individuellen Merkmale herausgehoben und untereinander zusammengebunden werden[12], kann der Typus, auf den eine Regelung abzielt, nicht losgelöst von den in den Rechtsfolgen zum Ausdruck gebrachten Wertungen bestimmt werden. Der für typologisches Denken charakteristische geringe Grad der Trennung von Tatbestand und Rechtsfolge ist auch bei der Typgewinnung zu berücksichtigen. Daher verliert die häufig anzutreffende, mehr oder weniger verschleierte Bestimmung der Tatbestandsmerkmale von der sachlichen Angemessenheit der Rechtsfolgen her ihre Anstößigkeit überall da, wo typgemäße Rechtsfindung geboten ist: hier handelt es sich nicht um „Tricks und Schleichwege“ bei der Vorbereitung einer Subsumtion[13], sondern um ein legitimes Verfahren der Typgewinnung als Vorbereitung wertender Zuordnung. Es liegt zwar nahe, hiergegen den Einwand eines unzulässigen Zirkelschlusses zu erheben: Wenn zunächst gefragt werde, auf welche Fallgestaltungen eine Regelung wertungsmäßig zugeschnitten, auf welchen Typus sie also bezogen sei, um dann die Regelung nur auf typ-entsprechende Fälle anzuwenden, verdecke die Einschaltung des Typus nur, daß in Wirklichkeit die Regelung nur da angewendet werden solle, wo sie sachlich „passe“. Diese Argumentation übersieht jedoch nicht nur, daß die Würdigung der in den Rechtfolgen ausgedrückten Wertungen nur ein Mittel der Typgewinnung neben anderen darstellt, sondern verkennt vor allem, daß die verschiedenen Methoden in ihrem Zusammenwirken der Gewinnung eines *ganzheitlichen* Bildes dienen, von dem dann auf Einzelfragen zurückgeschlossen wird. Dies aber zeigt, daß es sich um eine Bewegung im hermeneutischen Zirkel handelt, über deren methodische Berechtigung, ja Unausweichlichkeit heute kein Wort mehr zu verlieren ist.

Schließlich wirkt auch das breitgestreute Fallmaterial, das von der Rechtsprechung im Hinblick auf die gesetzlichen Typen zu beurteilen

---

[11] *Larenz*, Ergänzende Vertragsauslegung S. 740.

[12] Vgl. oben § 4, 2.

[13] Vgl. *Scheuerle*, AcP 167, S. 305 ff.; berechtigte Kritik bei *Esser*, Vorverständnis S. 65 ff.

war, diesen zugeordnet oder nicht zugeordnet worden ist, an der inhaltlichen Verdeutlichung, Weiterbildung und Wandlung des gesetzlichen Typus mit. Wenn auch nicht schlechthin alle vorgenommenen oder abgelehnten Zuordnungen als typenkonstituierend angesehen werden können, sondern stets neuer Kritik zu unterziehen sind, was in besonderem Maße Aufgabe der Rechtswissenschaft ist[14], so stellt die Rechtsprechung doch eine hervorragende Erkenntnisquelle für die nähere inhaltliche Auffüllung des dem Gesetz nur in den Grundzügen zu entnehmenden Typus dar.

2. Die Vorentscheidung, daß ein gesetzlicher Regelungskomplex typologisch zu verstehen ist, hat gewichtige Folgen für die *Aufbereitung des Sachverhalts*. *Hruschka*[15] hat die Bedeutung der „Frage als Voraussetzung der Sachverhaltsbildung"[16] dargelegt und dabei zwei Stadien der die Sachverhaltsbildung leitenden „Grundfrage" unterschieden: Während der Urteiler „im *ersten* Durchgang seines Fragens" nach dem Lebensverhalt[17] „unter Beziehung auf die durch die Rechtsidee bestimmte Regelungsweise" frage, werde „in einem *zweiten* Durchgang die Frage in der Perspektive der gesetzlichen Tatbestände oder sonstiger Rechtsfolgevoraussetzungen ausdrücklich stellbar"[18]. Durch den Eingriff des Gesetzgebers ergebe sich regelmäßig eine „Verringerung der rechtlich relevanten Tatsachen eines Lebensverhalts"[19], die „selbstverständlich auch die Fragestellung des Urteilers" beeinflusse[20]. Führen wir diesen Gedanken im Hinblick auf die verschiedenen möglichen logischen Qualitäten eines Tatbestandes fort, so werden wir sagen können, daß auch der Grad der gesetzlichen Abstraktion und Verbegrifflichung das Maß der bei der Sachverhaltsbildung vorzunehmenden Reduktion[21] bestimmt. Eine typologische Qualität des Obersatzes verlangt vom Urteiler mehr als nur auf das Vorliegen einzelner „isolierter" Merkmale gerichtete „Entscheidungsfragen"[22] zu stellen und die so gewonnenen Aussagen zu summieren; vielmehr ist auch die nähere Art und Weise der Verknüpfung der einzelnen Züge, das Gewicht der verschiedenen Züge untereinander, bei Rechtsgeschäften die wirtschaft-

---

[14] Die Notwendigkeit einer Kritik kann sich z. B. daraus ergeben, daß die Rechtsprechung rein begriffliche Subsumtionen vorgenommen hat, die nicht in das Typusbild passen, oder daß sich der die Typusbildung leitende Wertgesichtspunkt geändert hat, weswegen sich früher akzeptierte Zuordnungen als nicht mehr haltbar erweisen können.

[15] Die Konstitution des Rechtsfalles; vgl. auch *Larenz*, Fall S. 154 f.

[16] *Hruschka*, a.a.O. S. 21 ff.

[17] Wegen der Unterscheidung von „Lebensverhalt" und „Sachverhalt" siehe *Hruschka*, a.a.O. S. 12.

[18] *Hruschka*, a.a.O. S. 52.

[19] *Hruschka*, a.a.O. S. 53.

[20] *Hruschka*, a.a.O. S. 54.

[21] Vgl. *Hruschka*, a.a.O. S. 15.

[22] *Hruschka*, a.a.O. S. 24.

liche Zwecksetzung[23] zu berücksichtigen und auch nach solchen besonderen Merkmalen zu fragen, deren Vorliegen die Typenzugehörigkeit trotz Übereinstimmung in den sonstigen Zügen ausschließen kann: „Die typologische Methode erfordert eine umfassendere Betrachtung des Urteilsgegenstandes", ist „stärker am Sachverhalt orientiert und interessiert", schildert ihn „ausführlicher und damit anschaulicher"[24]. Als Beleg sei auf die Sachverhaltsdarstellungen hingewiesen, die Rechtsprechung und Literatur zum finanzierten Abzahlungsgeschäft[25] oder zum Finanzierungsleasing[26] bieten: diese Darstellungen schöpfen den Informationsgehalt der entsprechenden Lebensverhalte jeweils weit umfassender aus, als für eine lediglich subsumierende Rechtsanwendung erforderlich wäre, und bereiten damit eine auf *typologischem* Denken beruhende rechtliche Würdigung vor.

3. Wenn auch bei Typgewinnung wie Sachverhaltsermittlung immer schon in den Blick genommen, läßt sich doch die *Zuordnung* des Falles zur Norm als weiterer Schritt unterscheiden[27]. Im Gegensatz zur begrifflichen Subsumtion kommt es nicht auf *Identität* in wenigen „abgezogenen" Merkmalen, sondern auf *Ähnlichkeit* im Gesamtbild an. Die Ähnlichkeitsprüfung weist meistens folgende drei, untereinander zusammenwirkende Komponenten auf: In erster Linie bietet sich auch hier ein Vergleich mit dem Merkmalskomplex an, der durch die nähere Beschreibung des Typus gewonnen worden ist; untersucht wird aber nicht die Frage exakter Übereinstimmung, sondern das Maß der Entsprechung. Welcher *Grad* von Übereinstimmung zu fordern ist, damit von typologischer Entsprechung gesprochen werden kann, läßt sich allgemein nicht angeben; nur die *ordnende* Aussage ist möglich, daß, je mehr ein Typus in Richtung Begriff verfestigt ist, je größeres Gewicht also einigen hervorgehobenen Zügen zukommt, desto bedeutsamer auch die Übereinstimmung in diesen Zügen ist; niemals aber schließt die bloße Tatsache der Nicht-Übereinstimmung auch in noch so hervorge-

---

[23] Hierzu ausführlich *Thomä*, Typenwidrige Zwecksetzung. Vgl. auch *Stoll*, Vertrag und Unrecht, 1936, 2. Halbbd. S. 130 und *Esser*, Schuldrecht, 1. Bd., S. 101: „Der Richter hat nach der getroffenen Absprache in ihrer Gesamtheit zu fragen, nach ihrem wirtschaftlichen Sinn ... Bei der Suche nach dem Vertragstypus, der seinem Ordnungszweck nach für die Interessenlage im speziellen Fall angemessen ist, muß der Charakter der Hauptleistungen und ihr (auch für die Nebenleistungen maßgebender) Zweckzusammenhang ermittelt und mit der typischen Zweck- und Ordnungsfrage der dem Gesetz bekannten Muster verglichen werden."

[24] *Strache*, Standards S. 50.

[25] Vgl. oben § 6, 3 c, cc; § 13, 4; § 14, 4 b.

[26] Vgl. oben § 13, 3; § 14, 4 a.

[27] Zur Zuordnung siehe oben § 4, 1 a, sowie (wenn auch teilweise unter Zugrundelegung abweichender Auffassungen zur Denkform des Typus selbst) *Hempel - Oppenheim*, Typusbegriff, S. 48 ff., 63 ff.; *Hassemer*, Tatbestand pass., insbes. S. 118 ff.; *Strache*, Standards S. 52 ff.; *H. J. Wolff*, Typen S. 201 f.; *Larenz*, Methodenlehre S. 440.

hobenen Zügen die Zuordnung schlechthin aus. Dies weist auf ein höheres Kriterium der Ähnlichkeitsprüfung hin, nämlich auf den die Typenbildung leitenden Wertgesichtspunkt[28], der beim Typus an die Stelle der konstitutiven Bedeutung des Merkmalskomplexes tritt und daher auch bei nur teilweiser Entsprechung die Zuordnung leitet. Da jede vollzogene oder abgelehnte Zuordnung wegen dieses Rückgriffs auf den leitenden Wertgesichtspunkt schöpferisch am Typus mitgestaltet, sind schließlich auch bisher vorgenommene oder abgelehnte Zuordnungen als Vergleichsmaterial hinzuzuziehen. Dabei wird sich der neu zu entscheidende Fall häufig in Abstufungsreihen einordnen lassen, die sich innerhalb des bereits geklärten Materials aufstellen lassen.

4. Ergibt sich danach, daß der zu beurteilende Fall völlig innerhalb des gesicherten Typusbereichs liegt, so ist die Anwendung des Gesetzes unproblematisch. Häufig aber werden Abweichungen partieller oder gradueller Art festzustellen sein. Bei Verträgen handelt es sich meistens darum, daß ein konkretes Geschäft zwar die in den Erläuterungsnormen des Gesetzes hervorgehobenen Züge aufweist; diese liegen aber nur in weniger ausgeprägter Form vor, oder es kommt ihnen nicht das besondere Gewicht im Rahmen des Vertragsganzen zu, von dem das Gesetz ausgeht, oder das Geschäft entspricht seiner ganzen Ausgestaltung nach, also in den übrigen Zügen, nicht dem betreffenden Typus, wobei es als Sonderfall wiederum einem anderen gesetzlichen Typus angenähert sein kann. Die rechtliche Behandlung dieser Geschäfte ist nicht zuletzt wegen der ungeklärten begrifflichen Qualität der gesetzlichen Regelung einzelner Vertragsverhältnisse streitig.

a) Die hier entwickelte These der typologischen Struktur des besonderen Vertragsrechts erlaubt zunächst, einige Lösungsvorschläge als *verfehlt* zurückzuweisen:

aa) So die Ansicht von *Hoeniger*[29], daß die gesetzliche Regelung einzelner Vertragsverhältnisse in eine Vielzahl von Tatbestandsstücken nebst zugehörigen Rechtsfolgen zu zerlegen und die Lösung aller Streitfragen atypischer Geschäfte einer je neuen Zusammensetzung dieser Tatbestandsstücke zu entnehmen sei. Diese Theorie verkennt das Ganzheitliche sowohl der gesetzlichen Regelung von Vertragstypen als auch der konkreten, davon abweichenden Geschäfte, die nicht — wie begriffliches Denken es gerne sieht, und wie auch heute noch zu lesen ist — aus den gesetzlichen Elementen je „neu zusammengesetzt" sind, sondern in sich sinnvolle, geschlossene Regelungen zur Bewältigung meist neuartiger Verkehrsbedürfnisse darstellen. Der besondere Charakter dieser Geschäfte wird zerstört, wenn die rechtliche Würdigung die

---

[28] Siehe hierzu oben § 4, 2.

[29] Oben § 15, 3 a.

vertragliche Regelung „auflöst“ und auf die Elemente Rechtsfolgen überträgt, die nicht je für sich aufgestellt, sondern auf ganzheitliche Typen abgestimmt und daher zur Regelung anderer Interessenlagen zumindest nicht ohne weiteres geeignet sind.

bb) Die gegenüber *Hoeniger* angemeldeten Bedenken betreffen auch die Lehre, daß jedenfalls das *zwingende* Recht auf zwar atypische, aber den begrifflich verstandenen Erläuterungsnormen genügende Geschäfte anzuwenden sei. Diese These ist ausdrücklich von *Charmatz*[30] und *Koller*[31], indirekt aber auch von *Larenz* vertreten worden, demzufolge bei derartigen atypischen Verträgen nur das dispositive, nicht auch das zwingende Recht hinter die Rechtsfindung im Wege der ergänzenden Vertragsauslegung zurückzutreten habe[32]. Es wurde oben[33] nachgewiesen, daß zwingendes Recht nicht notwendig nach klassenlogischer Anwendbarkeit verlangt: Die für die Unabdingbarkeit maßgeblichen Wertungen sind mit den eine Verbegrifflichung tragenden sekundären[34] Wertungen nicht identisch, können sich lediglich mit diesen verbinden. Für zwingendes wie für nachgiebiges Recht der Regelung besonderer Vertragsverhältnisse gilt daher grundsätzlich, daß es auf Typen bezogen und unmittelbar nur auf diese anwendbar ist.

b) Sieht man von der unzutreffenden Beschränkung auf das dispositive Recht ab, so hat *Larenz* jedoch richtig erkannt, daß die Einsatzstelle für die ergänzende Vertragsauslegung da liegt, wo der unmittelbare Wertungsbezugspunkt der gesetzlichen Regelung endet, nämlich bei dem, wie *Larenz* sagt, zugrunde liegenden Lebenstypus, oder, wie hier dargelegt, bei dem normativen gesetzlichen Typus[35].

In Rechtsprechung[36] und Literatur[37] findet sich zwar häufig die Formel, daß dispositives Recht anzuwenden sei, soweit das Geschäft „einem gesetzlich geregelten Typus“ entspreche, ansonsten ergänzende Vertragsauslegung eingreife. Dabei wird unter gesetzlich geregeltem Typus aber meist der *Begriff* des betreffenden Vertragsverhältnisses, nicht der diesem zugrunde liegende Typus bzw. der gesetzliche Typus im techn. Sinne verstanden. Dies gibt zu manchem Mißverständnis Anlaß, wie sich insbesondere am Beispiel von *Sandrock* zeigen läßt: Nach *Larenz*[38] kommt es nicht darauf an, ob „sich der konkrete Einzelvertrag dem im Gesetz vorgezeichneten Typus subsu-

---

[30] *Charmatz*, Vertragstypen S. VIII, 260, 349 ff.

[31] *Koller*, Grundfragen S.169 ff.

[32] *Larenz*, Ergänzende Vertragsauslegung S. 737 ff.; *ders.*, Allgemeiner Teil S. 526 f.

[33] § 12, 3.

[34] Vgl. oben § 10.

[35] Vgl. oben § 7, 2.

[36] Vgl. BGH LM Nr. 5 zu § 133 (A) BGB.

[37] Vgl. *Flume*, Allg. Teil S. 325; *Sandrock*, Ergänzende Vertragsauslegung S. 15 ff. (m. w. N.), S. 47.

[38] Ebenso *Soergel - Siebert - Knopp* Anm. 103 ff. zu § 157; *H. P. Westermann*, Typengesetzlichkeit S. 49; wohl auch *Lüderitz*, Auslegung S. 454.

mieren" lasse, wie *Sandrock*[39] *Larenz* wiedergibt, sondern darauf, ob der Vertrag, der „den allgemeinen gesetzlichen Merkmalen eines bestimmten Vertragstypus[40] entspricht", auch „im Sinne der gesetzlichen Bestimmungen ein ‚typischer'" ist[41]. *Larenz* unterscheidet also *innerhalb* der die allgemeinen gesetzlichen Erläuterungsmerkmale aufweisenden Verträge zwischen solchen, die auch dem zugrunde liegenden Typus entsprechen („typische" Verträge) und solchen, die dem Typus nicht zugeordnet werden können, *obwohl* sie die allgemeinen Erläuterungsmerkmale aufweisen („atypische" Verträge). Da *Sandrock* „typische" Verträge mit „im Gesetz geregelten"[42] Verträgen wie Kauf, Miete etc. gleichsetzt, „atypische" mit „im Gesetz nicht geregelten" Verträgen wie „Garantievertrag, Trödelvertrag, Schiedsrichtervertrag"[43], liegt seine Kritik an *Larenz* neben der Sache; über letztere Verträge sagt *Larenz* ausdrücklich nichts, seine Thesen gelten aber entsprechend: Auch soweit für die letztgenannten Verträge dispositives Recht sich bereits entwickelt hat, ist zwischen *typischen* Garantie-, Schiedsrichterverträgen etc. und atypischen Ausgestaltungen zu unterscheiden. Für erstere gilt wiederum der Vorrang des (hier außergesetzlichen) dispositiven Rechts vor der ergänzenden Vertragsauslegung.

Da es im Bereich des besonderen Vertragsrechts an einer sekundären Wertentscheidung fehlt, die den Anwendungsbereich der gesetzlichen Regelung über den in Bezug genommenen normativen Typus hinaus begrifflich erweitert, ist die besondere Interessenlage „atypischer" Geschäfte nicht im Wege der bewußten und gewollten klassenlogischen Wertungserstreckung (Tatbestandserweiterung) mitgeregelt. Der besonderen Interessenlage atypischer Geschäfte vermag nur ein Verfahren gerecht zu werden, das seinen Ausgang von dem Sinn und Zweck des konkreten Vertrages nimmt und fragt, „was die Parteien in ihrer besonderen Lage und angesichts ihrer besonderen Zielsetzung vernünftigerweise für den nicht geregelten Fall festgesetzt haben würden"[44]. Die der besonderen gesetzesatypischen Fallgestaltung angemessene Rechtsfolge ist demnach *zunächst* im Wege der ergänzenden *Vertragsauslegung* zu suchen; der gesetzlichen Regelung einzelner Vertragstypen kommt dabei jedoch in doppelter Hinsicht eine *subsidiäre Funktion* zu[45]:

aa) Soweit ein „Zuendedenken des Vertrages aus seinem eigenen Zweckzusammenhang"[46] ein „auf der Linie"[47] der konkreten Interessen-

---

[39] *Sandrock*, Ergänzende Vertragsauslegung S. 19.

[40] Im Sinne des „geschlossenen Typus"; hierzu oben S. 119 bei Anm. 9.

[41] *Larenz*, Ergänzende Vertragsauslegung S. 740.

[42] Wobei *Sandrock* diese Regelung als begriffliche versteht.

[43] *Sandrock*, Ergänzende Vertragsauslegung S. 53.

[44] *Staudinger - Coing* Anm. 37 zu § 133.

[45] Die alternative Fragestellung, ob die ergänzende Vertragsauslegung „Ergänzung des Rechtsgeschäfts durch eine ‚Auslegung' desselben *oder* die Anwendung von ergänzenden Rechtsnormen auf das rechtsgeschäftlich begründete Rechtsverhältnis" ist (vgl. *Flume*, Allg. Teil S. 322) ist demnach verfehlt; ergänzende Vertragsauslegung verbindet beides.

[46] *Larenz*, Ergänzende Vertragsauslegung S. 740.

abgrenzung des atypischen Vertrages liegendes Ergebnis zeitigt, ist dieses anhand der gesetzlichen Regelung für typische Verträge einer wertungsmäßigen Kontrolle zu unterziehen. Daß das Gesetz den Verkehr nicht auf die gesetzlich geregelten Typen beschränkt, kann nicht bedeuten, daß atypische Geschäfte völlig außerhalb der Wertungen stehen, die das Gesetz im Rahmen der Regelung typischer Geschäfte zum Ausdruck gebracht hat; die vergleichende Einordnung in diese Wertungen[48] kann zu einer Modifizierung der rein nach der Interessenabgrenzung des Vertrages sich ergebenden Lösung führen. Positivrechtlich ergibt sich die Notwendigkeit einer derartigen objektiven Kontrolle aus § 157 BGB, der auf Treu und Glauben und die Verkehrsitte verweist. Konkretisierungen des allgemeinen Grundsatzes von Treu und Glauben sind gerade in den Normen des allgemeinen und besonderen Schuldrechts enthalten[49]. Diese sind deshalb in erster Linie als objektiver Kontrollmaßstab heranzuziehen.

bb) Soweit die ergänzende Vertragsauslegung dem Zweck und dem Sinnzusammenhang der vertraglichen Regelung nicht genügend Anhaltspunkte für die Klärung der konkreten Streitfrage entnehmen kann, also zu einem „non liquet" führt, kann das unter aa) genannte Kontrollverfahren zum Rechtsfindungsverfahren erstarken. Die von *Flume* früher[50] vertretene Auffassung, daß „die ergänzende Vertragsauslegung bei dem ‚non liquet' stehen zu bleiben" habe, ist in dieser Allgemeinheit nicht haltbar. Soweit sich noch kein dispositives Recht für den atypischen Vertrag gebildet hat, hat der Richter den neuartigen Konflikt in den gesicherten Bestand vorhandener Problemlösungen für vergleichbare Fälle einzuordnen und nach der kongruenten Bewertung zu suchen. *Flume* betont daher nunmehr[51] zu Recht, daß letztlich „unter Bezugnahme auf die Gesamtheit der Rechtsordnung, insbesondere in Analogie zu den in der Rechtsordnung für ähnliche Typen getroffenen Regelungen, die Ergänzung zu finden" sei.

5. Unsere Thesen setzen voraus, daß der gesetzlichen Regelung einzelner typischer Vertragsverhältnisse überhaupt Anhaltspunkte für die Bewertung atypischer Verträge entnommen werden können. Die Möglichkeit einer Einordnung im ganzen gesetzesatypischer Verträge in den Bezugsrahmen der gesetzlichen Regelung typischer Verträge wird gerade durch die hier aufgewiesene typologische Struktur des besonderen Vertragsrechts nahegelegt.

---

[47] *Flume*, Allg. Teil S. 326.

[48] Näheres zum Verfahren sogleich im Text.

[49] Vgl. *Wieacker*, Präzisierung S. 23.

[50] *Flume*, Rechtsgeschäft S. 198.

[51] *Flume*, Allg. Teil S. 324.

a) Zunächst ermöglicht typologisches Denken, Ähnlichkeiten trotz klassenlogischer Verschiedenheit zu erkennen und damit wertungsmäßigen Zugriff auf alle die Geschäfte nehmen zu können, die die „Wesensmerkmale" der begrifflich verstandenen gesetzlichen Erläuterungsnormen nicht aufweisen, dennoch aber in wirtschaftlicher Zielsetzung und näherer Ausgestaltung den betreffenden gesetzlich geregelten Geschäften mehr oder weniger entsprechen. Das Verfahren als solches ist unter der Bezeichnung „wirtschaftliche Betrachtungsweise" bekannt[52]; die Scheu, es als eine „rechtliche" Betrachtungsweise anzuerkennen, rührt aus der verfehlten Vorstellung, daß „rechtlich" nur begriffliches Denken sei. „Wirtschaftliche Betrachtung" ist häufig der Verlegenheitsausdruck für ein Denkverfahren, das typologische Ähnlichkeiten unter dem jeweils typenbildenden Wertungsgesichtspunkt über begrifflich aufgefaßte Definitionsmerkmale hinaus verfolgt. So kann „bei wirtschaftlicher Betrachtungsweise" die entgeltliche Erteilung einer unwiderruflichen Vollmacht zur Veräußerung eines Grundstücks als ein dem Verkauf sehr ähnliches Geschäft angesehen werden; *typologisches* Denken vermag diese Ähnlichkeit trotz ganz verschiedener „begrifflicher" Anknüpfungspunkte zu verdeutlichen und damit die Übertragung kaufrechtlicher Vorschriften vorzubereiten, gleichzeitig aber der Gefahr vorzubeugen, vorschnelle Identifizierungen, zu denen begriffliches Denken neigt, vorzunehmen: Inwieweit die Tatsache, daß die vergleichbaren Geschäfte gerade in den vom Gesetz hervorgehobenen Zügen divergieren, verschiedene rechtliche Behandlung erfordert und rechtfertigt, läßt sich nicht schematisch festlegen; es handelt sich um einen Akt schöpferischer Wertungserstreckung.

b) Geschäfte dieser Ausgestaltung werden typologischem Denken häufig als *Zwischenformen* zwischen gesetzlich geregelten Typen erscheinen. Die Zwischenstellung kann insbesondere darauf beruhen, daß die gesetzlichen Einteilungsmerkmale *Pole* markieren, die durch Abstufungsreihen miteinander verbunden sind, wie z. B. bei der Entgeltlichkeit oder Unentgeltlichkeit eines Geschäftes, oder bei Tätigkeit bzw. Erfolg als Inhalt einer Leistungsverpflichtung[53]; die lebensmäßigen Geschäfte können dann in diesen Zügen beliebige Ausprägungsgrade aufweisen. Aber auch bei starren Haupteinteilungsmerkmalen des Gesetzes kann sich ein allmählicher Übergang von einer Regelung zur anderen dadurch vollziehen, daß ein Geschäft in den „sonstigen Zügen", d. h. der gesamten Ausgestaltung nach, von der Regelung abweicht, deren gesetzliche Hauptmerkmale vorliegen, und einem anderen Typus angenähert ist, dessen Hauptmerkmale nicht oder doch nicht in der vorausgesetzten Gewichtigkeit vorliegen. Während begrifflichem Den-

---

[52] Hierzu *Jahr*, Funktionsanalyse S. 15 ff.

[53] Oben § 13, 1 und 5.

ken quantitative Abstufungen dieser Art unzugänglich bleiben, ermöglicht es die Typologik, durch Aufstellung von und Einordnung in Abstufungsreihen gerade diese Zwischenformen zu erfassen. Die Leistungsfähigkeit typologisch-ordnender Betrachtung darf dabei weder über- noch unterschätzt werden. Eine *Überschätzung* liegt in der Hoffnung, die Aufstellung von Abstufungsreihen ermögliche ein gleichsam mechanisches Ablesen von Rechtsfolgen in der Weise, daß letztere jeweils durch „Interpolation" entsprechend dem jeweiligen Grad der tatbestandlichen Zwischenstellung bestimmt werden könnten. Es dürfte kein Zufall sein, daß *Hoeniger* im ersten Band seiner „Untersuchungen zum Problem der gemischten Verträge" diese Theorie in den Grundzügen angedeutet hat, den geplanten zweiten Band, der die nähere Ausführung enthalten sollte, aber nie hat nachfolgen lassen. In der Tat ist eine solche Mechanisierung der Rechtsfindung undurchführbar. Abgestufte Rechtsfolgen sind, wo überhaupt denkbar, meist aus Gründen der Praktikabilität ausgeschlossen. Gegen eine Zusammenfügung von Rechtsfolgen allein gemäß dem Grad der Annäherung an einen anderen Typus spricht die Ganzheitlichkeit der gesetzlichen Regelung besonderer Typen, die keine austauschbaren „Bausteine", sondern sinnvoll aufeinander abgestimmte Regelungen enthält[54].

Deshalb den Wert abstufenden Denkens für die Rechtswissenschaft ganz leugnen zu wollen, wie dies *Oppenheim* getan hat[55], wäre jedoch verfehlt. Wie wir gesehen haben, besteht eine Grundstruktur wertenden Denkens darin, an „reinen" Formen entwickelte Wertungen auf weniger ausgeprägte Erscheinungen zu erstrecken, wobei die entscheidende, nur wertend zu lösende Frage gerade darin besteht, bis zu welchem Ausprägungsgrad die Erstreckung vorgenommen werden kann, ab welchem Punkt der Abstufungsreihe „quantitative" Unterschiede für die Bewertung in „qualitative" umschlagen. Wenn auch häufig *letztlich* alternative Entscheidungen zu treffen sind, so hilft die Aufstellung von Abstufungsreihen doch in mehrfacher Hinsicht, diese wertende Unterteilung vorzubereiten: Zunächst öffnet typologisches Denken den Blick für fließende Übergänge, spiegelt nicht klassenlogische Einteilungen und kontradiktorische Gegensätze vor, wo beliebige Übergangsstufen bestehen. Die Grenzziehung ist, wo typologische Betrachtung zulässig ist, nicht vor-, sondern aufgegeben. Der Wert von Abstufungsreihen für die Lösung dieser Aufgabe liegt vor allem darin, daß der Grenzbereich *von beiden Seiten* der Abstufungsreihe her angegangen werden kann: die Problematik liegt häufig in der Frage, wie weit die an einem Typus entwickelten Rechtsfolgen in Richtung auf einen anderen, im Verhältnis zu diesem erstreckt werden können. Da-

---

[54] Vgl. oben § 15, 3 u. § 17, 4 a.

[55] *Oppenheim*, Ordnungsbegriffe S. 73 f.

bei kann der „Schnitt" in der Mitte der Reihe, oder auch näher bei dem einen oder anderen Pol, vor allem aber: für je verschiedene Fragen in verschiedener Weise zu legen sein: Wie oben[56] gezeigt, liegt die Grenze der Anwendbarkeit des § 518 BGB fast beim Pol rein entgeltlicher Geschäfte, während das auf den verschenkten Gegenstand selbst gerichtete Rückforderungsrecht gem. § 531 BGB nach der Rechtsprechung[57] nur bei *überwiegend* unentgeltlichem Charakter des Geschäfts gegeben ist.

§ 18: Die Bedeutung typologischen Denkens im Rahmen begrifflicher Rechtsanwendung

Die hier geforderte Mehrspurigkeit der Rechtsfindungsmethoden besagt nicht, daß im Rahmen begrifflicher Rechtsanwendung typologischem Denken überhaupt keine Bedeutung zukäme. Wir haben gesehen[1], daß Begriffen regelmäßig Typen zugrunde liegen, an denen die sachlichen, „primären" Wertungen entwickelt sind; aufgrund hinzutretender „sekundärer" Wertungen, die erstere überlagern, werden Typen in Begriffe umgesetzt. Es liegt nahe, daß die *teleologische Auslegung von Begriffen* diesen Prozeß nachzuvollziehen sucht, also sowohl nach dem zugrunde liegenden Typus und den korrespondierenden sachlichen Wertungen, wie nach den die Verbegrifflichung tragenden Wertungen fragt, um den teleologischen Gehalt eines Begriffes bzw. einer begrifflich gefaßten Norm zu *ermitteln* und *auszuschöpfen.*

Der *Ermittlung* der mit einer Norm verfolgten Zwecke wird im allgemeinen wenig Aufmerksamkeit geschenkt; die methodischen Hinweise[2] sind nur knapp, so daß eine Aufhellung und Ergänzung von der Typologik her nicht unangebracht erscheint:

Da dem Rekurs auf die Zwecke des historischen Gesetzgebers, wo überhaupt möglich, nur eine Hilfsfunktion zukommen kann, bleibt als wichtigstes *objektives* Kriterium nur, „aus dem bereits erkannten Inhalt des Gesetzes" (wobei vorläufig „der annähernd erkannte Gesetzesinhalt", „der bloße Wortsinn" genügen muß), „auf die zugrunde liegenden Zwecke und Wertungen" zu folgern[3]. Diesen „Schluß vom Mittel auf den Zweck" haben wir uns offenbar so vorzustellen, daß nach einem oder mehreren Zwecken zu fragen ist, die die Anordnung der

---

[56] § 13, 1 am Ende.
[57] BGHZ 30, 120.
[1] Vgl. oben §§ 6, 7, 9, 10.
[2] Vgl. *Schwinge,* Teleologische Begriffsbildung S. 59 ff.; *O. A. Germann,* Grundfragen S. 111, 115; *Keller,* Kritik S. 132 f.; *Larenz,* Methodenlehre S. 312 u. Olivecrona-Festschrift S. 395 m. w. N.
[3] *Keller,* Kritik S. 132 f.

konkreten Rechtsfolgen für den derart vorläufig umgrenzten Tatbestandsbereich rechtfertigen. Da wir im vorliegenden Zusammenhang von einem grundsätzlich *begrifflichen* Normverständnis auszugehen haben, ist das Eingreifen rechtstechnischer, sekundärer Wertungen vorgeklärt; gefragt wird also noch nach den zugrunde liegenden *sachlichen* Wertungen. Hierfür aber muß von einem begrifflichen auf ein typologisches Normverständnis übergewechselt werden. Es ist sinnlos, nach einem oder mehreren sachlichen Zwecken zu suchen, die den gesamten klassenlogischen Anwendungsbereich decken und gleichzeitig auf keine außerhalb der Klasse liegenden Fälle zutreffen.

Zur Veranschaulichung kann auf oben erörterte Beispiele zurückgegriffen werden. Allein aus den sachlichen Zwecken der Schutzvorschriften für Minderjährige läßt sich nicht verdeutlichen, warum diese Normen auch auf kurz vor Erreichung der Altersgrenze stehende, geistig überdurschnittlich entwickelte Minderjährige anzuwenden sind. Bezieht man diese Personen vorläufig in den Tatbestandsbereich ein, für den ein die konkret angeordneten Rechtsfolgen rechtfertigender sachlicher Zweck gesucht wird, so muß sich jeder denkbare Zweck bis zur Inhaltslosigkeit verflüchtigen. Die Bestimmung der sachlichen Zwecke kann nicht am *Begriff* des Minderjährigen, sondern muß an dessen *Typus* ausgerichtet sein. Ähnliches gilt für § 181 BGB: Ein sachlicher Zweck, der die *Klasse* der nach § 181 BGB verbotenen In-Sich-Geschäfte deckt, ist nicht angebbar, da diese auch Geschäfte umfaßt, bei denen ein Interessenkonflikt nicht einmal abstrakt denkbar ist. Stellt man aber auf den *regelmäßig* vorliegenden Interessenkonflikt ab, ist man zu einer typologischen Betrachtung übergewechselt. Auch in der bekannten Entscheidung des BGH zur teleologischen Reduktion des § 400 BGB[4] kommt die Wechselbezüglichkeit von sachlichem Zweck und zugrundeliegendem Typus einer begrifflich gefaßten Norm deutlich zum Ausdruck: Der BGH geht davon aus, daß der sachliche Schutzzweck des § 400 BGB, die Sicherung des notwendigen Lebensunterhaltes, nur „für den Regelfall" durch das Verbot der Abtretung erreicht werde; erst die Ausklammerung atypischer, aber dem begrifflichen Tatbestand des § 400 BGB zu subsumierender Fälle macht es dem BGH möglich, den sachlichen Schutzzweck der Vorschrift anzugeben.

Die erste Aufgabe teleologischer Auslegung von Begriffen oder begrifflich gefaßten Normen besteht also darin, nicht nach *einem* einzigen Zweck zu suchen, der für den im einzelnen noch näher abzugrenzenden klassenlogischen Anwendungsbereich die Anordnung der jewei-

---

[4] BGHZ 3, 153 (GrS). Der BGH ließ „entgegen dem an sich eindeutigen Wortlaut des § 400 BGB" die Abtretung von unpfändbaren Unfallrentenansprüchen zu, wenn der Zessionar in fürsorglicher Absicht die entsprechenden Beträge im voraus an den Zedenten geleistet hatte.

ligen Rechtsfolgen rechtfertigt; vielmehr ist nach primären und sekundären Zwecken bzw. Wertungen zu differenzieren, wobei für die Ermittlung der primären Wertungen auf den der Norm zugrundeliegenden Typus zu rekurrieren ist. Im weiteren verlangt die Ausschöpfung des teleologischen Gehaltes eines Begriffes die Berücksichtigung des *Zusammenspiels* der Wertungen sowie schließlich eine Wertung des *Rangverhältnisses* der Wertungen zueinander.

Was zunächst die Berücksichtigung des Zusammenspiels der Wertungen betrifft, so läuft die Rechtsanwendung besonders Gefahr, in dem Streben nach Betonung des sachlichen Gerechtigkeitsgehalts einer Norm rechtstechnische Interessen zu mißachten. Vor dieser Gefahr hat schon *Savigny* gewarnt, der, wie oben näher dargelegt[5], den sachlichen Grund des Gesetzes „nur mit großer Vorsicht" zur Auslegung heranziehen wollte, da der Gesetzgeber infolge von „Mittelgliedern in der Gedankenreihe", die wir als sekundäre Wertungen gedeutet haben, „ohne Inconsequenz bestimmt werden konnte, dem Gesetze ein weiteres oder engeres Gebiet zuweisen, als worauf der Grund des Gesetzes zu führen schien." Ebenso verfehlt wie die bloße Berücksichtigung der sachlichen Wertungen ist aber das alleinige Abstellen auf sekundäre Wertungen: auch formalen Ordnungsvorschriften liegen sachliche Zwecke zugrunde, die in den typischen klassenzugehörigen Fällen zum Tragen kommen[6].

Das schwierigste Problem der teleologischen Auslegung von Begriffen endlich stellt die Würdigung des Gewichtsverhältnisses der beiden Wertungsgruppen zueinander dar. Wenn auch im Begriff die sekundäre Wertentscheidung vorrangig ist, ist sie doch nicht allein entscheidend. Ob in den Fällen, in denen die primäre Wertentscheidung nicht eingreift, allein aufgrund der sekundären Wertung die Norm anzuwenden ist, wie in den Fällen atypischer Minderjähriger, oder aber eine Einschränkung vorgenommen werden kann, wie unter engen Voraussetzungen in den Fällen der §§ 181 und 400 BGB, läßt sich nicht schematisch festlegen, sondern ist jeweils aufgegebene Wertungsfrage. Nur so viel läßt sich sagen, daß die Einschränkung umso eher zulässig sein wird, je mehr die sekundäre Wertentscheidung auch in der Einschränkung noch berücksichtigt werden kann: Die teleologische Reduktion des § 181 BGB, die Schenkungen ohne Auflage aus dem Verbot des Selbstkontrahierens ausnimmt, berücksichtigt nicht nur, daß in diesen Fällen die primäre Wertentscheidung nicht eingreift, sondern auch, daß die sekundäre Wertentscheidung Ausnahmen nur für solche Fallgruppen erlaubt, die klar abgrenzbar sind und bei denen die Ge-

---

[5] Oben § 10, 2; *Savigny*, System, Bd. 1, S. 218 ff.

[6] Vgl. oben § 9, 2 b, bb und die insoweit beispielhafte Darstellung der Problematik des § 181 BGB bei *Boehmer*, Grundlagen II/2, S. 44 ff.

fahr einer Interessenkollision auch „abstrakt" nicht besteht. Ebensowenig ist ein Interessenkonflikt denkbar, wenn der Gesellschafter-Geschäftsführer einer Einmann-GmbH Insichgeschäfte vornimmt. W. *Blomeyer* hat daher zu Recht für derartige Geschäfte eine teleologische Reduktion des § 181 vorgeschlagen, da „auch die ratio des Schutzes der Verkehrssicherheit nicht eingreift[7]."

Schließlich ist zu beachten, daß die vorrangige Bedeutung der sekundären Wertentscheidung im Begriff selbst keine unabänderliche Größe darstellt. Stärkere Betonung der sachlichen Gehalte des Rechts, geringere Achtung der rechtstechnischen Interessen kann zu einer Umwertung führen und damit zu einer Auflockerung der Norm entsprechend dem zugrunde liegenden Typus. Aber auch eine weitere Abklärung der typologischen Methode selbst würde nicht ohne Einfluß auf Normverständnis und Gesetzgebungstechnik bleiben: Gelingt es, das Verfahren methodisch weiter abzusichern, so kann auch ein typologisch gefaßtes Gesetz Wertungen genügen, die herkömmlicherweise nach begrifflicher Tatbestandsfassung verlangen; dies gilt insbesondere für die Frage der sicheren Anwendbarkeit sowie für das Streben nach gesetzlicher Vorentscheidung von Wertungsfragen[8]. Als ein Schritt in diese Richtung dürfte die Neufassung des § 243 StGB[9] zu verstehen sein, der die Voraussetzungen einer Straferhöhung in „schweren Fällen" nicht abschließend begrifflich festlegt, sondern nur beispielhaft erläutert (Abs. 1 Satz 2: „Ein schwerer Fall liegt in der Regel vor, wenn ..."). Die Aufzählung besonders wichtiger Beispielsfälle gibt dem Richter Vergleichsmaterial an die Hand für eine typologische Zuordnung unter dem leitenden Wertgesichtspunkt der erhöhten Strafwürdigkeit „schwerer Fälle". Nicht zuletzt diese Entwicklung auf dem Gebiete des Strafrechts, herkömmlich einer Domäne begrifflich-verfestigter Tatbestandsbildung, sollte weitere Überlegungen rechtfertigen, inwieweit ohne Verlust an „Festigkeit" des Rechts von einem begrifflichen zu einem methodisch bewußten typologischen Normverständnis übergegangen werden kann, und inwieweit spezifische, offen zu legende Wertungen auch weiterhin begriffliche Normanwendung gebieten; in jedem Falle aber sollte jedes unkritisch-begriffliche Normverständnis zu überprüfen sein.

---

[7] W. *Blomeyer*, NJW 1969, 127 f. Ebenso jetzt der BGH (NJW 71, 1355 gegen BGHZ 33, 189) mit der zutreffenden Begründung, die Rechtssicherheitsfunktion des § 181 schließe nicht aus, „für einen ganzen, in sich abgegrenzten Rechtsbereich wie die Einmann-GmbH das Selbstkontrahieren allgemein als erlaubt anzusehen, wenn nach der Rechts- und Interessenlage, wie sie dort typischerweise besteht, die Zielsetzung des § 181 BGB niemals zum Zuge kommen kann".

[8] Vgl. oben § 9, 2 a und b.

[9] Durch das Erste Gesetz zur Reform des Strafrechts vom 25. 6. 1969 (BGBl. I 645).

Schrifttumsverzeichnis

v. Aster, Ernst: Naturphilosophie, Berlin 1932

Badura, Peter: Das Recht als gesellschaftliches Gestaltungsmittel (Sonderdruck Gehlenbuch Nr. 4940 b)

Ballerstedt, Kurt: Der gemeinsame Zweck als Grundbegriff des Rechts der Personengesellschaften. In: JuS 1963, S. 253—263 (zit. Gemeinsamer Zweck)

Barthlen, Bruno: Der Begriff der Anschauung, Diss. Tübingen 1954

Baumbach-Hefermehl: Wechselgesetz und Scheckgesetz, 10. Aufl., München u. Berlin 1970

Baumgarten, Arthur: Grundzüge der juristischen Methodenlehre, Bern 1939 (zit. Grundzüge)

Baur, Fritz: Lehrbuch des Sachenrechts, 4. Aufl., München 1968 (zit. Sachenrecht)

Bekker, Ernst Immanuel: System des heutigen Pandektenrechts, 2. Bd., Weimar 1889 (zit. Pandekten)

Bergfeld, Werner: Der Begriff des Typus, Bonn 1933 (zit. Typus)

Betti, Emilio: Der Typenzwang bei den römischen Rechtsgeschäften und die sogenannte Typenfreiheit des heutigen Rechts. In: Festschrift für *Leopold Wenger*, 1. Bd., München 1944, S. 249—283 (zit. Typenzwang)

— Moderne dogmatische Begriffsbildung in der Rechts- und Kulturgeschichte. in: Studium Generale, Jg. 12 (1959), S. 87 ff. (zit. Begriffsbildung)

Binder, Hans-Peter: Rechtsnatur und Inhalt des Leasing-Vertrages, Diss. iur. Köln 1967 (zit. Leasing-Vertrag)

Bindokat, Heinz: Teleologie und Analogie im Strafrecht. In: JZ 69, S. 541—546

Boehmer, Gustav: Grundlagen der bürgerlichen Rechtsordnung. Zweites Buch. Erste Abteilung: Dogmengeschichtliche Grundlagen des Bürgerlichen Rechtes, Tübingen 1951. Zweite Abteilung: Praxis der richterlichen Rechtsschöpfung, Tübingen 1952 (zit. Grundlagen)

Bucher, Eugen: Traditionale und analytische Betrachtungsweise im Privatrecht. In: Rechtstheorie, Zeitschrift für Logik, Methodenlehre, Kybernetik und Soziologie des Rechts. 1. Band, Heft 1, 1970, S. 23—44.

Burckhardt, Walter: Methode und System des Rechts, Zürich 1936 (zit. Methode)

Canaris, Claus-Wilhelm: Die Feststellung von Lücken im Gesetz, Berlin 1964 (zit. Lückenfeststellung)

— Systemdenken und Systembegriff in der Jurisprudenz, entwickelt am Beispiel des deutschen Privatrechts, Berlin 1969 (zit. Systemdenken)

Charmatz, Hans: Zur Geschichte und Konstruktion der Vertragstypen im Schuldrecht, mit besonderer Berücksichtigung der gemischten Verträge. Brünn/Wien 1937; unveränderter Neudruck Frankfurt/M. 1968 (zit. Vertragstypen)

Class, Wilhelm: Generalklauseln im Strafrecht. In: Festschrift für *Eberhard Schmidt* zum 70. Geb., Göttingen 1961, S. 122—138

Coing, Helmut: Grundzüge der Rechtsphilosophie, 2. Aufl. Berlin 1969 (zit. Rechtsphilosophie)

Dahm, Georg: Deutsches Recht. Die geschichtlichen und dogmatischen Grundlagen des geltenden Rechts. 2. Aufl. Stuttgart 1963

Dernburg, Heinrich: Pandekten, 2. Bd., 2. Aufl., Berlin 1888

Diederichsen, Uwe: Das Recht zum Besitz aus Schuldverhältnissen, Kiel 1965 (zit. Besitz)

— Die Haftung des Warenherstellers, München/Berlin 1967 (zit. Warenhersteller)

Dilcher, Hermann: Typenfreiheit und inhaltliche Gestaltungsfreiheit bei Verträgen. In: NJW 1960, S. 1040—1043 (zit. Typenfreiheit)

Dölle, Hans: Vom Stil der Rechtssprache. Tübingen 1949 (zit. Stil)

Dubischar, Roland: Grundbegriffe des Rechts. Eine Einführung in die Rechtstheorie, Stuttgart 1968 (zit. Grundbegriffe)

— Alt gegen Neu beim Kauf. In: JZ 69, S. 175 ff.

Ehrlich, Eugen: Das zwingende und nichtzwingende Recht im Bürgerlichen Gesetzbuch für das deutsche Reich, Jena 1899 (zit. Zwingendes Recht)

Engisch, Karl: Die Idee der Konkretisierung in Recht und Rechtswissenschaft unserer Zeit, Heidelberg 1953, 2. erg. Aufl. 1968 (zit. Konkretisierung)

— Logische Studien zur Gesetzesanwendung, 3. Aufl., Heidelberg 1963 (zit. Logische Studien)

— Einführung in das juristische Denken, 4. Aufl., Stuttgart 1968 (zit. Einführung)

— Vom Weltbild des Juristen, 2. Aufl., Heidelberg 1965 (zit. Weltbild)

Enneccerus - Lehmann: Recht der Schuldverhältnisse, 15. Bearbeitung, Tübingen 1958 (zit. *Enn. - Leh.*)

Enneccerus - Nipperdey: Allgemeiner Teil des bürgerlichen Rechts, 15. Aufl., Erster Halbband, Tübingen 1959; Zweiter Halbband, Tübingen 1960 (zit. *Enn. - Nipp.*)

Enneccerus - Wolff - Raiser: Sachenrecht, 10. Bearbeitung, Tübingen 1957

Erdmann, Benno: Theorie der Typeneinteilungen. In: Philosophische Monatshefte, 30. Bd., Berlin 1894, S. 15 ff. und 129 ff.

Erman, Walter: Handkommentar zum Bürgerlichen Gesetzbuch, 4. Auflage, Münster 1967

Esser, Josef: Einführung in die Grundbegriffe des Rechtes und Staates, Wien 1949 (zit. Einführung)

— § 242 BGB und die Privatautonomie. Gedanken zu einem Vortrag von *Franz Wieacker*. In: JZ 1956, S. 555—557 (zit. Privatautonomie)

— Grundsatz und Norm in der richterlichen Fortbildung des Privatrechts. Rechtsvergleichende Beiträge zur Rechtsquellen- und Interpretationslehre, 2. Auflage, Tübingen 1964 (zit. Grundsatz und Norm)

— Das Verhältnis von Kaufvertrag und Darlehensvertrag beim B-Geschäft des finanzierten Teilzahlungsgeschäfts. In: Tübinger Festschrift für *Eduard Kern*, Tübingen 1968, S. 87—126 (zit. B-Geschäft)

Esser, Josef: Schuldrecht. Allgemeiner und Besonderer Teil, 2. Aufl., Karlsruhe 1960; Allgemeiner Teil, 4. Auflage 1970 (zit. Schuldrecht, 1. Bd.); Besonderer Teil, 3. Auflage 1969 (zit. Schuldrecht, 2. Bd.)

— Vorverständnis und Methodenwahl in der Rechtsfindung. Rationalitätsgarantien der richterlichen Entscheidungspraxis, Frankfurt/Main 1970 (zit. Vorverständnis)

Fabricius, Fritz: Relativität der Rechtsfähigkeit, München 1963

Fikentscher, Wolfgang: Schuldrecht, 2. Aufl., Berlin 1969

Flume, Werner: Rechtsgeschäft und Privatautonomie. In: Hundert Jahre deutsches Rechtsleben, Festschrift zum hundertjährigen Bestehen des deutschen Juristentages. Karlsruhe 1960, Bd. 1, S. 135—238 (zit. Rechtsgeschäft)

— Allgemeiner Teil des Bürgerlichen Rechts. 2. Band: Das Rechtsgeschäft, Berlin 1965 (zit. Allgemeiner Teil)

Forsthoff, Ernst: Recht und Sprache. Prolegomena zu einer richterlichen Hermeneutik, Halle (Saale) 1940

v. Freytag-Löringhoff, Bruno: Logik I: Ihr System und ihr Verhältnis zur Logistik, 4. Aufl., Stuttgart 1955

Germann, Oscar Adolf: Methodische Grundfragen (6 Aufsätze), Basel 1946 (zit. Grundfragen)

— Probleme und Methoden der Rechtsfindung, 2. Aufl., Bern 1967 (zit. Rechtsfindung)

Gernhuber, Joachim: Drittwirkungen im Schuldverhältnis kraft Leistungsnähe. Zur Lehre von den Verträgen mit Schutzwirkung für Dritte. In: Festschrift für *Arthur Nikisch* zum 70. Geb. Tübingen 1958, S. 249—274

Gierke, Otto: Der Entwurf eines bürgerlichen Gesetzbuchs und das deutsche Recht, Leipzig 1889 (zit. Entwurf)

Gmür, Rudolf: Savigny und die Entwicklung der Rechtswissenschaft, Münster/Westf. 1962

Grossen, Jaques Michael: Das Recht der Einzelpersonen. In: Schweizerisches Privatrecht, Bd. 2, Basel/Stuttgart 1967, S. 298 ff.

Grünwald, Gerald: Bedeutung und Begründung des Satzes „nulla poena sine lege". In: ZStW Bd. 76 (1964), S. 1—18

Habscheid, Walther J.: Der nicht rechtsfähige Verein zwischen juristischer Person und Gesellschaft. In: AcP Bd. 155 (1956), S. 375—418

Hagenmüller, K. F. (Hrsg.): Leasing-Handbuch, 2. Aufl., Frankfurt/M. 1968

Haller, Heinz: Typus und Gesetz in der Nationalökonomie. Versuch zur Klärung einiger Methodenfragen der Wirtschaftswissenschaften, Stuttgart u. Köln 1950 (zit. Typus)

Hassemer, Winfried: Tatbestand und Typus. Untersuchungen zur strafrechtlichen Hermeneutik, Köln 1968 (zit. Tatbestand)

Hatz, Helmut: Rechtssprache und juristischer Begriff. Vom richtigen Verstehen des Rechtssatzes, Stuttgart 1963 (zit. Rechtssprache)

Haupt, Günter: Vertragsfreiheit und Gesetz. In: ZAkDR 1943, S. 84—88 (zit. Vertragsfreiheit)

Heck, Philipp: Gesetzesauslegung und Interessenjurisprudenz. In: AcP 112 (1914), S. 1 ff. (zit. Gesetzesauslegung)

— Grundriß des Schuldrechts, Tübingen 1929 (zit. Schuldrecht)

Heck, Philipp: Grundriß des Sachenrechts, Tübingen 1930, unveränd. Nachdruck Aalen 1960 (zit. Sachenrecht)

— Begriffsbildung und Interessenjurisprudenz, Tübingen 1932 (zit. Begriffsbildung)

— Das Problem der Rechtsgewinnung, 2. Aufl. Tübingen 1932

Hedemann, Justus Wilhelm: Die Flucht in die Generalklauseln. Eine Gefahr für Recht und Staat, Tübingen 1933 (zit. Generalklauseln)

Hempel, C. G. und P. *Oppenheim*: Der Typusbegriff im Lichte der neuen Logik. Wissenschaftstheoretische Untersuchungen zur Konstitutionsforschung und Psychologie, Leiden 1936 (zit. Typusbegriff)

Henke, Horst-Eberhard: Die Tatfrage. Der unbestimmte Begriff im Zivilrecht und seine Revisibilität. Berlin 1966 (zit. Tatfrage)

— Die Schmerzensgeldtabelle. Ein Beitrag zur Lehre vom Billigkeitsurteil, München 1969 (zit. Schmerzensgeldtabelle)

Henkel, Heinrich: Recht und Individualität, Berlin 1958

— Einführung in die Rechtsphilosophie. Grundlagen des Rechts, München 1964 (zit. Rechtsphilosophie)

Herschel, Wilhelm: Die typologische Methode und das Arbeitsrecht. In: Recht und Rechtsleben in der sozialen Demokratie. Festgabe für *Otto Kunze* zum 65. Geburtstag. Berlin 1969 (zit. Typologische Methode)

Heyde, Joh's. Erich: Typus. Ein Beitrag zur Bedeutungsgeschichte des Wortes Typus. In: Forschungen und Fortschritte 17 (1941) S. 220 ff. (zit. Bedeutungsgeschichte)

— Typus. Ein Beitrag zur Typologik. In: Studium Generale, Jahrg. V (1952) S. 235—247 (zit. Typus)

v. Hippel, Fritz: Das Problem der rechtsgeschäftlichen Privatautonomie, Tübingen 1936

— Richtlinie und Kasuistik im Aufbau von Rechtsordnungen, Marburg 1942 (zit. Richtlinie)

Hirsch, Ernst E.: Das Recht im sozialen Ordnungsgefüge, Berlin 1966 (zit. Ordnungsgefüge)

Hoeniger, Heinrich: Untersuchungen zum Problem der gemischten Verträge. Erster Band: Die gemischten Verträge in ihren Grundformen, Mannheim/Leipzig 1910 (zit. Gemischte Verträge)

Hörter, Klaus: Der finanzierte Abzahlungskauf, Bad Homburg v. d. H. 1969 (zit. Abzahlungskauf)

Hruschka, Joachim: Die Konstitution des Rechtsfalles. Studien zum Verhältnis von Tatsachenfeststellung und Rechtsanwendung, Berlin 1965 (zit. Konstitution)

Huber, Konrad: Maßnahmegesetz und Rechtsgesetz, Berlin 1963 (zit. Maßnahmegesetz)

Huber, Ulrich: Typenzwang, Vertragsfreiheit und Gesetzesumgehung. In: Juristische Analysen, Heft 11/1970 (Rechtstheorie und Methodik) S. 22 ff. (zit. Typenzwang)

Hueck, Alfred: Recht der Wertpapiere, 10. Aufl., Berlin 1967

Husserl, Gerhart: Recht und Zeit, Fünf rechtsphilosophische Essays, Frankfurt/M. 1955

Jahr, Günther: Funktionsanalyse von Rechtsfiguren als Grundlage einer Begegnung von Rechtswissenschaft und Wirtschaftswissenschaft. In: Das Verhältnis der Wirtschaftswissenschaft zur Rechtswissenschaft, Soziologie und Statistik, Schriften des Vereins für Socialpolitik, NF Bd. 33, Berlin 1964, S. 14—26 (zit. Funktionsanalyse)

Jansen, Ludwig und Gottfried *Knöpfel:* Das neue Unehelichengesetz, Frankfurt/M. 1967

Jerusalem, Franz W.: Die Zersetzung im Rechtsdenken, Stuttgart 1968 (zit. Zersetzung)

Jesch, Dietrich: Unbestimmter Rechtsbegriff und Ermessen in rechtstheoretischer und verfassungsrechtlicher Sicht. In: AöR Bd. 82, Tübingen 1957, S. 163—249 (zit. Unbestimmter Rechtsbegriff)

Jeschek, Hans-Heinrich: Lehrbuch des Strafrechts, Allgemeiner Teil, Berlin 1969 (zit. Strafrecht)

Jørgensen, Stig: Typologie und „Realismus" in der neueren Rechtswissenschaft. Nachrichten der Akademie der Wissenschaften in Göttingen, Philologisch-Historische Klasse, 1971 Nr. 3 (zit. Typologie)

Jörs-Kunkel: Römisches Privatrecht, 3. Aufl., Heidelberg 1949

Kantorowicz, Hermann (Gnaeus Flavius): Der Kampf um die Rechtswissenschaft, Heidelberg 1906 (zit. Kampf)

Kafka, Gustav: Zur Revision des Typusbegriffs. In: Zeitschrift für Psychologie, Bd. 144, Leipzig 1938, S. 109—133 (zit. Revision)

Kaufmann, Arthur: Analogie und „Natur der Sache", Zugleich ein Beitrag zur Lehre vom Typus, Karlsruhe 1965 (zit. Analogie)

— Die Geschichtlichkeit des Rechts im Lichte der Hermeneutik. In: Festschrift für *Karl Engisch* zum 70. Geb., Frankfurt/M. 1969, S. 243—273 (zit. Geschichtlichkeit)

— Gesetz und Recht. In: Existenz und Ordnung. Festschrift für *Erik Wolf* zum 60. Geb., Frankfurt/M. 1962, S. 357—397 (zit. Gesetz)

Keller, Adolf: Die Kritik, Korrektur und Interpretation des Gesetzeswortlautes, Winterthur 1960 (zit. Kritik)

v. Kempski, Jürgen: Zur Logik der Ordnungsbegriffe, besonders in den Sozialwissenschaften. In: Studium Generale, 5. Jahrgang 1952, S. 205 bis 218 (zit. Ordnungsbegriffe)

Koch, Peter und Joachim *Haag:* Die Rechtsnatur des Leasing-Vertrages. In: Betriebsberater 1968, S. 93 ff.

Koenigs, Folkmar: Die stille Gesellschaft, Berlin 1961

Koller, Arnold: Grundfragen einer Typuslehre im Gesellschaftsrecht, Freiburg (Schweiz) 1967 (zit. Grundfragen)

Krause, Dieter: Die zivilrechtlichen Grundlagen des Leasing-Verfahrens, Diss. iur. Köln 1967 (zit. Leasing-Verfahren)

Krüger, Bernd-Dietmar: Die Vereinbarung der Inzahlungnahme eines Gebrauchtwagens beim Erwerb eines neuen Kraftfahrzeugs, Diss. iur. München 1968 (zit. Inzahlungnahme)

Krüger, Uwe: Der Adressat des Rechtsgesetzes, Ein Beitrag zur Gesetzgebungslehre, Berlin 1969 (zit. Adressat)

Kuhlenbeck, Ludwig: Von den Pandekten zum Bürgerlichen Gesetzbuch, Eine dogmatische Einführung in das Studium des Bürgerlichen Rechts, Erster Teil, Berlin 1898

Kühnle, Horst: Stille Gesellschaft und partiarisches Darlehen, Diss. iur. Köln 1967 (zit. Partiarisches Darlehen)

Lang, Heinrich: Typen der stillen Gesellschaft und die Anwendung gesellschaftsrechtlicher Normen auf sie, Mannheim 1930

Lange, Heinrich: BGB, Allgemeiner Teil. Ein Studienbuch, 12. Aufl., München 1969

Larenz, Karl: Über Gegenstand und Methode des völkischen Rechtsdenkens. Berlin 1938 (zit. Gegenstand)

— Zur Logik des konkreten Begriffs. Eine Voruntersuchung zur Rechtsphilosophie. In: Deutsche Rechtswissenschaft, Bd. 5 (1940), S. 279 ff. (zit. Konkreter Begriff)

— Typologisches Rechtsdenken. Bemerkungen zu *v. Tuka*, Die Rechtssysteme. In: ARSP Bd. 34 (1940/41), S. 20 ff. (zit. Typologisches Rechtsdenken)

— Wegweiser zu richterlicher Rechtsschöpfung. In: Festschrift für *Arthur Nikisch*, Tübingen 1958, S. 275—303 (zit. Wegweiser)

— Entwicklungstendenzen der heutigen Zivilrechtsdogmatik. In: JZ 62, S. 105—110 (zit. Entwicklungstendenzen)

— Ergänzende Vertragsauslegung und dispositives Recht. In: NJW 1963, S. 737—741 (zit. Ergänzende Vertragsauslegung)

— Fall — Norm — Typus. Eine rechtslogische Studie. In: Festgabe für *H.* und *M. Glockner*, Bonn 1966, S. 149—164 (zit. Fall)

— Über das Verhältnis von Interpretation und richterlicher Rechtsfortbildung. In: Festschrift für *Karl Olivecrona*, Stockholm 1964, S. 384—404 (zit. Olivecrona-Festschrift)

— Allgemeiner Teil des deutschen bürgerlichen Rechts, München 1967 (zit. Allgemeiner Teil)

— Lehrbuch des Schuldrechts. Erster Band: Allgemeiner Teil, 10. Aufl., München 1970; Zweiter Band: Besonderer Teil, 9. Auflage, München 1968

— Methodenlehre der Rechtswissenschaft, 2. Auflage, Berlin 1969 (zit. Methodenlehre)

Leinfellner, Werner: Einführung in die Erkenntnis- und Wissenschaftstheorie, 2. Aufl., Mannheim 1967 (zit. Erkenntnistheorie)

Lemmel, Hans-Peter: Unbestimmte Strafbarkeitsvoraussetzungen im Besonderen Teil des Strafrechts und der Grundsatz nullum crimen sine lege, Berlin 1970 (zit. Unbestimmte Strafbarkeitsvoraussetzungen)

Leonhard, Franz: Allgemeines Schuldrecht des BGB, München/Leipzig 1929

Lüderitz, Alexander: Auslegung von Rechtsgeschäften, Karlsruhe 1966 (zit. Auslegung)

Lwowski, Hans-Jürgen: Erwerbsersatz durch Nutzungsverträge, Diss. iur. Hamburg 1967 (zit. Erwerbsersatz)

Maier, Heinrich: Philosophie der Wirklichkeit, 4 Bde. Tübingen 1926 (zit. Wirklichkeit)

Marschall v. Bieberstein, Wolfgang Frh.: Das Abzahlungsgeschäft und seine Finanzierung. Die Rechte des Käufers gegenüber dem Finanzierungsinstitut, München/Berlin 1959 (zit. Abzahlungsgeschäft)

Mayer, Hellmuth: Die gesetzliche Bestimmtheit der Tatbestände. In: Materialien zur Strafrechtsreform, Bd. 1, Bonn 1954, S. 259—277

Medicus, Dieter: Modellvorstellungen im Schuldrecht. In: Festschrift für *Wilhelm Felgentraeger*, Göttingen 1969, S. 309—322 (zit. Modellvorstellungen)

v. Meerscheidt-Hüllessem, Eduard Frh.: Gemischte Verträge und Verträge eigener Art. In: DJZ 1910, Sp. 854—859

Mengiardi, Peider: Strukturprobleme des Gesellschaftsrechts. Zur Bedeutung der Typuslehre für das Recht der Personengesellschaften und Juristischen Personen. In: Zeitschrift für Schweizerisches Recht, NF Bd. 87 (1968) S. 1—221; auch als Sonderdruck: Referate und Mitteilungen des Schweizerischen Juristenvereins, Heft 1, Basel 1968 (zit. Strukturprobleme)

Merk, Walter: Veräußerlichung und Durchschnittlichkeit im Recht. In: Beiträge zum Wirtschaftsrecht. Festschrift für *Ernst Heymann*. Marburg 1931, S. 88—172 (zit. Veräußerlichung)

Möllers, Elmar: Der Bundesgerichtshof zur Teilzahlungsfinanzierung. In: NJW 1967, S. 1782—1786

Müller, Friedrich: Normstruktur und Normativität, Zum Verhältnis von Recht und Wirklichkeit in der juristischen Hermeneutik, entwickelt an Fragen der Verfassungsinterpretation. Berlin 1966 (zit. Normstruktur)

Müller, Wilhelm: Die gemischte Schenkung. In: Jherings Jahrbücher Bd. 48 (1904), S. 209—240 (zit. Gemischte Schenkung)

Müller-Erzbach, Rudolf: Die Relativität der Begriffe und ihre Begrenzung durch den Zweck des Gesetzes. In: Jherings Jahrbücher Bd. 61 (1912), S. 343 ff. (zit. Relativität)

Mugdan, B.: Die gesammten Materialien zum Bürgerlichen Gesetzbuch für das Deutsche Reich, II. Band: Schuldrecht, Berlin 1899

Naendrup, Peter-Hubert: Die Teilnichtigkeit im Recht der Allg. Geschäftsbedingungen, Bielefeld 1966 (zit. Teilnichtigkeit)

Oftinger, Karl: Der Trödelvertrag, Zürich 1937

Oksaar, Els: Sprache als Problem und Werkzeug des Juristen. In: ARSP Bd. 53 (1967), S. 91—132 (zit. Sprache)

Oppenheim, Paul: Von Klassenbegriffen zu Ordnungsbegriffen. In: Travaux du IXe Congrès International de Philosophie, Abt. VI. Paris 1937, S. 69—76 (zit. Ordnungsbegriffe)

Ostler-Weidner: Abzahlungsgesetz, 6. Aufl., Berlin 1971

Pagendarm, Kurt: Das finanzierte Abzahlungsgeschäft. In: WM 1967, S. 434, 445

Palandt, Otto: Bürgerliches Gesetzbuch, 30. Aufl., München 1971

Pappenheim, Max: Die Vertragsfreiheit und die moderne Entwicklung des Verkehrsrechts. In: Festgabe für *Georg Cohn* zum 70. Geb., Zürich 1915, S. 289—301 (zit. Vertragsfreiheit)

Pawlowski, Hans Martin: Das Studium der Rechtswissenschaft, Tübingen 1969 (zit. Studium)

Pfister, Bernhard: Kauf eines Neuwagens mit Inzahlungnahme eines Gebrauchtwagens. In: MDR 68, S. 361—366

Plathe, Peter: Die rechtliche Beurteilung des Leasing-Geschäfts. Diss. iur. Kiel 1969 (zit. Leasing-Geschäft)

Radbruch, Gustav: Klassenbegriffe und Ordnungsbegriffe im Rechtsdenken. In: Internationale Zeitschrift für Theorie des Rechts. Bd. XII, Brünn 1938, S. 46—54 (zit. Klassenbegriffe)

— Rechtsphilosophie, 5. Aufl., Stuttgart 1950

— Der Geist des englischen Rechts, 3. Aufl., Göttingen 1956 (zit. Geist)

Raisch, Peter: Geschichtliche Voraussetzungen, dogmatische Grundlagen und Sinnwandlung des Handelsrechts, Karlsruhe 1965 (zit. Geschichtliche Voraussetzungen)

— Normqualität und Durchsetzbarkeit wirtschaftsrechtlicher Regelungen. In: ZHR 128, S. 161 ff. (zit. Normqualität)

— Zur Rechtsnatur des Automatenaufstellvertrages. In: Betriebsberater 68, 526 ff.

Raiser, Ludwig: Das Recht der allgemeinen Geschäftsbedingungen, Hamburg 1935 (Unveränderter Neudruck, Bad Homburg v. d. H. 1961)

— Rechtsschutz und Institutionenschutz im Privatrecht. In: Summum ius summa iniuria. Tübingen 1963, S. 145—167 (zit. Rechtsschutz)

— Vertragsfunktion und Vertragsfreiheit. In: Hundert Jahre deutsches Rechtsleben. Festschrift zum hundertjährigen Bestehen des Deutschen Juristentages. Bd. 1, Karlsruhe 1960, S. 101—134 (zit. Vertragsfunktion)

Rasner, Henning: Die atypische stille Gesellschaft, ein Institut des Gesellschaftsrechts, Bielefeld 1961 (zit. Stille Gesellschaft)

Reichsgerichtsräte (Hrsg.): Das Bürgerliche Gesetzbuch, Kommentar, herausgegeben von Reichsgerichtsräten und Bundesrichtern, 11. Auflage, II. Bd., 2. Teil, Berlin 1960 (zit. RGRK)

Reinhardt, Rudolf: Die Vereinigung subjektiver und objektiver Gestaltungskräfte im Vertrage. In: Festschrift zum 70. Geburtstag von *Walter Schmidt-Rimpler*, Karlsruhe 1957, S. 115—138

Rickert, Heinrich: Die Grenzen der naturwissenschaftlichen Begriffsbildung, 5. Aufl., Tübingen 1929 (zit. Grenzen)

Roquette, Hermann: Das Mietrecht des Bürgerlichen Gesetzbuchs, Systematischer Kommentar, Tübingen 1966 (zit. Mietrecht)

Rother, Werner: Haftungsbeschränkung im Schadensrecht, München/Berlin 1965

Rümelin, Gustav: Juristische Begriffsbildung, Leipzig 1878 (zit. Begriffsbildung)

— Dienstvertrag und Werkvertrag. Tübingen 1905 (zit. Dienstvertrag)

Rüthers, Bernd: „Institutionelles Rechtsdenken" im Wandel der Verfassungsepochen. Ein Beitrag zur politisch-kritischen Funktion der Rechtswissenschaft, Bad Homburg v. d. H. 1970 (zit. Institutionelles Rechtsdenken)

Sandrock, Otto: Über Sinn und Methode zivilistischer Rechtsvergleichung, Frankfurt/M. 1966 (zit. Rechtsvergleichung)

— Zur ergänzenden Vertragsauslegung im materiellen und internationalen Schuldvertragsrecht. Methodologische Untersuchungen zur Rechtsquellenlehre im Schuldvertragsrecht, Köln 1966 (zit. Ergänzende Vertragsauslegung)

Savigny, Friedrich Carl von: System des heutigen römischen Rechts. Erster Band, Berlin 1840 (zit. System)

Sax, Walter: Grundsätze der Strafrechtspflege. In: *Bettermann - Nipperdey - Scheuner*, Die Grundrechte. Handbuch der Theorie und Praxis der Grundrechte, Dritter Band, Zweiter Halbband, Berlin 1959, S. 909—1014 (zit. Grundsätze)

— Das strafrechtliche ‚Analogieverbot'. Eine methodologische Untersuchung über die Grenze der Auslegung im geltenden deutschen Strafrecht, Göttingen 1953 (zit. Analogieverbot)

— Über Rechtsbegriffe. Gedanken zur Grenze rechtlicher Begriffsbildung. In: Festschrift für *Hermann Nottarp*. Karlsruhe 1961, S. 133—148 (zit. Rechtsbegriffe)

Schluep, Walter: Die methodologische Bedeutung des Typus im Recht. In: Festgabe f. *Max Obrecht*, Solothurn 1961, S. 9—25 (zit. Methodologische Bedeutung)

Schmucki, Anton: Der Mietkaufvertrag, Winterthur 1956

Schönke-Schröder: Strafgesetzbuch, 15. Aufl., München 1970

Schreiber, Otto: Gemischte Verträge im Reichsschuldrecht. In: Jherings Jahrbücher, Bd. 60 (1912), S. 106—228 (zit. Gemischte Verträge)

Schroeder, Friedrich-Christian: Die Bestimmtheit von Strafgesetzen am Beispiel des groben Unfugs. In: JZ 69, S. 775—780

Schröder, Hans: Das Gleichheitsproblem unter den Gesichtspunkten des Wissenschaftlichen und des Naiven im Recht. In: Philosophie und Recht, Festschrift für *C. A. Emge*, Wiesbaden 1960, S. 72 ff.

Schwarz, Fritz: Begriffsanwendung und Interessenwertung im klassischen römischen Recht. In: AcP Bd. 152 (1952/53), S. 193—215 (zit. Begriffsanwendung)

Schwinge, Erich: Teleologische Begriffsbildung im Strafrecht, Ein Beitrag zur strafrechtlichen Methodenlehre, Bonn 1930 (zit. Begriffsbildung)

Schwinge, Erich und Leopold *Zimmerl:* Wesensschau und konkretes Ordnungsdenken im Strafrecht, Bonn 1937

Seiffert, August: Die kategoriale Stellung des Typus. In: Beihefte zur Zeitschrift für philosophische Forschung, Heft 7, Meisenheim/Glan 1953 (zit. Kategoriale Stellung)

Seiterich, Eugen: Die logische Struktur des Typusbegriffes bei *William Stern*, *Eduard Spranger* und *Max Weber*. Freiburg i. Br. 1930 (zit. Logische Struktur)

Siebert, Wolfgang: Verwirkung und Unzulässigkeit der Rechtsausübung, Marburg 1934 (zit. Verwirkung)

Silberschmidt, W.: Das gesellschaftsähnliche Rechtsverhältnis. In: ZHR Bd. 79 (1916), S. 465—479

Soergel-Siebert: Bürgerliches Gesetzbuch, 10. Aufl., Band 1 und 2, Stuttgart 1967, Band 3, Stuttgart 1969

Stahl, Friedrich Julius: Philosophie des Rechts, Bd. 2, Heidelberg 1833

Starck, Christian: Der Gesetzesbegriff des Grundgesetzes. Ein Beitrag zum juristischen Gesetzesbegriff, Baden-Baden 1970 (zit. Gesetzesbegriff)

Staudinger, J. v.: Kommentar zum Bürgerlichen Gesetzbuch, 11. Auflage, Berlin 1957—67

Stern, William: Die differentielle Psychologie in ihren methodischen Grundlagen, 3. Aufl., Leipzig 1921 (zit. Differentielle Psychologie)

Stoll, Heinrich: Vertrag und Unrecht, Tübingen 1936

— Begriff und Konstruktion in der Lehre der Interessenjurisprudenz. In: Festgabe für *Ph. Heck*, *M. Rümelin* u. *A. B. Schmidt*, Tübingen 1931 (zit. Begriff)

— Rechtsstaatsidee und Privatrechtslehre. In: Jherings Jahrbücher Bd. 76 (1926), S. 134 ff. (zit. Rechtsstaatsidee)

— Gegenwärtige Lage der Vereine ohne Rechtsfähigkeit. In: Die Reichsgerichtspraxis im deutschen Rechtsleben, Festgabe der juristischen Fakultäten zum 50jährigen Bestehen des Reichsgerichts. Berlin/Leipzig 1929, 2. Band, S. 49—81 (zit. RG-Festschrift)

Strache, Karl-Heinz: Das Denken in Standards. Zugleich ein Beitrag zur Typologik, Berlin 1968 (zit. Standards)

Stratenwerth, Günther: Das rechtstheoretische Problem der „Natur der Sache", Tübingen 1957 (zit. Natur der Sache)

— Zum Streit der Auslegungstheorien. In: Festschrift für *O. A. Germann* zum 80. Geb., Bern 1969, S. 257—273

Thöl, Heinrich: Einleitung in das deutsche Privatrecht, Göttingen 1951

Thomä, Volker: Die typenwidrige Zwecksetzung beim Rechtsgeschäft. Ein Beitrag zur Lehre vom Scheingeschäft und von der Umgehung des Gesetzes, Diss. iur. Bonn 1967 (zit. Typenwidrige Zwecksetzung)

v. Tuhr, Andreas: Der Allgemeine Teil des Deutschen Bürgerlichen Rechts, 2. Bd., Berlin 1914/18; Unveränderter Nachdruck 1957 (zit. Allgemeiner Teil)

Ulmer, Peter: Der Vertragshändler. Tatsachen und Rechtsfragen kaufmännischer Geschäftsbesorgung beim Absatz von Markenwaren, München 1969 (zit. Vertragshändler)

Vogel, Thilo: Zur Praxis und Theorie der richterlichen Bindung an das Gesetz im gewaltenteilenden Staat, Berlin 1969 (zit. Richterliche Bindung)

Weitnauer, Hermann: Neue Entscheidungen zum Abzahlungsrecht. In: JZ 1968, S. 201—209

Wellek, Albert: Typus und Struktur. In: Archiv für die gesamte Psychologie, 100. Bd., Leipzig 1938, S. 465—477 (zit. Typus)

Welzel, Hans: Das deutsche Strafrecht, 11. Aufl., Berlin 1969 (zit. Strafrecht)

Westermann, Harm Peter: Vertragsfreiheit und Typengesetzlichkeit im Recht der Personengesellschaften, Berlin 1970 (zit. Typengesetzlichkeit)

Wieacker, Franz: Privatrechtsgeschichte der Neuzeit, 2. Aufl., Göttingen 1967. (zit. Privatrechtsgeschichte)

— Zur rechtstheoretischen Präzisierung des § 242 BGB, Tübingen 1956 (zit. Präzisierung)

— Notizen zur rechtshistorischen Hermeneutik, Göttingen 1963 (zit. Notizen)

— Zur praktischen Leistung der Rechtsdogmatik. In: Hermeneutik und Dialektik, Festschrift für *Hans-Georg Gadamer* zum 70. Geb., Tübingen 1970 (zit. Rechtsdogmatik)

Wilhelm, Walter: Zur juristischen Methodenlehre im 19. Jahrhundert, Die Herkunft der Methode *Paul Labands* aus der Privatrechtswissenschaft, Frankfurt/Main 1958

Windscheid, Bernhard: Lehrbuch des Pandektenrechts, 3 Bde., 5. Aufl., Stuttgart 1879 (zit. Lehrbuch)

Wolff, Ernst: Atypische Rechtsgeschäfte. In: Festschrift für *H. Lewald*, Basel, 1953, S. 633—641

— Die Anpassung des Lebens an das Recht. In: Festschrift für *E. Heinitz*, Berlin 1926, S. 1—29 (zit. Anpassung)

Wolff, Hans Julius: Typen im Recht und in der Rechtswissenschaft. In: Studium Generale, Jahrgang V, 1952, S. 195—205 (zit. Typen)

Zippelius, Reinhold: Die Verwendung von Typen in Normen und Prognosen. In: Festschrift für *Karl Engisch* zum 70. Geb., Frankfurt/M. 1969, S. 224 bis 242 (zit. Verwendung)

Zwilgmeyer, Franz: Die Rechtslehre *Savignys*. Eine rechtsphilosophische und geistesgeschichtliche Untersuchung, Leipzig 1929

FSC
www.fsc.org
MIX
Papier | Fördert gute Waldnutzung
FSC® C083411

Kolibri 360 GmbH
Ferdinand-Jühlke-Straße 7
99095 Erfurt, Deutschland
produktsicherheit@kolibri360.de

Druck:
CPI Druckdienstleistungen GmbH
im Auftrag der
Kolibri 360 GmbH
Ferdinand-Jühlke-Str. 7
99095 Erfurt